Jul.

周国平论哲学

周国平 著

做自己的朋友

浙江人民出版社

图书在版编目（ＣＩＰ）数据

　　周国平论哲学：做自己的朋友 ／ 周国平著. -- 杭
州：浙江人民出版社，2022.8
　　ISBN 978-7-213-10685-9

　　Ⅰ．①周… Ⅱ．①周… Ⅲ．①哲学－文集 Ⅳ.
①B-53

　　中国版本图书馆CIP数据核字(2022)第127071号

周国平论哲学：做自己的朋友
ZHOU GUOPING LUN ZHEXUE：ZUO ZIJI DE PENGYOU
周国平　著

出版发行	浙江人民出版社（杭州市体育场路347号　邮编 310006）
责任编辑	祝含瑶
责任校对	姚建国
封面设计	胡崇峯
电脑制版	飞鱼时光
印　　刷	嘉业印刷（天津）有限公司
开　　本	880毫米×1230毫米　1／32
印　　张	11.75
字　　数	289千字
版　　次	2022年8月第1版
印　　次	2022年8月第1次印刷
书　　号	ISBN 978-7-213-10685-9
定　　价	55.00元

如发现印装质量问题，影响阅读，请与市场部联系调换。
质量投诉电话：010-82069336

序 言

本书汇编了我论述哲学的文字，选自迄今所发表的文章、随感和讲演。

全书分八辑。前三辑谈哲学的性质、内容和用处，包括：什么是哲学；哲学与人生的关系，人生哲学讨论什么问题；哲学与精神生活的关系，在精神生活中占据什么位置。第四辑谈哲学与时代的关系，在我们的时代能够起什么作用。第五辑谈哲学的魅力，包括哲学写作的风格和哲学教学的艺术等。第六辑追溯哲学在个体精神生长中的源头，谈如何引导孩子自发的哲学兴趣。第七辑追溯哲学在西方历史上的源头，谈古希腊的哲学和哲学家。第八辑对哲学认识论作了比较系统而简明的阐述。

通读本书，读者或许可以对哲学有一个基本的了解。现在要问，作为普通读者，学哲学究竟有何用？我的回答已经包含在本书的书名里了，就是——做自己的朋友。

人在世上不能没有朋友，在所有的朋友中，有一个朋友是最不能缺少的，就是你自己。这个自己，指的是你身上那个更高的自我，亦即你的灵魂。哲学是让灵魂觉醒的方式之一，通过思考宇宙和人生的根本道理，你的灵魂会经常处在清醒的状态，和你的肉身遭遇保持一个距离。有这个距离很重要，这样你就不会为你的遭遇所支配，反而能够对任何遭遇进行冷静的审视和分析，对那个为当下遭遇所困的自己给予指导。在某种意义上，哲学是一种从当下遭遇中跳出来看事情、想问题的习惯，那个跳出来的人是谁？就是你身上那个更高的自我。养成了这个习惯，你在自己身上就拥有了一个可靠的朋友。

这就是我说的"做自己的朋友"的意思。能不能做自己的朋友，这可不是小事。不能做自己的朋友的人，在俗世间的朋友再多，仍会是一个随波逐流的糊涂人，一个身不由己的可怜人。所以，看一个人哲学学得好不好，我要给出一个判断的标准，就是看他在多大程度上能够做自己的朋友，为现实生活中的那个自己辨明方向，分清主次，超脱纷争，排解忧难，坚定不移地走向自己选定的目标。

本书初版于2015年，此次再版，增补了若干新的文章。

周国平

2022年2月

目　录

第六辑

哲学与孩子

第一辑

什么是哲学

哲学与你有缘

一、哲学就是谈心

公元前五世纪是哲学的世纪，东西方各有圣人出——孔子和苏格拉底，分别奠定了中西两千多年的精神传统。这两位大哲，一生致力做一件事，就是和年轻人谈心。他们都不设课堂，不留文字，谈心是他们从事哲学的主要方式。只是到了身后，弟子把老师的言论整理成书，于是中国有《论语》，西方有柏拉图对话录，成为中西哲学之元典。

一个人要和别人谈心，必须先和自己谈心。孔子和苏格拉底想必亦如此，是把和自己谈心的所得告诉了学生。和自己谈心，这正是基本的哲学活动，而它是我们每个人都可以进行的。

你也许会说：谈心还不容易？且慢，请回想一下，你有多少时间是在和自己谈心？我们平时忙于事务，和自己谈的——也就是脑中想的——多半也是事，怎么做某件事、怎么与人打交道之类。陷在事之中，这个状态是最不哲学的。不过，只要愿意，你又是可以抽出一些时间和自己谈心的，而养成了这个习惯，就是进入了一种哲学的生活状态。

二、哲学开始于惊疑

谈心谈什么？谈宇宙，谈人生，总之是谈大问题。从事中跳出来，看宇宙和人生的全景，想大问题，你的心就会变得开阔。

柏拉图有言：哲学开始于惊疑——惊奇和疑惑。惊奇，面对的是宇宙；疑惑，面对的是人生。无论人类，还是个人，一旦对宇宙感到惊奇，对人生感到困惑，哲学就开始了。

在古希腊，最早的哲学开始于仰望星空，早期哲学家多半是天文学家。古希腊第一个哲学家泰勒斯，总是专注于抬头看天，有一回不慎掉入井中，因此遭到身边女仆的嘲笑，笑他急于知道天上的事情，却看不见地上的事物。我替泰勒斯回答她：宇宙无限，人类的活动范围如此狭小，忙于地上的事情而不去探究天上的道理，岂不是更可笑的无知？

到了苏格拉底，希腊哲学发生了一个转折。按照西塞罗的说法，苏格拉底是第一个把哲学从天上召唤到地上来的人。他的哲学聚焦于人生，看见人们似乎明白实际是麻木地生活着，他就用追根究底的提问使之产生疑惑，激励其开始思考人生。他的这种做法得罪了许多人，因此被雅典法庭判处死刑。宣判之时，他在法庭上说出了一句流传千古的名言："未经思考的人生不值得一过。"

康德说：世上最使人敬畏的两样东西是头上的星空和心中的道德律。哲学无非是做两件事，一是思考头上的星空——宇宙的奥秘，二是思考心中的道德律——做人的道理。所以，可以这样给哲学下定义：哲学是对世界和人生的根本问题的思考。

三、孩子都是哲学家

人们常常说哲学玄虚、抽象、艰涩，其实不然。用哲学的定义来衡量，你会发现，孩子都是哲学家。

举我的女儿为例。四岁时她问："天上有什么？"妈妈答："云。"问："云后面呢？"答："星星。"问："星星后面呢？"答："还是星星。"问："最后的最后是什么？"答："没有最后。"问："怎么会没有最后？"妈妈语塞。她又问："第一个人是从哪儿来的？"答："中国神话说是女娲造的。"问："女娲是谁造的？"妈妈也语塞。女儿五岁时知道人长大了会老、会死，因此常说一句话："我不想长大。"有一天自语："假如时间不过去该多好，我就不会长大了。"然后问我："为什么时间会过去？"我同样语塞。

其实，做父母的只要留心，都会发现自己的孩子问过类似的问题。这类问题之所以回答不了，原因不是缺乏相关知识，而是它超越了知识的范围，是所谓的终极追问。这正是哲学问题的特点。

请回想一下，在童年时代，当你仰望星空之时，何尝不是认为宇宙之谜具有一种神秘感？当你知道生必有死之时，何尝不是对生命意义产生了一种困惑？反过来说，面对浩渺宇宙不感到惊奇，面对短暂人生不感到疑惑，岂不是最大的麻木？所以，哲学问题绝不是某几个头脑古怪的哲学家挖空心思想出来的，而是人生本身就包含着的。如果你保有孩子般纯真的心智，它们一定仍然是你的问题。

四、哲学没有标准答案

哲学是对世界和人生的根本问题的思考——在这个定义中，请注意两个关键词。其一，根本问题。哲学不只是方法论，如果你撇开根本问题，只是琢磨用什么聪明的方法去解决一些枝节问题，你就仍然与哲学无缘。其二，思考。哲学不是教条，如果你放弃独立思考，只是记诵一些现成的结论，你离哲学就比没有学这些教条的时候更远了。

哲学上的根本问题，比如世界的本质和人生的意义，原是没有最终答案的，更不存在所谓的标准答案。如果有一种哲学宣称能给你一个标准答案，那一定是伪哲学。哲学的原义是爱智慧，什么是爱智慧？未经思考的人生不值得一过——苏格拉底的这句名言是最好的注解，就是绝不肯糊里糊涂地活，一定要想明白人生的道理。可是，教条式的哲学教学做的正是相反的事情，恰恰是要给你一个不思考的人生。

所以，我认为必须改革我们的哲学教学。哲学教材应该以问题为核心，辑录大哲学家们的相关著作，让年轻人知道人类最伟大的头脑在思考什么问题，有些什么不同的思路。通过这样的学习，唤醒你心中本来就存在的类似问题，使你对它们的思考保持在活跃和认真的状态。达到了这个效果，你就真正进入了哲学。

五、哲学让你有一个好心态

也许有人要问：既然哲学问题没有最终答案，思考它们又有何用？我的回答是：想这些无用问题的用处，就是让你有一个好心态。

首先，一个想宇宙和人生大问题的人，眼界和心胸比较开阔，在日常生活中就会比较超脱。王尔德说："我们都生活在阴沟里，但我们中有些人仰望星空。"可以想见，当人们热衷于阴沟里的争斗之时，仰望星空的人是不会参与其中的。相反，如果你的人生没有广阔的参照系，就容易把全部注意力放在眼前的事情上，事情再小都会被无限放大，结果便是死在一件小事上。

其次，人生哲学的核心是价值观。在价值观问题上，当然也不存在最终答案，但你可以有自己的选择，而这个选择事关重大。唯有从人生的全景出发，你才能看明白人生中什么是重要的，什么是不重要的，而这正是哲学的作用。因此，对于重要的东西，你可以看得准、抓得住，对于不重要的东西，你可以看得开、放得下，做到大事不糊涂，小事不纠结，从而活得更积极也更超脱。

说到底，哲学解决的是心的问题，是要让你的心有一个好的状态。

2014年6月

什么是哲学 [1]

一、哲学是谈心

我十七岁进北京大学哲学系，毕业后分配到广西一个山沟里待了十来年，恢复高考时考回北京，在中国社会科学院哲学研究所读研究生，然后留所工作，一直到现在，可以说这一辈子全搭在哲学上了。哲学是我的专业，学术我也搞，比如研究尼采，但是今天我要讲的不是作为学术的哲学。我觉得哲学对于我来说不仅仅是一门学问，如果当年我没有进哲学系，后来没有从事这个专业，我也是离不了哲学的，我要讲的是这个在我的人生中真正起作用的哲学。

我这个人其实是一个特别想不开的人，从小就比较多愁善感，有很多困惑，对人生的很多问题想不通。比如说，很小的时候，我知道了人必有一死，我自己有一天也会死，从那个时候起，我就老想死的问题。既然必

---

[1] 本文根据 2010 年至 2012 年举行的讲座《哲学与人生》的备课提纲和多次讲座录音综合整理。

有一死，活着到底有什么意义？当然还有其他许多想不通的问题，我就使劲去想，自己开导自己，同时也看看大师们是怎么说的，作为自己思考的参考，努力要把这些问题想明白。这个过程实际上就是在和自己谈心，后来我就发现，这个和自己谈心的过程其实就是哲学，它在我的生活中起的作用特别大。有时候我会把和自己谈心的收获写成文章，你们看我的作品，大量的是写自己的感悟，实际上就是把和自己谈心的收获告诉大家，这样就成了和读者谈心了。很多读者喜欢我的作品，一个很重要的原因就是我这个人不是在当老师，不是在教育别人，你有问题我来给你解决，这个我做不到。我是在解决我自己的问题，一个人不能骗自己，没有解决假装解决了，这不可能。开导自己一定是要把自己说通，这个过程我把它写下来，和我有同样问题的人看了就会感到比较亲切，比较对路子。

从历史上看，其实哲学在一开始的时候就是谈心，最早的哲学家，比如孔子、苏格拉底，都不开课也不写书，从事哲学的主要方式就是和青年人谈心。你看孔子，他并没有在教室里给大家上课，他就是和一些年轻人在一起聊聊天、谈谈心，然后他的一些学生或学生的学生把他的言论回忆一下，记录下来，就编成了《论语》这本书。西方也是这样，苏格拉底也是从来不开课的，他就是在雅典的街头跟一些年轻人聊天，后来他的学生里有一个叫柏拉图的，就把他和别人聊天的经过记了下来，加进了许多自己的发挥，写了很多书。柏拉图的著作基本上是用对话的形式写的，主角就是苏格拉底，柏拉图晚年还办学园授课，但苏格拉底自己既没有开过课也没有写过书。

所以，从源头上看，哲学就是谈心。一个人要和别人谈心，首先必须和自己谈心。我觉得这一点对于我们这些普通人格外重要，对于我们来说，哲学首先是一种和自己谈心的活动。其实我们平时总是在和自己谈着什么的，不过大家想一想就可以发现，我们主要是在谈事，某件事怎么做啊，和某个人的关系怎么处理啊，谈心的时候就非常少。和别人谈话也一样，大量的是谈事，很少谈心。这样的生活状态基本上是非哲学的。一个人什么时候养成了和自己谈心的习惯，就可以说他已经有了一种哲学的生活状态。

所以我说哲学其实没有什么神秘的，就是经常和自己谈谈心。谈心不是谈事，要解决的是心的问题，我们平时往往陷在事里面，哲学要你跳出事来想人生的大问题、大道理，尽量想明白，这样心就会有一个比较好的状态。哲学就是要让你有一个好的心态，大事不糊涂，小事不纠结，活得更明白也更超脱。

二、哲学是对世界和人生根本问题的思考

那么，哲学要让我们想一些什么大问题呢？简单地说，分两大类，一类是世界、宇宙的大问题，一类是人生的大问题。许多人觉得哲学讨论的问题很抽象、很玄虚，其实不然。如果你有心，你会发现孩子就会提许多哲学性质的问题。前不久我出了一本书，叫作《宝贝，宝贝》，写我的女儿从出生到上小学这一段时间里我的观察和感受，其中有一章叫《爱智的起点》，专门写她幼儿期的智力发展。在四五岁的时候，她提了很多问题，其中有一部分就是真正的哲学问题。

比如关于世界的，她问她妈妈：云上面是什么？妈妈说是星星。她又问：星星上面是什么？妈妈说还是星星。她就说：我问的是最后的最后是

什么？妈妈说：没有最后吧？她就困惑了，转过头来对我说：爸爸，不会吧？然后指一指我们家的天花板，意思是说天也应该有个顶吧。她提的问题实际上是世界在空间上是有限的还是无限的，这就是一个典型的哲学问题。康德谈到哲学上的四个二律背反问题，所谓二律背反，就是怎么回答都不对，没有一个答案，其中一个就是世界在空间和时间上是有限还是无限的。又有一回，她对妈妈说：有一个问题你肯定回答不出来。妈妈问是什么问题，她说：你告诉我世界的一辈子有多长？这就是世界在时间上是有限还是无限的问题了。她还问妈妈：世界上第一个人是从哪里来的？妈妈说：中国神话里面说是女娲造的。她马上问：女娲是谁造的？我当时在旁边听了很吃惊，追问人类的起源、生命的起源，这是典型的哲学性质的追根究底。

这些是关于世界的。关于人生，她也提了很多问题。她四岁的时候经常说一句话，她说我不想长大，语气是很痛苦的，因为她已经知道长大了会老、会死。她不仅说，身体也有了反应，在这以前她早就不尿床了，可是从开始说这句话的时候起又经常尿床，我知道她是想证明自己没有长大，还是一个小 Baby。到了五岁，有一天她就问我：爸爸，时间为什么会过去？时间要是不过去该多好啊？我知道她的意思，时间不过去就不会长大了嘛。然后就问我一个问题：什么是时间？什么是时间——这可是哲学上的一个大问题，许多哲学家试图从不同角度来解释，没有一个统一的说法，我怎么跟一个五岁的孩子说清楚？我就跟她说：宝贝，你提了一个特别好的问题，但是爸爸回答不了。她马上问：你不是哲学家吗？你怎么也回答不了？她知道我是搞哲学的。我就说：好多大哲学家都没有说清楚，爸爸是个小哲学家，就更说不清楚了。她说：不管大小，是哲学家就要想问题，你就想一想吧。我说：好，我们一起来想。后来她真的在琢磨，过了几天，她跟她妈妈说：妈妈，我知道时间是怎么回事了。妈妈让她说一说，她就说：时间是一阵一阵过去的，比如说我刚才说的那句话，刚才还在，现在没有了，想找也找不回来了，这就是时间。她妈妈向我转述的时候，我真的非常惊讶，她这句话把时间一去不复返的性质说得非常到位，而且打的比方也非常对，说话就是这样的，一句话刚说出口就没有了，这和时间的稍纵即逝非常对应。

又过了几天，她问我一个问题。她说：爸爸，在世界的另一个地方，会不会有另一个我？我一听这个话，汗毛竖起来了，小小的年纪怎么想这种问题啊，我是不愿意她想这种问题的，所以我就打岔。我说：可能吧，说不定你还会遇到她呢。她马上特别生气地打断我，说：不会的！然后转过脸去跟她妈妈说：妈妈，当你老了的时候（实际上她是委婉地说当你死了的时候），在世界的另一个地方又会生出一个人来，那个人长得跟你完全不一样，但她就是你。老天，她说的是轮回啊！我的汗毛又竖起来了。

一个五岁的孩子，头脑里怎么会产生这样的观念？我就回忆，发现还是有线索可循的。在她三岁的时候，她就曾经问她妈妈，问爷爷去哪里了。她有外公、外婆，有奶奶，但从来没有见过爷爷，因为她的爷爷也就是我的父亲在她出生以前就去世了。我有这个孩子比较晚，别的小朋友基本上是四老俱全，她心里一定是奇怪了一些时间了，终于问了出来。妈妈就说：爷爷到天上去了，变成天使。她问：爷爷为什么要变成天使？妈妈说：爷爷有病，变成了天使病就好了。这是用一个诗意的回答把问题糊弄过去了。有的时候，我跟她妈妈聊以前的事情，她就会问：妈妈，那个时候我是在你的肚子里吧？妈妈说：那个时候我肚子里还没你呢。她就奇怪了，问：那我在哪里？她可以想象自己在妈妈的肚子里，然后被生出来了，但是不能想象自己曾经是根本不存在的。其实，你们认真想一想自己，这个每个人都非常在乎的自己，在以往的无限岁月里根本就不存在，而且很可能不会产生出来，这难道不是很不可思议吗？她妈妈就对她说：那个时候你在天上，是天使。通过这些谈话，她就有了一个概念：人在出生以前在天上，是天使；死了以后又回到天上，变成天使。那么，再往前推一步，回到天上以后是不是还会到地上来，重新投胎变成人呢？这就是轮回，我想她的这个观念可能是这么形成的。

我讲我女儿小时候的这些事情，是想要说明，对世界和人生进行哲学的追问，实在是最正常的事情，从小孩子就开始了。哲学所追问的这些问题绝对不是某几个头脑古怪的哲学家挖空心思想出来的，而是我们的人生本身就包含的。我从我的女儿身上清楚地看到，一个小孩当她的理性开始觉醒的时候，就自然而然地会问这些问题。印象派画家高更有一幅名画，标题是《我们从哪里来？我们到哪里去？我们是谁？》，这个标题就概括了哲学要追问的问题。我们每个人来到这个世界上，只活很短暂的一段时间，然后又离开了这个世界。我们出生前在哪里，死后又去了哪里？宇宙无始无终，无边无际，对照之下，我们的生命既短暂又渺小，到底有什么意义？人有没有一个灵魂，世界有没有一个上帝，或者说一种精神本质，可以为灵魂提供根据？一个人对人生的态度稍微认真一点，就不可避免地会面临这些问题。

柏拉图和亚里士多德都说过，哲学开始于惊疑——惊奇和疑惑。相对地区分，惊奇是面对世界的，疑惑是面对人生的。在古希腊，最早的哲学家泰勒斯其实是一个天文学家，他对星空感到惊奇，试图解开宇宙之谜。他之后的哲学家也是如此，一直到苏格拉底，发生了一个转折，对人生的疑惑占据了哲学的中心，他试图弄清人生的意义到底是什么。人类是这样，个人也是这样，当你对世界感到惊奇，去追问世界到底是什么的时候，当你对人生感到困惑，去追问人生到底有什么意义的时候，你就开始进入哲学思考了。我相信许多人小时候都有这样的经历，仰望星空，想到宇宙的无限，会感到不可思议，这其实是哲学思考觉醒的契机。至于对人生的困惑，人为什么活着，怎么活才有意义，我相信大家都会有，区别在于你能否正视这种困惑，真正去思考。有困惑不是坏事，在我看来恰恰是素质好的表现，那些从来没有困惑的人才可悲呢。尼采说过，一个人面对人生的可疑性质居然不发问，这是极其不负责任的。这里面也有一个气质的问题，人们经常说艺术家气质，其实也存在哲学家气质，我说的哲学家不是指从事哲学专业的人，生活中我遇到过很多普通人，他们对人生的大问题很敏感，有许多困惑，经常去想，我觉得这些人就是有哲学气质的，而很多在研究所里做学问的人未必有这个气质，有没有哲学气质和搞不搞哲学研究是两回事。

那么，如果要我给哲学下个定义的话，我就这么下：哲学是对整个世界和人生的根本问题的思考。当然，作为一门学科，现在的哲学已经分得很细了，但是有一点是不会变的，从大的方面来说，哲学就是两大块，一个是对世界的思考，一个是对人生的思考。我们常常说哲学就是世界观和人生观，我说这个话没有错，但是我们要正确理解什么叫世界观，什么叫人生观。真正的哲学是要你自己去思考，世界观就是要你去思考世界的根本问题，人生观就是要你去思考人生的根本问题。把哲学定义为对整个世界和人生的根本问题的思考，就是强调要你自己去思考。

三、哲学的特点

在这个定义里，我们要注意"整个""根本""思考"这三个词，它们表明了哲学的三个特点。

第一，哲学面对的是世界和人生的整体，要我们跳出局部来看全局。我们每一个人平时都生活在一个局部里面，过着具体的日子，做着具体的事情，有自己的家庭和日常生活，自己的职业和人际关系，有自己的一个小环境。哲学就是要让你从这个局部里跳出来，看一看世界和人生的全局，想一想世界和人生的大问题。局部有很强大的支配力量，因为它非常具体，和我们离得非常近，会让我们特别在乎周围的人和事。我们被困在局部之中，就成了被某些身份决定的东西。从局部里跳出来，实际上就是要回到人这个原点，我不是任何一种身份，我就是一个人，从而去思考作为一个人所必须面对的根本问题。我们平时沉浸在具体的生活和事情里，往往是想不起自己是一个人的，想不起自己作为一个人所应该思考的问题的。

通俗地讲，我们平时是在低头走路，哲学就是要让我们抬头看路，而且是立足于人生的全局来看自己所走的路。它给我们一个大的坐标，让我们跳出局部看全局，然后站在全局回过头看局部，看自己走的路对不对，过的生活有没有意义，怎样生活才有意义。只有从人生全局出发，我们才能判断具体生活的意义。一个只在局部中经营的人可能是聪明的，但只有懂得立足全局看局部的人才会是智慧的。

我自己有一种感觉，我觉得经常进行哲学思考的人就好像有了一种分身术，一个人变成两个人了，一个是身体的自我，这个我在世界上挣扎、奋斗，有快乐，有痛苦，哭着笑着，但是还有一个更高的自我，这个自我从上面来看那个身体的自我，和它谈心，给它指导。这个更高的自我实际上就是理性的自我、灵魂的自我，它是立足于世界和人生的全局的，是哲学帮助我开发出来的，我觉得这是哲学给我带来的特别大的好处。人有了这个更高的自我会大不一样，如果没有，只有一个身体的自我，人就会陷在具体的遭遇里，就会盲目、被动、纠结、痛苦。

　　第二，哲学所思考的是根本问题。有一种相当流行的说法，说哲学是方法论，我认为哲学主要不是方法论，而是对宇宙和人生的根本问题的思考。经常有人对我说，你是学哲学的，这个问题你帮我分析一下。我总是说，哲学不是万能的方法，好像什么具体的问题都能用哲学来解决，解决具体问题必须有关于这个具体问题的知识和经验，光靠哲学是解决不了的。哲学就其本性而言不是要给你解决工作中和生活中的具体问题，它是要你去想根本问题。所以，如果你只是琢磨具体问题及其解决方法，不去想那些根本问题，你就还没有进入哲学。

　　有人会问，想根本问题有什么用？这仍是在用解决具体问题的实用尺度衡量哲学。我要明确地说，哲学无实用，实用非哲学。但是，哲学有大用，就是所谓的无用之用。通过想根本问题，你有了一个宽阔的视野，这样你面对具体问题的时候，就会有一个好的心态，一种高的境界，它起的是这样一个作用。哲学的大用就是让你活得明白，拥有一个经过了你的思考的清醒的人生。当然，如果你宁愿盲目地、糊涂地活着，哲学对你就的确毫无用处。所以，一个人需要哲学的程度，完全取决于他重视人生意义和精神生活的程度。

所谓根本问题，说到底是两个，一个是世界的本质是什么，一个是人生的意义是什么。可是我们会发现，如果追问下去，这两个问题都是没有最后的答案的，更不可能有一个标准答案。康德说，世上最令人敬畏的是两样东西，一个是我们头上的星空，一个是我们心中的道德律。哲学所探究的，无非是我们头上的神秘和我们心中的神秘。

要了解哲学的性质，最好的办法是把哲学与宗教、科学做一个比较。其实这个比较是英国哲学家罗素做的，我觉得他讲得非常有道理，我做一点发挥。

在所问的问题上，哲学和宗教是一样的，都是追问世界和人生的根本问题。关于世界的本质，宗教也告诉你，你现在生活的这个世界只是现象，你要透过现象看本质。比如基督教告诉你，你要信上帝的国，那才是真实的、永恒的世界；佛教告诉你，四大皆空，人世间只是幻象，你要看破红尘，不受迷惑。关于人生的意义，宗教也是要解决灵魂和肉体、生命与死亡的关系问题。总之，无论哲学，还是宗教，实质上都是灵魂的追问，都是要解除灵魂里的困惑。

哲学所问的问题和宗教是相同的，和科学却是不同的。严格意义的科学只处理经验范围内的问题，所谓经验范围就是我们凭借感官能够接触到的事物，包括用仪器接触到的，仪器无非是感官的延伸。在用感官获得了感觉材料之后，再运用逻辑思维去进行整理，从中找出规律，这是科学做的事情。所以，可以把科学简要地定义为用逻辑整理经验。世界的本质是什么，人生的意义是什么，科学是不问这类所谓的终极问题的，因为它们是超越经验范围的，凭借经验永远不可能找到答案，哲学上有一个概念叫超验，就是这个意思。

但是，在解决问题的方法上，哲学却和宗教不同，反而和科学是一样的，它要凭借理性来解决这类超验的问题，要用自己的头脑把它们想明白。人的理性思维能力是用来整理经验材料的，对于超验的问题其实是无能为力的。世界的本质是什么，是物质还是精神，有没有一个上帝，人死后灵魂还存在吗？对这样的问题你无论作什么回答，都既不能用经验来证明，也不能用经验来驳倒，从理性的角度来说是无解的。很多哲学家，比如德国的费希特，甚至包括列宁都说过，唯物主义和唯心主义在理论上谁也不能驳倒谁，这是一个信念的问题。

从古希腊开始，西方哲学一直作为形而上学而存在，"metaphysics"这个词，直译是"物理学之后"，就是要凭借理性能力来探究有形世界背后的那个无形世界，变动不居的现象背后的那个不变的本质。但是，哲学家们探究了两千多年也没有结论，所有的结论都被推翻了。尤其是到了康德，他很有说服力地论证了不仅人的感官只能触及现象，人的理性能力也只能触及现象，不能触及本质。在他之后，西方哲学逐渐取得了一个基本共识，就是世界对于我们只能作为现象存在，只要我们去认识，它就是现象，只能作为现象呈现给我们，因此设想现象世界背后存在一个本质世界是毫无意义的。经常有人说西方哲学陷入了危机之中，指的就是依靠理性思维寻找现象背后的本质这样一条路走不通了。

不过，在我看来，这个所谓的危机其实早就包含在了哲学的本性之中。科学用理性的方法解决经验的问题，它的本性中没有矛盾。宗教认为人的理性是有限的，不能解决超验的问题，只能靠信仰来解决，或者像佛教所主张的，靠戒定慧进入某种排除经验和逻辑的精神状态，它的本性中也没有矛盾。哲学要用理性的方法解决超验的问题，很显然，它的本性中就包含着矛盾。宗教、哲学和科学，人类认识世界的这三种方式，哲学在中间，它和宗教一样追问超验的问题，和科学一样使用理性的方法，实际上就是要用科学的方法去解决宗教的问题，这就是哲学的内在矛盾。宗教的问题是灵魂提出的问题，宗教就让上帝来回答，它是一致的。科学的问题是头脑提出的问题，科学就让头脑来回答，它也是一致的。唯独哲学，它是让头脑来回答灵魂提的问题。我打个比方来说，人的灵魂是一个疯子，净问那些解决不了的问题，而人的头脑是一个呆子，要按部就班、有根有据地回答问题，所以哲学的情况就像是疯子在问，呆子在答，结果可想而知。

这么说来，哲学的状况好像是很悲惨的了。但是，罗素说了，这正是哲学的伟大之处。实际上，在让你不去想根本问题这一点上，宗教和科学是相同的，宗教承认根本问题的重要性，但认为你单靠理性是想不明白的，只能靠某种神秘体验，科学也告诉你这种问题是想不明白的，你的理性应该用来想那些想得明白的问题，去解决那些能够解决的问题。只有哲学偏要你去想这些想不明白的问题。"哲学"这个词，"philosophy"，原义是爱智慧，"智慧"前面有一个前缀"爱"。智慧是已经想明白了根本问题，哲学不是，它是爱智慧，是还没有想明白而渴望想明白，这个名称表明哲学非常有自知之明。哲学给自己提出不能完成的任务，去思考没有答案的问题，有其独特的意义。你去想这些大问题，哪怕最后没有答案，你和不想这种问题的人是不一样的，在实际生活中你和他们会有不一样的心态和境界。你和仅仅凭信仰去解决这种问题的人也是不一样的，在你的灵魂追求和你的理性思维之间会有一种紧张关系，这种紧张关系实际上同时促进了两个方面，使你的理性思维更深刻，也使你的灵魂追求更自觉。科学不关心信仰，宗教直接给你一种信仰，而哲学不同，它关心信仰，又不给你一种确定的信仰，永远走在通往信仰的路上，它永远在路上，永远不会在某个终点上停下来。

哲学要你面对世界和人生的整体，去想根本问题，而根本问题是没有终极答案的，至少是没有标准答案的，这就有了哲学的第三个特点，就是要你去独立思考。世界观，人生观，我强调一个"观"字，"观"是动词，不要把它固定成名词，你要自己去看世界、看人生，这就是独立思考。哲学只向你提问，不给你答案，它把你引到那些最高问题之中，它就尽了它的责任。如果你真正去想这些最高问题了，你对它们的思考保持在敏锐和认真的状态，你就真正进入了哲学。所以，如果有一种哲学宣称要给你一个标准答案，因此你就不必自己去思考了，你就应该怀疑它是不是哲学了。

我这么说当然是有所指的。我认为我们的哲学教学是有很大毛病的，往往就是给你一些教条，给你标准答案，你就接受吧，相信吧，不要思考。当年我是在北京大学哲学系学的哲学，回过头来看，在课堂上真没有学到什么哲学，对什么是哲学形不成一个基本的概念。当时我们的一本主要的教科书是艾思奇编的《辩证唯物主义历史唯物主义》，这本书是大学里哲学公共课的基本教材，也是我们哲学系的专业基础课的教材，这个东西我们要学两年。其实它的框架基本上来自斯大林，斯大林的《联共（布）党史》中有一节，标题就是《论辩证唯物主义和历史唯物主义》。

辩证唯物主义这部分是怎么谈的呢？基本上是这样一个路子：什么是哲学的基本问题？就是物质第一性还是精神第一性，主张物质第一性的是唯物主义，主张精神第一性的是唯心主义，这是一条分界线。还有一条分界线，世界是运动变化的还是静止不变的，主张运动变化的是辩证法，主张静止不变的是形而上学。这里我顺便说一下，"形而上学"这个词，我们的用法是有问题的。亚里士多德的一本主要著作，后人把它命名为"metaphysics"，意思是探究有形世界背后的无形世界，汉译是根据《周易》里的一句话"形而上者谓之道，形而下者谓之器"译为"形而上学"，应该说是传神的佳译。就原义来说，哲学就应该是形而上学，是对看不见的"道"的探究。把它转义为静止地、孤立地看事物的思想方法，可能是从恩格斯开始的，大背景是康德之后对那个本来含义上的"metaphysics"的质疑。我的看法是，质疑归质疑，不应该歪曲本来的含义，把它变成了一个贬义词。上面说了两条分界线，然后我们的哲学教科书就用这两条分界线去给历史上的哲学家排队，唯物主义者是好人，唯心主义者是坏蛋。但有的唯物主义者是形而上学地看问题的，比如费尔巴哈，是有缺点的好人，有的唯心主义者是辩证法的，比如黑格尔，是有一技之长的坏蛋，可以为我所用，最后发展到辩证唯物主义就是完人，一点缺点都没有。

大家可以想一想，学了这么一套东西以后，你知道哲学是什么了吗？事实上你对哲学还是一点概念也没有。哲学就是爱智慧，它让你爱智慧了吗？爱智慧就是不甘心糊里糊涂地活着，要自己把人生的根本道理想明白，而这样的哲学教学本身没有丝毫思想含量，怎么可能刺激你去思考呢，它起的作用是让你在还不知道哲学是什么的时候就讨厌哲学了。有很多人说哲学抽象、枯燥、不可爱，说自己讨厌哲学，我说错了，你讨厌的东西根本不是哲学，你还不知道哲学是什么呢。

要知道哲学是什么，你一定不要看教科书，看教科书是绝对入不了门的，应该直接去看哲学家的原著。这是我的切身体会，我对哲学真正有一点概念，完全是靠自己去读那些大师的作品，从古希腊开始，柏拉图、亚里士多德，到后来的康德、尼采等等，包括马克思，也一定要读他的原著。我们现在讲马克思，一是与原著割裂，二是与欧洲文化传统割裂，完全走样了。这么多哲学家，读谁的著作？我建议你先找一本好的简明哲学史来看，对主要的哲学家及其基本观点有一个了解，然后再选择若干个引起你兴趣的哲学家，去看他们的原著。把一本好的哲学史当作向导，在它的引领下去找你心仪的大师，我觉得这是学哲学的一个捷径。看大哲学家的书，重点是看他们在思考什么问题，解决问题的思路是什么。你会发现，那些伟大的头脑所思考的基本问题是共同的，也就那么几个问题，但是每个人思考的角度有所不同。这些问题实际上属于我们每一个人，你也许已经想过，也许是在读他们的书时被唤醒的。我要一再强调，重要的是问题，只有你自己真正去想这些问题了，你和哲学才有了关系，才是进入了哲学。读书的作用是推动你深入地想，你不要轻易接受任何一个哲学家的结论，你要自己去寻找答案，如果找不到，就宁肯没有答案。

哲学的精神 [1]

　　我比较专门的研究题目是尼采哲学，但是我想，今天这个场合不太适合谈专门性的问题，所以我就谈一下我对哲学的一般理解，题目叫《哲学的精神》。我认为哲学的精神远比哲学的学说重要，它是学说的灵魂，具体的学说、观点会过时，比如尼采的"权力意志""超人""永恒轮回"这些观点，现在很少有人谈论了，但哲学的精神会永远活着。

　　要理解哲学的精神是什么，必须从西方哲学中去理解。我同意王国维的说法，西方哲学是纯粹的哲学，也就是形而上学。中国以前没有哲学这门学科，二十世纪初西方哲学传入中国，影响了一批中国学者，使他们知道了什么是哲学，就以此为参照对中国经学、理学进行整理，这才有了中国哲学这门学科。

---

[1] 本文根据 2003 年 11 月 11 日在吉林大学所做讲座的备课提纲和录音稿整理。

一、西方哲学的历程：一个失败的努力

我想首先对西方哲学的历史做一个简要的回顾。回过头去看，西方哲学从古希腊开始的那种追求基本上是失败的。它的追求是什么呢？就是试图用人的理性思维能力去把握世界的本质，对世界做一个完整的解释。从两千多年的西方哲学史来看，现在大家都承认，这种努力基本上是失败的。但是，在这个追求的过程中却取得了伟大的成果，西方哲学的精神就是在这种看似徒劳的追求中生长起来的，而整个西方文明就是建立在这样生长起来的精神传统上面的。

西方哲学的主流是要依靠人的理性思维能力去把握世界的本质，这个主流叫作形而上学或本体论，就是要从现象背后寻找那个永远存在的不变的东西。为什么要寻找这个东西呢？一是出于好奇心，当好奇心指向整个世界时，就会追问这个变动不居的世界背后到底有什么永恒的东西。好奇心是理性觉醒的征兆，而理性的觉醒必然伴随着对感觉的不信任。所以，哲学可以说是从对感觉的不信任开始的。在哲学产生之前，希腊人是通过神话来理解和解释世界的，神话给世界描绘的是一幅感性的图画。随着理性的觉醒，神话作为一种朴素的信仰就衰落了，对感性世界的信任为对理性的信任所取代。

事实上，最早的哲学家都是不相信感觉的。那些古希腊的哲学家，不管是唯物主义的还是唯心主义的，都把意见和真理区分得很清楚，认为凭感官只能得出意见，意见只关系到现象，所以是不可靠的，只有靠理性思维才能把握本质，而对本质的认识才是真理。当然，其中也有区别，大致上唯物主义认为理性必须借助感觉才能认识真理，唯心主义则认为理性必须摆脱感觉才能认识真理。但是，不管怎样，对感官的不信任是一致的。可以说，没有对感官的不信任，就不会有哲学。感官所感知的这个世界中，万物都在不断变化，变化应该有一个承担者吧，世界必定有一个本来的样子吧，是它在变来变去，哲学就是要把这个承担者、这个本来的样子找出来。如果世界背后没有一个实在的东西，这个世界岂不是太虚幻了，人生岂不是太虚幻了？所以，哲学之产生，根本的动机是要为世界和人生寻找一个实在的本质。

我们在这里看到哲学有两个最重要的特征，一个是面对的问题关系到世界的本质，想要解释整个世界到底是什么，另一个是要靠理性来解决这个问题。我们可以把哲学与神话、宗教做一个比较，那样就更清楚了。柏拉图把人的精神能力区分为理性、感性和意志这三种，从这个角度来看，如果说神话、哲学、宗教都是对世界的解释，那么，神话靠的是感性，哲学靠的是理性，宗教靠的是信仰也就是意志。这三者面对的问题是相同的，解决的方式则完全不同。

哲学想要把握世界的本质，这种努力的潜在动机是给人生一个解释，解释人生到底有什么终极的意义。也就是说，不是出于纯粹的思考乐趣，而是为了给属于现象世界的我们的人生在本质世界里找到一个终极的根据。

在这一点上，我觉得唯物主义就有它的缺陷，而唯心主义就有它存在的理由。唯物主义把世界的本质归结为某种物质形态，或者归结为基本粒子、物质性之类，世界是物质永恒变化的过程，而人连同精神只是这个过程中的偶然产物。按照这个思路，有两个大问题无法解决。一是人的存在有什么意义。人连同精神只成了物质存在的一种形式，和别的物质没有本质区别。二是精神的来源问题。人和动物的最大区别是人是一种精神性的存在，作为精神性的存在，人有两种特殊能力。一个是理性，也就是抽象思维能力，这种能力你也许还可以用物质的运动来解释，比如用进化论来解释，生命不断进化，从低级到高级，从猿到人，按照恩格斯的解释，为了适应环境，在劳动的过程中，猿脑就发展成了人脑，有了抽象思维的能力。但是，人还有另一个能力，叫作超越性，就是灵魂的追求，人是有灵魂的，人不满足于生存，还要为生存寻找一种比生存更高的意义，这种灵魂追求的来源就没有办法用物质运动或进化论来解释了。

唯心主义的产生在很大程度上就是为了解决精神的来源和价值问题，从宇宙中或宇宙背后给我们人类特殊的精神性存在寻找一个根据。从柏拉图开始，这一派哲学家就一直在寻找、论证一样东西，这样东西第一是永恒的，第二是精神性质的，我们的灵魂就是从那里来的，还要回到那里去。找到了这样东西，我们就可以相信，尽管我们的肉体生命是暂时的，但我们的灵魂是永恒的。他们的基本思路都是设定或相信宇宙有一个精神本质，所以被称为唯心主义。当然，宇宙到底有没有一个精神本质，这是没有办法证明的。不过，这样一种追寻本身是一个证据，证明了对于精神价值的坚定信念。在这个意义上，我们可以说，唯心主义是西方哲学的主流和精华。如果省掉了唯物主义，整部西方哲学史无伤大体，不会有很大的不同，但如果省掉了唯心主义，就会不知所云了，就没有西方哲学史了。

那么，西方哲学试图用理性手段把握世界的本质，这个努力的结果是什么呢？应该说结果是失败了。

首先的问题是，哲学家们不管是经验主义的还是理性主义的，都承认人的感官只能感知现象，不可能感知现象背后的本质，那么凭什么说现象背后还有本质呢？感官本身不能提供这个证据。关于这一点，英国经验论谈得很多，比如贝克莱、洛克、休谟，谈得最透彻的是贝克莱。他说，我们只能知道自己的感觉，任何东西的存在都是通过我们的感觉而被我们知道的，所以，他得出一个结论，就是存在就是被感知。以前我们把这看作主观唯心主义、唯我论，一棍子把它打死。其实，问题不是这么简单的，贝克莱的思路对哲学的贡献是非常大的。教科书里经常提到贝克莱的一个例子：我走路时踢到了一块石头，这块石头之所以存在是因为我踢到了它。这听起来好像很荒唐，你会说，这块石头即使是在一个从来没有人走过的地方，它也是存在着的。那么，贝克莱就会接着问你，你有什么理由说它是存在着的。你一定会说，如果有人走到了那个地方，就能够看见它。好了，贝克莱会说，你还不是因为它能够被感知到才说它存在的，所以，被感知是存在的唯一可能的方式。贝克莱提出的这个命题，启发了康德和很多现代哲学家。所谓被感知，也就是在我们的意识里呈现出来，这就是现象这个概念的含义。现象是存在唯一可能的方式，这一点已经成为现代哲学的基本共识。

　　其次，理性能不能证明现象世界背后有一个本质世界存在着呢？也不能证明。关于人的理性能力，有两种主要观点。一种是经验主义观点，认为理性能力无非是对感官所提供的经验用逻辑进行整理的能力，所涉及的永远是现象而非本质。还有一种是有些理性主义哲学家所主张的，比如莱布尼兹、笛卡儿，认为人的心灵世界包括理性能力与外部世界有一个共同的来源，都来自上帝，两者之间有一种前定的和谐，所以人的理性能力能够认识世界的本质。这种说法只是一个信念，是无法证明的。在这两种观点的基础上，康德提出来一种新的说法，我认为他把这个问题说清楚了。他说，我们用理性能力对经验进行整理后得出的普遍性和必然性，实际是理性本身的先天形式投射在经验上的，仍属于现象世界，对本质没有丝毫触及。自从康德提出这一说法后，哲学家们都服了，基本上都承认我们的认识不可能提供一个不受我们的认识干扰的本体世界，所能提供的永远只是现象世界。这样，原来被认为是哲学中最重大问题的本体论、形而上学问题，现代哲学家普遍认为那是假问题，纷纷把它抛弃了。

现代哲学家好像都得了形而上学恐惧症，生怕沾形而上学的边，我觉得大可不必。其实，西方哲学用理性去把握世界的本质，这条路到头来被证明为此路不通，这是由哲学的本性决定的，用不着大惊小怪。哲学有其内在的矛盾，理性无非是用逻辑整理经验的能力，而世界的本质是一个超验的问题，存在于经验的范围之外，当然为理性所不及。像世界本质、生命意义这样的问题本来是属于灵魂的，是信念而不是知识，哲学偏偏要让头脑来做出清晰的有根有据的解答。所以，可以说，西方哲学给自己提出的任务从一开始就注定是不可能完成的。但是，我认为，给自己提出一个不可能完成的任务，试图去解决一个无解的问题，这正是哲学的伟大之处，这种徒劳的努力是一种有意义的徒劳。正是在这样一个对不可能达到的目标的执着追求之中，在头脑与灵魂之间，理智与情感之间，理性与超越性之间，思想与信仰之间，知与不可知之间，爱智慧与智慧本身之间，康德所说的 "Verstehen" 与 "Vernunft" 之间，形成了一种巨大的紧张和张力，使得两方面的力量都发挥到了极限，理性和超越性都得到了最大发展。而在这个过程中，生长起了西方的伟大精神传统。

二、从西方哲学中生长起来的精神传统：伟大的成果

我所说的"哲学的精神"，就是指在西方哲学两千多年来似乎不成功的发展过程中生长起来的伟大的精神传统。在这个精神传统里，可以相对地区分出三种精神，即宗教精神、科学精神、人文精神。我上面说到，西方哲学在其造成的头脑与灵魂的紧张关系中，一方面超越性得到了发展，形成的就是宗教精神；另一方面理性得到了发展，形成的就是科学精神。与此同时，因为理性和超越性的发展，强烈意识到人作为精神性存在的尊严，对人性价值尤其是人的精神性价值的尊重，这就是人文精神。

先说宗教精神。我说的是广义的宗教精神，也就是超越性，即不满足于像动物那样仅仅是活着，要寻求超出生存以上的意义，要过一种有更高意义的精神性的生活。换句话说，就是不满足于仅仅过肉体的、物质的生活，还要过灵魂的生活。超越性的反面是世俗性，就是满足于过肉体的、物质的生活。一个民族如果没有宗教精神，沉溺在世俗生活中，对灵魂生活没有要求，那是很可悲的。西方宗教的历史是从基督教传入开始的，但是实际上，宗教精神一开始就隐含在希腊哲学对世界的追问里，这是希伯来民族的宗教能够被改造为西方本土宗教的基础。

人的灵魂生活是从困惑开始的，无论民族还是个人都是这样。当然，这是指那种大的困惑，对生命到底有没有意义发出的根本性的困惑。也许最让人困惑的问题是死亡的问题，当一个人意识到自己必然会死以后，他就会对生命有无意义感到困惑了。有困惑的人，其实他的灵魂是认真的，他不能容忍人生没有意义、没有根据，一定要问个明白，想个明白。这是一种对自己的人生负责的态度。认真的结果，就是会特别看重灵魂的生活，

把内在生活看得比外在生活重要得多。你的外在生活很好，有美满的家庭、理想的职业，有很多钱，但是内心生活空虚、迷茫，你仍然会觉得没意思。相反，内心充实，外在生活差一些就没有太大关系。

总的来说，我觉得西方哲学是重视和鼓励灵魂生活的，形而上学实质上是终极关切，是要为人的灵魂生活寻找一个可靠的来源和归宿。灵魂生活从困惑开始，经过认真的探索，最后要落脚在信仰上。我很喜欢史怀泽的一个说法，就是"与世界整体建立精神联系"，这个说法简洁地说明了灵魂生活和信仰的实质。首先，灵魂生活是指向世界整体的。人的其他生活，包括物质生活、认知活动、社会活动，都具有经验性质，只和周围的环境有关，都不是指向世界整体的，只有灵魂生活、信仰生活是超越有限的经验世界、指向世界整体的。其次，相信世界整体具有一种精神性的本质，西方哲学就一直致力证明这一点，最后虽然还是证明不了，但是，不屈不挠的求证过程贯穿并且促进了这样一种信念，就是人类的精神生活一定是有某种非物质的神圣来源的，它的价值是不可用物质来衡量的。其实，相信世界是一个整体，这个信念本身就包含了对世界的精神本质的认定，因为如果仅仅是一个物质性的宇宙，就只是无秩序的混沌，不成其为整体。最后，凭借对宇宙精神本质的信念，我们的灵魂生活与世界整体之间就建立起了一种根本的联系。这样，我们就会相信并且感觉到，我们的任何精神性努力都是有根据的，是作为整体的人类精神生活的一个组成部分，不管在当下的世俗世界里有无实际效果，都绝不是徒劳的。

相比之下，我觉得有的哲学是不鼓励灵魂生活的。儒家也讲个人的精神修养，但注重的是道德。道德可以是灵魂生活，也可以不是，就看有没有超越性的指向。在西方哲学中，哲学家们往往是先建立一个形而上学的体系，再谈伦理学。西方人最看重两极，一极是个人的灵魂生活，另一极是宇宙的精神本质，也可以将其称作上帝，在这两极之间建立联系。道德属于个人的灵魂生活，它的根据来自上帝，用康德的话说叫作绝对命令，所以完全是自律的，是要对自己的灵魂负责，对上帝负责。儒家的道德不讲形而上学的根据，没有超越性的指向，它的根据是社会秩序，是政治。所谓修身、齐家、治国、平天下，修身是为治国、平天下服务的，个人的道德修养与社会的政治功利不可分，目的是建立或维护一种稳固的社会等级秩序。这里面也有可取的成分，因为它毕竟还重视个人的道德修养，不是一味追求功利，你搞政治也罢，经商也罢，做学问也罢，都要讲道德。可悲的是，现在连这个传统也衰微了，功利至上，不要道德，更不用说灵魂生活了。知识分子理应关心社会，但必须把对社会的关心与对自己灵魂的关心统一起来，在解决社会问题的同时也解决自己灵魂中的问题。可是，在我们的学者中，很少有人是把学术与自己的灵魂生活联系在一起的，或者是有真正的灵魂问题和灵魂生活的。

科学精神是对理性和知识的推崇，尤其表现为对非实用性的纯粹智力生活的热爱。我本人认为，非实用性是科学精神的最重要特征，也就是把人的理性能力本身、人对世界的认知能力本身看作价值，从这种能力的运用和发展中获得最大的乐趣。西方哲学从一开始就具有这个鲜明的特征，它的出发点是对世界万物的强烈的好奇心，而不是实用。关于这一点，亚里士多德讲得最清楚，他一再说，哲学是最不实用的学问，非实用性是由哲学的爱智慧的本性决定的，非实用性是哲学优于其他一切学问的地方。他指出："思想纯粹为了思想而思想，自限于它本身而不外向于它物，才是更高级的思想活动。"而这一特征使得哲学成了"唯一的自由学术"，"为学术自身而成立的唯一学术"。西方的科学是从哲学中分离出来的，它骨子里仍保持着哲学的非实用性品格，这一点在许多大科学家身上有充分的体现。凡是大科学家，都不会满足于纯粹的经验研究，内心都始终怀着解开宇宙之谜的渴望，爱因斯坦把这种渴望称作宇宙宗教感情，认为它是科学研究的最高动机。当然，事实上西方科学产生了许多实用性的成果，不过，无论实用性的成果多么伟大，技术如何进步，那都是科学精神的副产品，而且正因为有那种陶醉于探索过程、不问结果的科学精神，才会结出这样丰硕的成果。这是科学研究的辩证法，伟大的目标产生伟大的结果，如果目标是渺小的，孜孜追求实用，反而在实用方面的收获也会变少。所以，我们向西方学习科学，最重要的是要学人家的科学精神，如果只是引进一些实用性的成果，就永远不可能出大师，永远只能跟在人家后面走。

最后谈一谈人文精神。上面谈的是，从西方哲学中生长起了两样最宝贵的东西。一个是具有超越追求的灵魂，人是有灵魂的，人不应该满足于物质性的世俗生活，而应该有更高的精神追求，这就是宗教精神。另一个是具有思考能力的头脑，人是有头脑的，人不应该把思考的目标局限在狭小的实用范围内，而应该能够享受思考本身的快乐，这就是科学精神。实际上，宗教精神和科学精神告诉我们的是同一件事，就是人是一种有灵魂、有头脑的精神性存在，这是人的尊严之所在。那么，人文精神是什么呢？无非就是要我们认识到这一点，对于作为精神性存在的人的尊严要有自觉的意识，人文精神的核心概念是人的尊严。

因此，我们可以看到，实际上宗教精神和科学精神都可以落脚在人文精神上，都可以包括在人文精神里。人生在世，第一要有真正属于自己的灵魂，在对人生的态度上自己做主并且负起责任来，第二要有真正属于自己的头脑，在对世界的看法上自己做主并且负起责任来，在这两方面都意识到并且体现出人的尊严。社会则要为这提供一个适宜的环境，建立起一种保护人的自由包括精神自由、维护所有个人的人的尊严的秩序。在我看来，西方社会之所以在这方面做得比较好，西方哲学功不可没，这是从西方哲学两千多年来看似徒劳的追求中产生的最伟大的成果。

哲学如何"纯粹"？

接近或进入哲学可以有三种方式。一是学术的方式，围绕哲学史或哲学理论中某一课题系统地收集和整理材料，在此基础上对其做清晰的论述。二是思想的方式，对那些最基本的哲学问题进行独立思考，沉浸于其中。三是精神的方式，因自己灵魂中的困惑而发生追问，寻求理性的解决。这三种方式本身没有高低之分，如果一定要说高低，全在于那个从事哲学的人的心性和智性，由此而有了因循与创造、肤浅与深刻之分。

现在有人提倡"纯粹哲学"，我非常赞成。然而，哲学如何才是纯粹的呢？如果说纯粹就是超越经验，这不过是重复了人所皆知的常识而已。上述三种方式中的每一种，都必须符合这个条件，才能被称为哲学。追随康德知识论的思路游历一番，的确有助于我们体会纯粹的意味，但是，在此之后怎么办？总不能说，按照自己的理解叙述某位大哲学家的思想，这是从事"纯粹哲学"的唯一方式吧。

原来，提倡者坦言自己有着明确的针对性，"纯粹哲学"是针对"生活哲学"的。关于所谓的"生活哲学"，举出的特征有二：一是已经脱离了哲学的基本问题和基本要求，没有"哲学味"了；二是不同于那些真正探讨哲学问题的作品之让人觉得"晦涩难懂"，想必是让人觉得明白易懂的了。

让我们来讨论一下这两个特征。

第一，毫无疑问，如果真是脱离了哲学的基本问题和基本要求，那就不再是哲学了，遑论纯粹。问题在于如何理解哲学的基本问题和基本要求。依我的理解，诸如人生意义、精神生活、价值观念这类问题，无论如何是包括在哲学的基本问题之中的，而哲学的基本要求就是对它们做透彻的思考。在本来的意义上，纯粹哲学就是形而上学，是对世界和人生的根本问题的思考。其中，人生之思实为世界之思的原动力，由世界之思又引出了知识之思，即知识论。以"生活哲学"的罪名把人生之思革出教门，哲学殿堂里倒是纯粹了，可惜不是纯粹哲学，而是纯粹空无。

第二，对于表达的晦涩和明白不可一概而论。有康德《纯粹理性批判》那样的因为内容过于艰深而造成的晦涩，也有因为作者自己似懂非懂、思维混乱而造成的所谓的晦涩。同样，有蒙田、叔本华那样的既富有洞见、又显示了非凡语言技巧的明白，也有内容苍白、让人一眼望见其浅薄的所谓明白。我相信，一个诚实的哲学家，无论思想多么深刻复杂，总是愿意在不损害表达准确的前提下力求明白的，绝不会把晦涩本身作为一种价值来追求和夸耀。

对于今天仍然醉心于纯粹哲学的人，不论其方式是学术的、思想的还是精神的，我都十分欣赏，愿意引为同道。我自己对这三种方式也都怀有兴趣，知道每一种都能给人以不同的快乐。无论别人说什么，我都不会放弃其中的任何一种。

2003年2月

哲学中第一位的是问题

哲学开始于惊疑——惊奇和疑惑。惊奇是面对自然的,由惊奇而求认知,追问世界的本质;疑惑是面对人生的,由疑惑而求觉悟,追问生命的意义。哲学之所思无非这两大类,分别指向我们头上的神秘和我们心中的神秘。

哲学是对人类最高问题的透彻思考。对于何种问题堪称"最高",哲学家们有很不同的看法。但是,不管看法如何不同,人类始终为某些重大的根本性问题所困扰,因此对其做透彻思考的哲学就始终存在着,并将永远存在下去。

一个人需要哲学的程度,取决于他对精神生活看重的程度。当一个人的灵魂对于人生产生根本性的疑问时,他就会走向哲学。那些不关心精神生活、灵魂中没有问题的人,当然不需要哲学。

哲学并不提供答案，它只是推动你去思考。哲学中第一位的是问题，如果你没有问题，哲学对于你的确是没有用的。你有了问题，了解了大师对这个问题的想法，在此基础上进行独立思考，哪怕你找不到答案，这个过程也会让你印象深刻。

人生中的大问题都是没有答案的。但是，一个人唯有思考这些大问题，才能真正拥有自己的生活信念和生活准则，从而对生活中的小问题做出正确的判断。

航海者根据天上的星座来辨别和确定航向。他永远不会知道那些星座的成分和构造，可是，如果他不知道它们的存在，就会迷失方向，不能完成具体的航行任务。

哲学是世界观和人生观，但无论世界观还是人生观，都是我们灵魂中的活动，而不是一套现成的意识形态。哲学的价值不在于提供确定的答案，而在于使我们始终保持对世界和人生的惊疑和对根本问题的追问。

真正的哲学家只是伟大的提问者和真诚的探索者，他在人生根本问题被遗忘的时代发人深省地重提这些问题，至于答案则只能靠每个人自己去寻求。有谁能够一劳永逸地发现人生的终极意义呢？这是一个万古常新的问题，人类的每个时代，个人一生中的每个阶段，都会重新遭遇和思考这个问题。

哲学是对永恒之谜的永恒探索，是 X 的无穷次方，没有止境的为什么。

人们常说哲学是方法论，遇到什么具体问题，就说用哲学的方法分析一下。哲学中根本不存在这种可以用来解决一切具体问题的万能方法。哲学是让你想大问题，大问题想明白了，你面对具体问题就有了开阔的视野和从容的心态。它给你的是智慧和境界，舍此而求所谓的方法，就是舍本求末，而这恰恰是违背哲学的本性的。

我常常遇到这种情况：讨论一个问题，便会有人说，你拿哲学观点分析一下吧。我一律婉谢，因为我不相信一种在任何事情上都可以插上一嘴的东西是哲学。

哲学的使命要求哲学家绝对真诚。真正的哲学问题关乎人生之根本，没有一个是纯学术性的，哲学家对待它们的态度犹如它们决定着自己的生死存亡一样。

常有人问：中国能不能出大哲学家？我想，中国现在尤其需要的是不受传统、习俗、舆论、教条束缚的自由灵魂，是人生和社会问题的真诚的探索者，出不出大哲学家倒在其次。

哲学是分身术

我们平时所做之事、所过之生活只是一个局部，哲学就是要我们从这个局部中跳出来，看世界和人生的全局，由此获得一个广阔的坐标，用以衡量自己所做之事、所过之生活，用全局指导局部，明确怎样做事和生活才有意义。

哲学让人从当下的具体生活中跳出来，给人一个更高的视角。有没有这个更高的视角很重要，如果有，大苦难也会缩小，不能把你压垮，如果没有，小挫折也会放大，把你绊倒。你尽可以在人世间执着和追求，但是，有了哲学，你就有了退路。

哲学是分身术，把精神的自我从肉体的自我中分离出来，立足于精神的自我，与那个肉体的自我拉开距离，不为它所累。如果这个距离达到无限远，肉体的自我等于不复存在，便是宗教的境界了。

哲学想的是根本问题，它让你与具体生活拉开一段距离。

如果没有哲学，我会沉溺于当下具体生活中，把它看成整个世界。有了哲学的思考角度，我就不会把某一个具体的苦难看成我人生的全部。

哲学是一种分身术，它能将我分成两个，一个是有很多尘世欲望的具体的我，在红尘中奋斗、挣扎；另一个是哲学的我、理性的我、灵魂的我，会站在更加开阔的天地之间，从更加超脱的角度来劝导那个具体的我。哲学不能消除我遇到的具体的苦难，但它让我拥有一个站在高处的自我，这个自我站在永恒的立场上考虑问题，就会感觉眼前的任何遭遇都是短暂的、渺小的，从最后的结果来看都是一样的。这样，就把那个具体的我从苦难中拔了出来，使它不至于被苦难压垮。

人的根本限制就在于不得不有一个肉身凡胎，它为欲望所支配，为有限的智力所指引和蒙蔽，为生存而受苦。可是，如果我们总是坐在肉身凡胎这口井里，我们也就不可能看明白它是一个根本限制。所以，智慧就好像某种分身术，要把一个精神性的自我从这个肉身的自我中分离出来，让它站在高处和远处，以便看清楚这个在尘世挣扎的自己所处的位置和可能的出路。从一定意义上说，哲学家是一种分身有术的人，他的精神性自我已经能够十分自由地离开肉身，静观和俯视尘世的一切。

哲学是启迪人生智慧的学科。人的一生中，是否受到哲学的熏陶，智慧是否开启，结果大不一样。哲学在人生中的作用似乎看不见、摸不着，其实至大无比。有智慧的人，他的心是明白、欢欣、宁静的，没有智慧的人，他的心是糊涂、烦恼、躁动的。

对于自己的经历应该采取这样的态度：一是尽可能地诚实，正视自己的任何经历，尤其是不愉快的经历，把经历当作人生的宝贵财富；二是尽可能地超脱，从自己的经历中跳出来，站在一个比较高的位置上看它们，把经历当作认识人性的标本。

人生最无法超脱的悲苦正是在细部的，哲学并不能使正在流血的伤口止痛，对于这痛，除了忍受，我们别无办法。但是，我相信，哲学、宗教所启示给人的那种宏观的超脱仍有一种作用，就是帮助我们把自己从这痛中分离出来，不让这痛把我们完全毁掉。

怎样学哲学

常有人问我，学哲学有什么捷径，我的回答永远是：有的，就是直接去读大哲学家的原著。之所以说是捷径，是因为这是唯一的途径，走别的路只会离目的地越来越远，最后还是要回到这条路上来。能够回来算是幸运的，常见的是丧失了辨别力，从此迷失在错误的路上了。

哲学本质上只能自学，哲学家必定是自学成才的。如果说有老师，也仅是历史上的大哲人，他直接师事他们，没有任何中间环节。

怎样才能走近哲学？我一向认为，最可靠的办法就是直接阅读大哲学家的原著，最好的哲学都汇聚在大师们的作品中。不错，大师们观点各异，因此我们不可能从中得到一个标准答案，然而，这正是读原著的乐趣和收获之所在。一个人怎样才算是入了哲学的门？是在教科书中读到了一些教条和结论吗？当然不是。唯一的标准是你学会了用自己的头脑去思考人生的根本问题，从而确立了自己的人生信念。那么，看一看哲学史上诸多伟大头脑在想一些什么重大问题，又是如何进行独立思考的，正可以给你最好的榜样和启示。

哲学的精华仅仅在大哲学家的原著中。如果让我来规划哲学系的教学，我会把原著选读列为唯一的主课。当然，历史上有许多大哲学家，一个人要把他们的原著读遍，几乎是不可能的，也是不必要的。以一本简明而客观的哲学史著作为入门索引，浏览一定数量的基本原著，这个步骤也许是省略不掉的。在这过程中，如果没有一种原著引起你的相当兴趣，你就趁早放弃哲学，因为这说明你压根儿对哲学没有兴趣。倘非如此，你对某一个大哲学家的思想产生了真正的兴趣，那就不妨深入进去。可以期望，无论那个大哲学家是谁，你都将能够通过他而进入哲学的堂奥。不管大哲学家们如何观点相左、个性各异，他们中每一个人都必能把你引到哲学的核心，即被人类所有优秀的头脑思考过的那些基本问题，否则就称不上大哲学家了。

不同的哲学家

仁者见仁，智者见智。哲学家从来就有"仁者"和"智者"两类，所以他们所"见"出的哲学也从来就有唯"仁"（人本主义）和唯"智"（科学主义）两派。

既然人性不能一律，为什么哲学倾向就非要一律呢？我主张哲学上的宽容。但宽容是承认对方的生存权利，而不是合流。

对哲学有两种相反理解：一种人把哲学看作广义逻辑学，其对象是思维；另一种人把哲学看作广义美学，其对象是心灵的体验。不断有人试图把这两种理解糅在一起，但结果总是不成功。

哲学是爱智慧。对于智慧，哲学家有不同的看法。一派认为是思维方法的问题，另一派认为是灵魂的问题。

理性强的人研究自然，追求真，做科学家。意志强的人研究社会，追求善，做政治家。情感强的人研究人，追求美，做艺术家。

哲学家无非也分成这三类，何尝有纯粹的哲学家？

所谓哲学家，包括四种截然不同的类型：政客型的哲学家把哲学当作谋权的手段，庸人型的哲学家把哲学当作饭碗，学者型的哲学家把哲学当作纯学术，真正的哲学家把哲学当作生命。

但是，真有政客型或庸人型的哲学家吗？圆的方！

有四种哲学家：哲学就业者，把哲学当作饭碗，对哲学本身并无兴趣；哲学学者，把哲学当作学术，做知识性的整理和解释工作，研究前人和别人思考的结果，确实有这方面的兴趣或成绩；哲学大师，真正独立思考，对世界和人生的思考提出了新思路，创建了新体系，并产生重大影响，改变了哲学史；哲人，爱智慧者，把哲学当作生活方式。

当然，上述区分是相对的。

被本体论问题纠缠的人是疯子，被方法论问题纠缠的人是呆子，哲学家无非是这两种人。

有两类哲学家，一类努力于使复杂的事物变得简单，另一类努力于使简单的事物变得复杂。

个人思维犹如人类思维一样，走着从混沌（感性）到分化（知性）再到整合（理性）的路。但是，并非所有的人都能走到底。有的人终生停留在第一阶段，其中低能者成为可笑的老孩子，才高者成为艺术家。多数人在第二阶段止步，视其才能的高低而成为一知半解者或科学家。达到第三阶段的是哲学家。

真假哲学家

多少伟大的哲学家，生前贫困潦倒，死后却养活了一代又一代的冒牌哲学家。可以万无一失地料定，一旦哲学无利可图，这些冒牌哲学家就会争先恐后地抛开哲学，另谋出路。剩下的是那些真正热爱哲学的人，他们怀着苏格拉底的信念——"未经思考过的人生不值得一过"，贫困也罢，迫害也罢，都不能阻止他们做这种思考。让他们停止这种思考，他们便会感到虽生犹死。只有这样的人才算真正的哲学家。

搞文学艺术的，包括写小说、画画、作曲、演戏，等等，才能差一些，搞出的东西多少还有娱乐的价值。可是，哲学本身不具备娱乐的价值，搞得差就真是一无是处了。在一定的意义上可以说，大众需要差的文学艺术，那是一种文化消费，但没有人需要差的哲学，因为哲学无论好坏都成不了消费品。一个人要么不需要哲学，一旦他感到需要，就必定是需要好的哲学。

有艺术家，也有哲学家。有艺匠，却没有哲学匠。演奏、绘画如果够不上艺术，至少还是手艺，哲学如果够不上哲学，就什么也不是了。才能平庸的人靠演奏、绘画糊口，还不失为自食其力，靠哲学谋生却完全是一种寄生。

我不想与以哲学为职业的专门家讨论哲学，宁愿与热爱哲学的门外汉交谈——但也不是谈哲学。

一个人倘若不能从心灵中获得大部分的快乐，他算什么哲学家呢？

哲学之今昔

哲学是一个产妇，从她腹中孕育出了一门门具体科学。哲学的每一次分娩都好像要宣告自己的末日，但哲学是永存的，这位多产的母亲一次次把自己的子女打发走，仿佛只是为了不受他们的搅扰，可以在宁静的独处中悠然思念自己的永恒情人——智慧。

新的哲学理论层出不穷。在我看来，其中只有很少的哲学，多半是学术。随着文明的进化，学术愈来愈复杂了，而哲学永远是单纯的。

在今天，哲学仿佛破落了，正在给政治、科学、文学打工。

现代哲学的基本趋势是否定传统形而上学。哲学源自对世界追根究底的冲动，因而必是一种终极追问。如果否定了终极追问，哲学也就没有存在的必要了。所以，对于传统形而上学，应该分两方面来看。一方面，那种追根究底的冲动是不可消除的，其背后的动机正是要给人生一个根本的解释。另一方面，用逻辑手段建构终极的本体，这条路是走错了的，其结果是离给生命意义以一个解释的初衷越来越远，甚至背道而驰。

现在人们大谈哲学的危机，但我相信，哲学必将带着它固有的矛盾向前发展，一代又一代的人必将不可遏止地去思考那些没有最终答案的根本问题，并从这徒劳的思考中获得教益。

斯多葛派大谈死的不可怕，是否正因为怕死，所以要努力劝说自己呢？例如奥勒留，他几乎天天都在想死的问题。

斯多葛派用宇宙理性来证明理性在人生中的至高无上的价值，人应该仅仅凭借理性，对一切变易包括死亡都不动心。我的感觉是，因为变易不可阻挡，不动心是唯一的选择，这样的人生哲学在前，宇宙理性只是事后的理论解释。

康德的纯粹理性批判，我可以用一句话概括，便是：对世界的认识永远是认识，而不是世界。

读叔本华的感觉：当他推演体系时往往牵强枯燥，一旦抛开体系，就常有自然生动的见解。

对于作为非研究者的一般读者来说，尼采的最重大价值在于"逼迫"——说"启发"太轻了——我们认真面对和思考生命意义的问题。这也就是在"上帝死了"即信仰缺失的大背景下，如何战胜生命的无意义性和重建人生信仰。

在尼采的作品中，有一种真正的骄傲，因为发现了真理却不被理解而产生的骄傲，这与狂妄是两回事。狂妄的实质是浅薄，实际上没有什么货色，就只剩下姿态了。

解构主义热衷于文本的解构，以此挖掘文本的多义。然而，无论怎样多义的文本也只是文本，与真正的哲学性追问无涉。在此意义上，我不承认解构主义是哲学。

哲学与人生

人生哲学讨论什么问题 [1]

如果说哲学是对世界和人生的根本问题的思考，那么，对人生的根本问题的思考就是人生哲学。什么是人生的根本问题呢？说到底是一个问题，就是人生的意义问题，人生到底有没有意义，如果有，怎样的人生才是有意义的。

从西方哲学来说，古希腊最重要的哲学家，包括苏格拉底、柏拉图、亚里士多德，翻来覆去在讨论一个问题，就是什么样的生活才是好的生活。好，"good"，我们也翻译成"善"，柏拉图认为是哲学中的最高概念。好的生活，实际上也就是有意义的生活。按照我的理解，"好"可以分两个层次。

第一个层次，"好"就是令人满意，什么样的生活是令人满意的，是让人觉得愉快的。这个意义上的"好"，其实就是幸福，涉及的是人生的世俗意义，或者说生活质量。这是人生哲学讨论的一个大问题，就是幸福问题。

---

[1] 本文根据 2010 年至 2012 年举行的讲座《哲学与人生》的备课提纲和多次讲座录音综合整理。

哲学立足于价值观探讨幸福问题。人身上最宝贵的东西是生命和精神，如果这两个东西都处于令人满意的好的状态，人就真正会感到幸福。我本人认为，这种令人满意的好的状态，对于生命来说是单纯，对于精神来说是丰富，幸福在于生命的单纯和精神的丰富。

第二个层次，"好"就是正当，什么样的生活是正当的，是作为人应该过的生活。这个层次涉及的是人生的精神意义、人生的境界，讨论的是道德和信仰问题。这是人生哲学的第二个大问题。柏拉图主要是在这个层次上讨论什么是好的生活，人应该怎样生活才是真正作为人在生活，怎样生活人生才有精神的、超越的、神圣的意义。

探讨道德问题要抓住道德的根本。道德寻求正当的生活，何谓正当，也是从生命和精神（灵魂）两个方面看。作为生命，人要有同情心，把爱生命的本能推己及人；作为灵魂，人要有尊严感，自尊并且尊重他人，这是道德的两个基础。生命的善良和灵魂的高贵是最重要的道德品质。把道德建立在灵魂的高贵和做人的尊严的基础上，这就已经是信仰了。信仰有不同的形态，共同点是相信灵魂生活是人的本质生活，因而能够在道德上自律。

可是，我们讨论什么是好的生活，到头来躲不过一件坏事，就是死亡。你说人这样生活是幸福的，又是正当的，人生多么有意义，但是，人总有一死，如果死了以后归于虚无，什么也没有了，所有这些意义岂不是一场空？死亡是对人生意义的最大挑战，这是人生哲学不能回避的第三个大问题，就是生死问题。这个问题实际上是对人生意义的追根究底的追问，探究的是人生的终极意义，人生有没有超越生死的永恒意义。

死亡是人生的必然归宿，我们不应该回避，要去面对它，去思考它，寻找一个适合自己的思路，从而获得人生的最后一项成就，就是安详地死去。对于死亡，多数哲学家主张理智地接受，排除恐惧心理，基督教和佛教则以相反的思路教人看破生死，这些理念皆可供我们参考。通过思考死亡，我们最后即使不能得出一个结论，也会有重大收获，可以使我们对人生持一种既认真又超脱的态度。

我想来想去，人生的大问题就是这三个问题，人生哲学要讨论的就是这三大问题。第一是幸福问题，讨论的是人生的世俗意义；第二是道德和信仰问题，讨论的是人生的精神意义；第三是生死问题，讨论的是人生的终极意义。我们最后会发现，这三个问题的解决，实际上都有赖于灵魂和肉体的关系问题的解决，人生的意义归根到底取决于灵魂的品质。简单地说，灵魂的丰富是幸福的源泉，灵魂的善良和高贵是道德的根本，相信灵魂某种意义上的不朽则是超越死亡的必由之路。

人生的哲学难题 [1]

前言

人活一生，会遇到许多难题。有实际生活中发生的具体的难题，例如人生某个关头的抉择，婚姻啊，事业啊，也许解决起来难一些，但或者是可以解决的，或者时过境迁未解决也过去了，不会老缠着你。也有抽象的难题，那是在灵魂中发生的问题，其特点是：对于未发生这些问题的人，抽象而无用，对于发生了这些问题的人，却仿佛是性命攸关的最重要的问题；你要么从来不去想，倒也能平平静静过，可是一旦它们在你心中发生了，你就不得安宁了，因为它们其实是不可能得到最终解决的。

不可能最终解决——这正是哲学问题的特点。凡真正的哲学问题，其实都是无解的难题。要说明哲学问题的性质，最好的办法是把它和宗教、科学做比较。科学是头脑发问，头脑回答，只处理人的理性可以解决的问

---

[1] 本文根据 1998 年 10 月 23 日在清华大学举行的讲座的备课提纲整理。

题。宗教是灵魂发问，灵魂本质上是情感，一种大情感，是对终极之物的渴望，对神秘的追问，宗教不要求头脑做出回答，它知道人的理性回答不了，只有神能回答，情感性的困惑唯有靠同样是情感性的信仰来平息。哲学也是灵魂在发问，却要头脑来回答，想给宗教性质的问题一个科学性质的解决，这是哲学的内在矛盾。

那么，哲学岂非自寻烦恼，岂非徒劳？我只能说，这是身不由己的，灵魂里已经产生了困惑，又没有得到神的启示，就只好用自己的头脑去想。对于少数人来说，人生始终是一个问题，或者人生从来不是一个问题。对于多数人来说，一生中有的时候会觉得人生是一个问题。在座各位不妨问一问自己，你属于哪一种？确实有许多人认为，去想这些想不明白的问题特别傻，这种人活得最正常，我很羡慕。可惜我属于欲罢不能的那一类，对人生的一些重大问题想了大半辈子仍想不通。不过，我的体会是，想不通而仍然去想还是有好处的。乘今天讲座的机会，我把我所想过的这类问题略加整理，与你们交流。预先说明：我只有问题，没有答案，即使说了一些想法，也是我拿不准的，不算答案。

人生中哲学性质的难题有很多，我姑且列举其中的一些：

1. 人生的目的与信仰。人生有没有一个高于生命本身的目的？如果没有，人与动物有何区别？如果有，人的精神追求的根据是什么？怎样算有信仰？

2. 死。既然死是生命的必然结局，生命还有没有意义？如何克服对死的恐惧？应该怎样对待死？

3. 命运。人能否支配自己的命运？面对命运，人在何种意义上是自由的？应该怎样对待命运？

4. 责任。人活在世上要不要负责任，对谁负责，根据是什么？

5. 爱。人因为孤独而渴望爱，爱能不能消除孤独？为什么爱总是给人带来痛苦？爱与被爱，何者更重要？婚姻是爱情的坟墓吗？

6. 幸福。什么是幸福，它是主观体验，还是客观状态？幸福是不是人生最重要的价值？怎样衡量生活质量？

所有这些问题围绕着，并且可以归结为一个问题：人生意义。即人生有没有意义，如果有，是什么？对这些问题的思考构成了哲学中的一个重要领域，就是人生观。

人生观主要包含两层意思。第一，对人生的总体评价，即人生究竟有没有一种根本的意义。这个问题以尖锐的形式表现为哈姆雷特的问题："活，还是不活？"当一个人对生命的意义产生根本的怀疑时，就会面临活着是否值得的问题。人生有无意义的问题又分两个方面。一是因生命的短暂性而产生的问题：人的生命有无超越死亡的不朽的、终极的价值？核心是死亡问题。二是因生命的动物性而产生的问题：人的生命有无超越动物性的神圣的价值，人活着有没有比活着更高的目的和意义？核心是信仰问题。第二，对各种可能的生活方式的评价，即在人生的范围内，把人生当作一个过程来看，怎样生活更有意义，哪一种活法更好？核心是幸福问题。

对于人生有无意义的问题，大致有三种回答：第一，绝对否定，如佛教，认为人生是苦、是空，绝对无意义。第二，绝对肯定，如基督教，认为人生有来自神的绝对意义。第三，一般人（包括我）在这两个极端之间，既不能确定有绝对意义，又不肯接受绝对无意义，哲学是为这种人准备的。按照前两种极端的回答，怎样生活更好的问题有很明确的答案，对于佛教是求解脱，断绝业报的轮回，对于基督教是信奉神，为灵魂在天国的生活做准备。对于第三种人来说，既然在人生总体评价上难以确定，就可能会更加看重在人生的过程中寻找相对的意义，也就是更关心尘世幸福的问题，不过对这问题的看法会有很大的分歧。

我今天讲人生观的几个最主要的问题，即信仰问题、死亡问题、幸福问题。

一、信仰问题

问你：为什么活着，你活着的目的是什么？我相信绝大多数人回答不出。我也回答不出。的确常常有人问我这个问题，他们想，看你的书对人生哲学谈得好像挺明白的，你一定知道自己为什么活着。可是事实上，我在这方面之所以想得多一些，正是因为困惑比较多，并不比别人更明白。在人生某一个阶段，每个人也许会有一些具体的目的，比如升学、谋职、出国，或者结婚、生儿育女，或者研究一个什么课题、写一本什么书之类。可是，整个人生的目的，自己一生究竟要成一个什么样的正果，谁能说清楚呢？

有些人自以为清楚。例如，要成为大富翁、总统，或者得诺贝尔奖。可是，这些都还不是最后的答案，人生目的这个问题要问的恰恰是你为什么要成为大富翁、总统，得诺贝尔奖，等等。如果做富翁只是为了满足物质欲，做总统只是为了满足权力欲，得诺贝尔奖只是为了满足名声欲，那么，这些其实只是野心、虚荣心，只能表明欲望很强烈，不能表明想明白了为什么活着这个问题。亚历山大征服了世界，却仍然羡慕第欧根尼，正因为他觉得在想明白人生这一点上，自己不如第欧根尼。真正得诺贝尔奖的人，比如海明威、川端康成，绝不会以得诺贝尔奖为人生目的，否则他们就不会自杀了。

还有一些人，他们从外界接受了某种现成的观念或信仰，信个什么教或什么主义，就自以为有明确的生活目的了。但是，在多数情形下，人们是因为环境的影响而接受这些东西的，这些东西与自己的灵魂、自己的生命实质是分离的，因而只是一种外在的、表面的东西，不能真正充实灵魂和指导人生。我不是责备人们，而是想说明，一个人要对自己整个人生的目的有明确而坚定的认识，清楚地知道自己究竟为什么活着，这是一件极难的事。那些自以为清楚的人，多半未做透彻思考。做了透彻思考的人，往往反而困惑。

人生目的至少应该是比欲望高的东西，只是停留在欲望（生存欲望、名利欲是其变态）的水平上，等于是说：活着是为了活着。因此，问题更明确的提法是：人的生命有没有一个高于生命本身的目的？如果没有，人就不过是活着而已，和别的动物没有什么根本的不同，至多是欲望更强烈（更变态）、满足欲望的手段更高明（更复杂）而已。

为生命确立一个高于生命本身的目的，可以有不同途径。其一是外向的，寻求某种高于个体生命的人类群体价值，例如献身于某种社会理想，从事科学真理的探索，进行文化艺术的创造，传播某种宗教信仰，等等。这相当于通常所说的救世，目标是人类精神上的提升。其二是内向的，寻求某种高于肉体生命的内在精神价值，例如追求道德上的自我完善，潜心于个人的宗教修炼或艺术体验，等等。这相当于通常所说的自救，目标是个人精神上的提升。凡·高于生命的目的，归根到底是精神性的，其核心必是某种精神价值。这一点对于定向于社会领域的人同样是适用的。正像哈耶克所指出的，大经济学家往往同时也是大哲学家，他不会只限于关心经济问题，他所主张的经济秩序必定同时旨在实现某种人类精神价值。即使是一个企业家，只要他仍是一个精神性的存在，即真正意义上的人，他就绝不会以赚钱为唯一目的，而一定会希望通过经济活动来实现某种比富裕更高的理想，并把这看作成就感的更重要的来源。一般的人，哪怕过着一种平庸的生活，仍会承认人不应该像动物那样生活，有精神追求的生活是更加高尚的。由此可见，目的的寻求是人要使自己摆脱动物性而向更高的方向提升的努力。那么，向哪里提升呢？只能是向神性的方向。现在的问题是，这样一种努力有什么根据？

　　从自然的眼光看，人的生命只是一个生物学过程，自然并没有为其提供一个高于此过程的目的。那么，人要为自己的生命寻找一个高于生命本身的目的，这种冲动从何而来？人为什么与别的动物不一样，不但要活着，而且要活得有意义？对于这个问题，多数哲学家的回答是：因为人是有理性的动物。但是，从起源和功能看，理性是为了生存的需要而发展出来的对外部环境的认识能力，其方式是运用逻辑手段分析经验材料，目的是趋利避害，归根到底是为活着服务的，并不能解释人对意义（精神价值）的渴望和追求。于是，另一些哲学家便认为，原因不在于人有理性，而在于人有灵魂。与动物相比，人不只是头脑发达，本质区别在于人有灵魂，动物没有。可是，灵魂是什么呢？它实际上指的就是人的内在的精神渴望，可以被称为人身上发动精神性渴望和追求的那个核心。我们发现，灵魂这个概念不过是给人的精神渴望安上了一个名称，而并没有解释它的来源是什么。问题仍然存在：灵魂的来源是什么？

为了解释灵魂的来源,柏拉图首先提出了一种理论。他认为,在人性结构与宇宙结构之间存在着对应的关系,人的动物性(肉体)来自自然界(现象界),人的灵魂则来自神界(本体界),也就是他所说的"理念世界"。在"理念世界"中,各种精神价值以最纯粹的形式存在着。灵魂由于来自那个世界,所以对于对肉体生存并无实际用处的纯粹精神价值会有渴望和追求。柏拉图的理论后来为基督教所继承和发扬,成为西方的正统。在很长时间里,人们普遍相信,宇宙间存在着神或类似于神的某种精神本质,人身上的神性即由之而来,这使人高于万物而在宇宙中处于特殊地位,负有特殊使命。人的高于肉体生命的精神性目的实际上已经先验地蕴含在这样一种宇宙结构中了。

但是,近代以降,科学摧毁了此类信念,描绘了一幅令人丧气的世界图景:在宇宙中并不存在神或某种最高精神本质,宇宙是盲目的,是一个没有任何目的的永恒变化过程,而人类仅是这过程中的偶然产物。用宇宙的眼光看,人类只有空间极狭小、时间极短暂的昙花一现般的生存,能有什么特殊使命和终极目的呢?在此背景下,个人的生存就更可怜了,与别的朝生暮死的生物没有什么两样。人身上的神性以及人所追求的一切精神价值因为没有宇宙精神本质的支持而失去了根据,成了虚幻的自欺。

灵魂在自然界里的确没有根据。进化论用生存竞争最多能解释人的肉体和理智的起源,却无法解释灵魂的起源。事实上,灵魂对生存常常是不利的,有纯正精神追求的人在现实生活中往往是倒霉蛋。

夜深人静之时,读着先哲的作品,分明感觉到人类精神不息的追求,世上自有永恒的精神价值存在,心中很充实。但有时候,忽然想到宇宙之盲目,总有一天会把人类精神这最美丽的花朵毁灭,便感到惶恐和空虚。

这就是现代人的基本处境，人们发现，为生命确立一个高于生命的目的并无本体论或宇宙论上的根据。所谓信仰危机，其实质就是精神追求失去了终极根据。

那么，在我们的时代，一个人是否还可能成为有信仰的人呢？我认为仍是可能的，但是，前提是不回避失去终极根据这个基本处境。判断一个人有没有信仰，标准不是看他是否信奉某一宗教或某一主义，唯一的标准是在精神追求上是否有真诚的态度。所谓真诚，一是在信仰问题上认真，既不是无所谓，可有可无，也不是随大流，盲目相信；二是诚实，绝不自欺欺人。一个有这样的真诚态度的人，不论他是虔诚的基督徒、佛教徒，还是苏格拉底式的无神论者，或尼采式的虚无主义者，都可被视为真正有信仰的人。他们的共同之处是，都相信人生中有超出世俗利益的精神目标，它比生命更重要，是人生中最重要的东西，值得为之活着和献身。他们的差异仅是外在的，他们都是精神上的圣徒，在寻找和守护同一个东西，那使人类高贵、伟大、神圣的东西，他们的寻找和守护便证明了这种东西的存在。说到底，我们难以分清，神（宇宙的精神本质）究竟是灵魂的创造者呢，还是灵魂的创造物。因此，我们完全可以把有灵魂（有精神渴望和追求）与有信仰视为同义语。一个人不顾精神追求的徒劳而仍然坚持精神追求，这只能证明他太有灵魂了，怎么能说他是没有信仰的人呢？

二、死亡问题

许多人有这样的经验：在童年或少年时期，经历过一次对死的突然"发现"。在这之前，当然也看见或听说过别人的死，但往往并不会和自己联系起来。可是，有一天，他确凿无疑地明白了自己迟早也会和所有人一样地死去。我在上小学时就有过这种经验，一开始不肯相信，找理由来否定。记得上生理卫生课，老师把人体解剖图挂在墙上，我就对自己说，我的身体里绝对不会有这样乱七八糟的东西，肯定是一片光明，所以我不会死。但自欺不能长久，我终于对自己承认了死也是我的不可避免的结局。这是一种极其痛苦的内心体验，如同发生了一场地震一样。想到自己在这世界上的存在只是暂时的，总有一天会化为乌有，一个人就可能对生命的意义产生根本的怀疑。

随着年龄增长，多数人似乎渐渐麻木了，实际上是在有意无意地回避。我常常发现，当孩子问到有关死的问题时，他们的家长往往惊慌地阻止，叫他不要瞎想。其实，这哪里是瞎想呢，死是人生第一个大问题，只是因为不可避免，人们便觉得想也没有用，只好默默忍受罢了。对于这种无奈的心境，金圣叹表达得最为准确，他说：我今天想到死的时候这么无奈，在我之前不知有多少人也这么无奈过了。我今天所站的这个地方，无数古人也站过，而今天只见有我，不见古人。古人活着时何尝不知道这一点，只是因为无奈而不说罢了。真是天地何其不仁也！

但哲学正是要去想一般人不敢想、不愿想的问题。死之令人绝望，在于死后的绝对虚无、非存在，使人产生人生虚幻之感。作为一切人生——不论伟大还是平凡，幸福还是不幸——的最终结局，死是对生命意义的最大威胁和挑战，因而是任何人生思考绝对绕不过的问题。许多古希腊哲学家把死亡问题看作最重要的哲学问题，苏格拉底、柏拉图甚至干脆说哲学就是为死预先做准备的活动。

然而，说到对死亡问题的解决，哲学的贡献却十分有限，甚至可以说少得可怜。直接讨论死亡问题的哲学家一般都立足于死之不可避免的事实，着力劝说人以理智的态度接受死。例如，伊壁鸠鲁、卢克莱修说：死后你不复存在，没有感觉，也就没有痛苦了。可是问题恰恰在于，我不愿意不复存在！我愿意有一个能感知、能欢乐和痛苦的灵魂！还有什么物质不灭之类的说法，可是我恰恰不愿意仅仅是物质！死的可怕正在于灵魂的死灭、不存在。斯多葛学派则劝人顺从自然，他们说：如果你愿意死，死就不可怕了。西班牙哲学家乌纳穆诺反驳得好，他说：问题在于我不但不愿意死，而且不愿意我愿意死！还有一种巧妙的说法，意思是说：死后与出生前是一样的，如果一个人为自己出生前不存在而痛哭，你会说他是傻瓜，那么，为死后不存在而痛哭的人也同样是傻瓜。这种说法巧妙是巧妙，但并不能平息灵魂对死亡的恐惧。灵魂的特点是，它从未存在也就罢了，一旦存在了，就绝不肯接受自己不再存在的前景了。

要真正从精神上解决死亡问题，就不能只是劝人理智地接受不存在，而应该帮助人看破存在与不存在之间的界限，没有了这个界限，死亡当然就不会成为一个问题了。这便是宗教以及有宗教倾向的哲学家的思路。宗教往往还主张死比生好，因此我们不但应该接受死亡，而且应该欢迎死亡。其中，基督教和佛教又有重大区别。基督教宣称灵魂不死，在肉体死亡之后，灵魂摆脱肉体的束缚而升入了天国。所以，生和死都是有（存在），并且生是低级的有，死是高级的有。与之相反，佛教主张四大皆空，生命仅是幻象，应该从这个幻象中解脱出来，断绝轮回，归于彻底的无。所以，生和死都是无，并且生是低级的无，死是高级的无。我个人认为，基督教宣称的灵魂不死，毕竟是一种永远不能证实的假设，或者如同帕斯卡尔所说是赌博，难以令人完全信服。相比之下，佛教的主张可能是在生死问题上的最透彻的理解，是对死亡问题的最终解决。人之所以害怕死，根源当然是有生命欲望，佛教在理论上用智慧否定生命欲望，在实践上用戒律和定修等方法削弱乃至灭绝生命欲望，可谓对症下药。当然，其弊是消极。不过，在宗教之外，我想象不出有任何一种积极的理论能够真正从精神上解决死亡问题。

　　总的来说，就从精神上解决死亡问题而言，哲学不如宗教，基督教不如佛教，但佛教实质上却是一种哲学。对死亡进行哲学思考虽属徒劳，却并非没有意义，我称之为有意义的徒劳。其意义主要有，第一，使人看到人生的全景和限度，用超脱的眼光看人世间的成败祸福。如奥勒留所说，这种思考帮助我们学会"用死者的眼光看事物"。譬如说，如果你渴望名声，便想一想你以及知道你名字的今人、后人都是要死的，你就会觉得名声不过是浮云；如果你被人激怒，便想一想你和激怒你的人不久后都将不存在，你就会平静下来；如果你痛苦了，例如在为失恋而痛苦，便想一想为同样事情而痛苦的人哪里去了，你就会觉得不值得。人生不妨进取，但也应该有在必要时退让的胸怀。第二，使人为现实中的死做好精神准备。人皆怕死，又因此而怕去想死的问题，哲学不能使我们不怕死，但能够使我们不怕去想死的问题，克服对恐惧的恐惧，也就在一定程度上获得了对死的自由。死是不问你的年龄、随时会来到的，人们很在乎寿命，但想通了既然死迟早要来，就不会太在乎了，最后反正都是一回事。第三，死总是自己的死，对死的思考使人更清醒地意识到个人生存的不可替代，从而如海德格尔所说的那样"向死而在"，立足于死亡而珍惜生命，最大限度地实现自己生命的独一无二的价值。

三、幸福问题

在世上一切东西中，好像只有幸福是人人都想要的东西。其他的东西，例如结婚、生孩子，甚或升官发财，肯定有一些人不想有，可是大约没有人会拒绝幸福。人人向往幸福，但幸福最难定义。人们往往把得到自己最想要的东西、实现自己最衷心的愿望称作幸福。愿望是因人而异的，同一个人的愿望也在不断变化。讲一个笑话：有一回，我动一个小手术，因为麻醉的缘故，术后排尿困难。当我站在便池前，经受着尿胀却排不出的痛苦时，我当真觉得身边那位流畅排尿的先生是幸福的人。真的实现了愿望，是否幸福也还难说。费尽力气争取某种东西，争到了手却发现远不如想象的好，乃是常事。所谓"人心重难而轻易""身在福中不知福""生活在别处"，这些说法都表明，很难找到认为自己幸福的人。

幸福究竟是一种主观感受，还是一种客观状态？如果只是前者，狂喜型妄想症患者就是最幸福的人了。如果只是后者，世上多的是拥有别人羡慕的条件而自己并不觉得幸福的人。有一点可以确定：外在的条件如果不转化为内在的体验和心情，便不成其为幸福。所以，比较恰当的是把它看作令人满意的生活与愉快的心情的统一。

那么，怎样的生活是令人满意并且能带来愉快心情的呢？这当然仍是因人而异的。哲学家们比较一致的意见是：生活包括外在生活（肉体生活和社会生活）和内在生活（精神生活）两方面，其中，外在生活是幸福的必要条件，内在生活是幸福的更重要的源泉。

对于幸福来说，外在生活具备一定条件是必要的。亚里士多德说：幸福主要是灵魂的善，但要以外在的善（幸运）为补充，例如高贵的出身、众多的子孙、英俊的相貌，不能把一个贫贱、孤苦、丑陋的人称作幸福的。不过，哲学家们大多强调：这不是主要方面，而且要适度。亚里士多德指出：平庸的人才把幸福等同于纵欲。他批评贵族中多亚述王式的人物，按照亚述王墓碑上的铭文生活："吃吧，喝吧，玩吧，其余不必记挂。"哲学家一般不会主张这样的享乐主义，被视为享乐主义始祖的伊壁鸠鲁其实最反对纵欲，他对快乐的定义是身体的无痛苦和灵魂的无纷扰。

外在生活方面幸福的条件大致可以举出以下这些：1. 家庭出身。在存在着财富或权利不平等的社会中，人们在人生的起点就处在不平等的位置上，家庭出身决定了一个人早年的生活条件和受教育的机会，并影响到以后的生活。当然，出身对一个人的影响是复杂的，富贵未必都是福，贫寒未必都是祸，不可一概而论。2. 财富（金钱）。贫穷肯定是不幸，至少应该做到衣食无忧，物质生活有基本保障。但是，未必钱越多越幸福。我的看法是：小康最好。3. 社会上的成功、地位、名声。怀才不遇、事业失败肯定是不幸。但是，成功要成为幸福，前提是外在事业与内在追求的一致，所做的是自己真正喜欢做的事情。4. 婚姻和家庭生活美满。对于老派的人来说，还要加上子孙满堂。对于新派的人来说，这些都可以不要，但至少要有满意的爱情。5. 健康。托尔斯泰认为，个人最高的物质幸福不是金钱，而是健康。6. 闲暇。一个人始终忙碌劳累，那也是一种不幸，哪怕你自以为是在干事业。要有内在的从容和悠闲来品尝人生乐趣。7. 平安，一生无重大灾祸。最好还能长寿，所谓寿终正寝。

内在生活方面的幸福也有诸多内容，主要包括：1. 创造。创造是自我能力和价值的实现，其快乐非外在的成功可比。2. 体验。包括艺术欣赏，与自然的沟通，等等。3. 爱。人间各种爱的情感的体验和享受，包括爱情、亲情、友情等。还有更广博的爱，例如儒家的仁爱、基督教的福音之爱、人道主义的博爱。4. 智慧，智性生活。包括阅读和思考，哲学的沉思，独处时内心的宁静。5. 信仰。

几乎所有哲学家都认为，内在生活是幸福的主要源泉和方面。其理由是：

第一，内在生活是自足的，不依赖于外部条件，这方面的快乐往往是外在变故所不能剥夺的。亚里士多德说：沉思的生活是人身上最接近神的部分，沉思的快乐相当于神的快乐。

第二，心灵的快乐是高层次的快乐。柏拉图认为，在智慧与快乐两者中，智慧才是幸福。他提出的理由是：智慧本身是善，同时也是快乐，而其他的快乐未必是善。约翰·穆勒从功利主义的立场出发，把幸福等同于快乐。即使他也认为：幸福不等于满足，天赋越高越不易满足，但不满足的人比满足的猪、不满足的苏格拉底比满足的傻瓜幸福。因为和肉体快乐相比，心灵快乐更高级，其快乐更丰富，不过只有兼知两者的人才能对此做出判断。当代人本心理学家马斯洛在类似的意义上把人的需要分成不同层次，认为在低层次的物质性需要满足以后，高层次的精神需要才会凸显出来，并感受到满足这种需要的更高的快乐。

第三，灵魂是感受幸福的"器官"，任何外在经历必须有灵魂参与才成其为幸福。因此，内心世界的丰富、敏感和活跃与否决定了一个人感受幸福的能力。在此意义上，幸福是一种能力。你有钱买最好的音响，但不懂音乐，有什么用？对于内心世界不同的人，表面相同的经历（例如周游世界）具有完全不同的意义，事实上也就完全不是相同的经历了。

第四，外在遭遇受制于外在因素，非自己所能支配，所以不应成为人生的主要目标。真正能支配的唯有对一切外在遭际的态度。内在生活充实的人仿佛有另一个更高的自我，能与身外遭遇保持距离，对变故和挫折持适当态度，心境不受尘世祸福沉浮的扰乱。天有不测风云，超脱的智慧对于幸福是重要的。

一般来说，人们会觉得自己生活中的某一个时刻或某一段时光是幸福的，但难以评定自己整个人生是否幸福。其中一个原因是，幸福与否与命运有关，而命运不可测。所以希腊人喜欢说：无人生前能称幸福。希罗多德在《历史》中讲过一个故事：梭伦出游，一个国王请教谁最幸福，他举的都是死者之例，因为可以盖棺论定了，国王便嘲笑他说，忽视当前的幸福、万事等看收尾的人是大傻瓜。亚里士多德对此也评论说：梭伦的看法是荒唐的。我认为，人生总是不可能完美的，用完美的标准衡量，世上无人能称幸福，不光生前如此。仔细思考幸福这个概念的含义，我们会发现，它主要是指对生命意义的肯定评价。感到幸福，也就是感到活得有意义。不管时间多么短暂，这种体验总是指向整个人生的，所包含的是对生命意义的总体评价。尤其在创造中，在爱中，当人感受到幸福时，心中仿佛响着一个声音："为了这个时刻，我这一生值了！"因此，衡量你的人生在总体上是否幸福，主要就看你觉得这一生活得是否有意义。当然，外在条件也是不可少的，但标准不妨放低一些，只要不是非常不幸就可以了。

由于幸福不能缺少外在条件和内心安宁，所以，在一些哲学家看来，幸福不是人生的主要目的和最高价值。历史上有许多天才并不幸福，在外在生活方面穷困潦倒，凡·高是最突出的例子。深刻的灵魂也往往充满痛苦和冲突，例如尼采。像歌德那样达于平衡的天才是少数，而且他也是经历了痛苦的内心挣扎的。同时，人生有苦难和绝境，任何人都有可能落入其中，在那种情形下，一个人仍可能以尊严的方式来承受，从而赋予人生一种意义，但你绝不能说这是幸福。归根到底，人生在世最重要的事情不是幸福或不幸，而是不论幸福还是不幸都保持做人的正直和尊严。

幸福是灵魂的事

在世上一切东西中，好像只有幸福是人人都想要的东西。你去问人们，想不想结婚、生孩子，或者想不想上大学、经商、出国，肯定会得到不同的回答。可是，如果你问想不想幸福，大约没有人会拒绝。而且，之所以有些人不想生孩子或经商，等等，原因正在于他们认为这些东西并不能使他们幸福，想要这些东西的人则认为它们能够带来幸福，或至少是获得幸福的手段之一。也就是说，在相异的选择背后似乎藏着相同的动机，即都是为了幸福。而这同时也表明，人们对幸福的理解有多么不同。

幸福的确是一个极含糊的概念。人们往往把得到自己最想要的东西、实现自己最衷心的愿望称作幸福。然而，愿望不但是因人而异的，而且同一个人的愿望也会发生变化。真的实现了愿望，得到了想要的东西，是否幸福也还难说，这要看它们是否确实带来了内心的满足和愉悦。费尽力气争取某种东西，争到了手却发现远不如想象的好，乃是常事。幸福与主观的愿望和心情如此紧密纠缠，当然就很难给它定一个客观的标准了。

我们由此倒可以确定一点：幸福不是一种纯粹客观的状态。我们不能仅仅根据一个人的外在遭遇来断定他是否幸福。他有很多钱，有别墅、汽车和漂亮的妻子，也许令别人羡慕，可是，如果他自己不感到幸福，你就不能硬说他幸福。既然他不感到幸福，事实上他也就的确不幸福。外在的财富和遭遇仅是条件，如果不转化为内在的体验和心情，便不成其为幸福。

如此看来，幸福似乎主要是一种内心快乐的状态。不过，它不是一般的快乐，而是非常强烈和深刻的快乐，以至于我们此时此刻会由衷地觉得活着是多么有意思，人生是多么美好。正是这样，幸福的体验最直接地包含着我们对生命意义的肯定评价。感到幸福，也就是感到自己的生命意义得到了实现。不管拥有这种体验的时间多么短暂，这种体验都总是指向整个人生的，所包含的是对生命意义的总体评价。当人感受到幸福时，心中仿佛响着一个声音："为了这个时刻，我这一生值了！"若没有这种感觉，说"幸福"就是滥用了大字眼。人身上必有一种整体的东西，是它在寻求、面对、体悟、评价整体的生命意义，我们只能把这种东西叫作灵魂。所以，幸福不是零碎和表面的情绪，而是灵魂的愉悦。正因为此，人一旦有过这种时刻和体验，便终生难忘了。

可以把人的生活分为三个部分：肉体生活，不外乎饮食男女；社会生活，包括在社会上做事以及与他人的交往；灵魂生活，即心灵对生命意义的沉思和体验。必须承认，前两个部分对于幸福也不是无关紧要的。如果不能维持正常的肉体生活，饥寒交迫，幸福未免是奢谈。在社会生活的领域内，做事成功带来的成就感，爱情和友谊的经历，都尤能使人发觉人生的意义，从而转化为幸福的体验。不过，亚里士多德认为，对于幸福来说，灵魂生活具有头等的重要性，因为其余的生活都要依赖外部条件，而它却是自足的。同时，它又是人身上最接近神的部分，从沉思中获得的快乐几乎相当于神的快乐。这意见从一个哲学家口中说出，我们很可能怀疑是否带有职业偏见。但我们至少应该承认，既然一切美好的经历必须转化为内心的体验才成其为幸福，那么，内心体验的敏感和丰富就的确是重要的，它决定了一个人感受幸福的能力。对于内心世界不同的人来说，相同的经历具有完全不同的意义，因而事实上他们也就并不拥有相同的经历了。另一方面，一个习于沉思的智者，由于他透彻地思考了人生的意义和限度，便与自己的身外遭遇保持了一个距离，他的心境也就比较不易受尘世祸福沉浮的扰乱。而他从沉思和智慧中获得的快乐，也的确是任何外在的变故不能剥夺的。考虑到天有不测风云，你不能说一种宽阔的哲人胸怀对于幸福是不重要的。

1996年10月

思考死：有意义的徒劳

一

死亡和太阳一样不可直视。然而，即使掉头不去看它，我们仍然知道它存在着，感觉到它正步步逼近，把它的可怕阴影投罩在我们每一寸美好的光阴上面。

很早的时候，当我突然明白自己终有一死时，死亡问题就困扰着我了。我怕想，又禁不住要想。周围的人似乎并不挂虑，心安理得地生活着。性和死，世人最讳言的两件事，成了我的青春期的痛苦的秘密。读了一些书，我才发现，同样的问题早已困扰过世世代代的贤哲了。"要是一个人学会了思想，不管他的思想对象是什么，他总是在想着自己的死。"读到托尔斯泰这句话，我庆幸觅得了一个知音。

死之迫人思考，因为它是一个最确凿无疑的事实，同时又是一件最不可思议的事情。既然人人迟早要轮到登上这个千古长存的受难的高岗，从那里被投入万劫不复的虚无之深渊，一个人怎么可能对之无动于衷呢？然而，自古以来思考过、抗议过、拒绝过死的人，最后都不得不死了，我们也终将追随他们而去，想又有何用？世上别的苦难，我们可小心躲避，躲避不了，可咬牙忍受，忍受不了，还可以死解脱。唯独死是既躲避不掉，又无解脱之路的，除了接受，别无选择。也许，正是这种无奈，使得大多数人宁愿对死保持沉默。

金圣叹对这种想及死的无奈心境作过生动的描述："细思我今日之如是无奈，彼古之人独不曾先我而如是无奈哉！我今日所坐之地，古之人其先坐之；我今日所立之地，古之人之立者，不可以数计矣。夫古之人之坐于斯，立于斯，必犹如我之今日也。而今日已徒见有我，不见古人。彼古人之在时，岂不默然知之？然而又自知其无奈，故遂不复言之也。此真不得不致憾于天地也！何其甚不仁也！"

今日我读到这些文字，金圣叹作古已久。我为他当日的无奈叹息，正如他为古人昔时的无奈叹息；而无须太久，又有谁将为我今日的无奈叹息？无奈，只有无奈，真是夫复何言！

想也罢，不想也罢，终归是在劫难逃。既然如此，不去徒劳地想那不可改变的命运，岂非明智之举？

二

在雪莱的一篇散文中，我们看到一位双目失明的老人在他女儿的搀扶下走进古罗马柯利修姆竞技场的遗址。他们在一根倒卧的圆柱上坐定，老人听女儿讲述眼前的壮观，而后怀着深情对女儿谈到了爱、神秘和死亡。他听见女儿为死亡啜泣，便语重心长地说："没有时间、空间、年龄、预见可以使我们免于一死。让我们不去想死亡，或者只把它当作一件平凡的事来想吧。"

如果能够不去想死亡，或者只把它当作人生司空见惯的许多平凡事中的一件来想，倒不失为一种准幸福境界。遗憾的是，愚者不费力气就置身其中的这个境界，智者（例如这位老盲人）却须历尽沧桑才能达到。一个人只要曾经因想到死亡感受过真正的绝望，他的灵魂深处从此便留下了几乎不愈的创伤。

当然，许多时候，琐碎的日常生活分散了我们的心思，使我们无暇思及死亡。我们还可以用消遣和娱乐来转移自己的注意力。事业和理想是我们的又一个救主，我们把它悬在前方，如同美丽的晚霞一样遮盖住我们不得不奔赴的那座悬崖，于是放心向深渊走去。

可是，还是让我们对自己诚实些吧。至少我承认，死亡的焦虑始终在我心中潜伏着，时常隐隐作痛，有时还会突然转变为尖锐的疼痛。每一个人都必将迎来"没有明天的一天"，而且这一天随时会到来，因为人在任何年龄都可能死。我不相信一个正常人会从来不想到自己的死，也不相信他想到时会不感到恐惧。把这恐惧埋在心底，他怎么能活得平静快乐，一旦面临死又如何能从容镇定？不如正视它，有病就治，先不去想能否治好。

自柏拉图以来，许多西方哲学家都把死亡看作人生最重大的问题，而把想透死亡问题视为哲学最主要的使命。在他们看来，哲学就是通过思考死亡而为死预做准备的活动。一个人只要经常思考死亡，且不管他如何思考，经常思考本身就会产生一种效果，使他对死亡习以为常起来。中世纪修道士手戴刻有骷髅的指环，埃及人在宴会高潮时抬进一具解剖的尸体，蒙田在和女人做爱时仍默念着死的逼近，凡此种种，依蒙田自己的说法，都是为了"让我们不顾死亡的怪异面孔，常常和它亲近、熟识，心目中有它比什么都多吧"！如此即使不能消除对死的恐惧，至少可以使我们习惯于自己必死这个事实，也就是消除对恐惧的恐惧。主动迎候死，再意外的死也不会让人感到意外了。

我们对于自己活着这件事实在太习惯了，而对死却感到非常陌生——想想看，自出生后，我们一直活着，从未死过！可见从习惯于生到习惯于死，这个转折并不轻松。不过，在从生到死的过程中，由于耳濡目染别人的死，由于自己所遭受的病老折磨，我们多少在渐渐习惯自己必死的前景。习惯意味着麻木，芸芸众生正是靠习惯来忍受死亡的。如果哲学只是使我们习惯于死，未免多此一举了。问题恰恰在于，我不愿意习惯。我们期待哲学的不是习惯，而是智慧。也就是说，它不该靠唠叨来解除我们对死的警惕，而应该说出令人信服的理由来打消我们对死的恐惧。它的确说了理由，让我们来看看这些理由能否令人信服。

三

死是一个有目共睹的事实，没有人能否认它的必然性。因此，哲学家们的努力便集中到一点，即找出种种理由来劝说我们——当然也劝说他们自己——接受它。

理由之一：我们死后不复存在，不能感觉到痛苦，所以死不可怕。这条理由是伊壁鸠鲁首先明确提出来的。他说："死与我们无关。因为当身体分解成其构成元素时，它就没有感觉，而对其没有感觉的东西与我们无关。""我们活着时，死尚未来临；死来临时，我们已经不在。因而死与生者和死者都无关。"卢克莱修也附和说："对于那不再存在的人，痛苦也全不存在。"

在我看来，没有比这条理由更缺乏说服力的了。死的可怕，恰恰在于死后的虚无，在于我们将不复存在。与这种永远的寂灭相比，感觉到痛苦岂非一种幸福？这两位古代唯物论者实在是太唯物了，他们对于自我寂灭的荒谬性显然没有丝毫概念，所以才会把我们无法接受死的根本原因当作劝说我们接受死的有力理由。

令人费解的是，苏格拉底这位古希腊最智慧的人，对于死也持有类似的观念。他在临刑前谈自己坦然赴死的理由："死的境界二者必居其一。或是全空，死者毫无知觉；或是如世俗所云，灵魂由此界迁居彼界。"关于后者，他说了些彼界比此界公正之类的话，意在讥讽判他死刑的法官们，内心其实并不相信灵魂不死。前者才是他对死的真实看法："死者若无知觉，如睡眠无梦，死之所得不亦妙哉！"因为"与生平其他日夜比较"，无梦之夜最"痛快"。

把死譬作无梦的睡眠，这是一种常见的说法。然而，两者的不同是一目了然的。酣睡的痛快，恰恰在于醒来时感到精神饱满，如果长眠不醒，还有什么痛快可言？

我是绝对不能赞同把无感觉状态说成幸福的。世上一切幸福，皆以感觉为前提。我之所以恋生，是因为活着能感觉到周围的世界，自己的存在，以及我对世界的认知和沉思。我厌恶死，正是因为死永远剥夺了我感觉这一切的任何可能性。我也曾试图劝说自己：假如我睡着了，未能感觉到世界和我自己的存在，假如有些事发生了，我因不在场而不知道，我应该为此悲伤吗？那么，就把死当作睡着，把去世当作不在场吧。可是无济于事，我太明白其间的区别了。我还曾试图劝说自己：也许，垂危之时，感官因疾病或衰老而迟钝，就不会觉得死可怕了。但是，我立刻发现这推测不能成立，因为一个人无力感受死的可怕，并不能消除死的可怕的事实，而且这种情形本身更加可怕。

据说，苏格拉底在听到法官们判他死刑的消息时说道："大自然早就判了他们的死刑。"如此看来，所谓无梦之夜的老生常谈也只是自我解嘲，他的更真实的态度可能是一种宿命论，即把死当作大自然早已判定的必然结局加以接受。

四

顺从自然，服从命运，心甘情愿地接受死亡，这是斯多葛派的典型主张。他们实际上的逻辑是，既然死是必然的，恐惧、痛苦、抗拒全都无用，那就不如爽快接受。他们强调这种爽快的态度，如同旅人离开暂居的客店重新上路（西塞罗），如同果实从树上熟落，或演员在幕落后退场（奥勒留）。塞涅卡说，只有不愿离去才是被赶出，而智者愿意，所以"智者绝不会被赶出生活"。颇带斯多葛气质的蒙田说："死说不定在什么地方等候我们，让我们到处都等候它吧。"仿佛全部问题在于，只要把不愿意变为愿意，把被动变为主动，死就不可怕了。

可是，怎样才能把不愿意变为愿意呢？一件事情，仅仅因为它是必然的，我们就愿意了吗？死亡岂不正是一件我们不愿意的必然的事？必然性意味着我们即使不愿意也只好接受，但并不能成为使我们愿意的理由。乌纳穆诺写道："我不愿意死。不，我既不愿意死，也不愿意愿意死。我要求这个'我'，这个能使我感觉到我活着的可怜的'我'，能活下去。因此，我的灵魂的持存问题便折磨着我。""不愿意愿意死"——非常确切！这是灵魂的至深的呼声。灵魂是绝对不能接受寂灭的，当肉体因为衰病而"愿意死"时，当心智因为认清宿命而"愿意死"时，灵魂仍然要否定它们的"愿意"！但斯多葛派哲学家完全听不见灵魂的呼声，他们所关心的仅是人面对死亡时的心理生活而非精神生活，这种哲学至多只有心理策略上的价值，并无精神解决的意义。

当然，我相信，一个人即使不愿意死，也仍有可能坚定地面对死亡。这种坚定性倒是与死亡的必然性不无联系。拉罗什福科曾经一语道破："死亡的必然性造就了哲学家们的全部坚定性。"在他口中这是一句相当刻薄的话，意思是说，倘若死不是必然的，人有可能永生不死，哲学家们就不会以如此优雅的姿态面对死亡了。这使我想起了荷马讲的一个故事。特洛伊最勇敢的英雄赫克托耳这样动员他的部下："如果避而不战就能永生不死，那么我也不愿冲锋在前了。但是，既然迟早要死，我们为何不拼死一战，反把荣誉让给别人？"毕竟是粗人，说的是大实话，不像哲学家那样转弯抹角。事实上，从容赴死绝非心甘情愿接受寂灭，而是不得已退而求其次，注意力放在尊严、荣誉等仍属尘世目标上的结果。

五

死亡的普遍性是哲学家们劝我们接受死的又一个理由。

卢克莱修要我们想一想，在我们之前的许多伟人都死了，我们有什么可委屈的？奥勒留提醒我们记住，有多少医生在给病人下死亡诊断之后，多少占星家在预告别人的忌日之后，多少哲学家在大谈死和不朽之后，多少英雄在横扫千军之后，多少暴君在滥杀无辜之后，都死去了。总之，在我们之前的无数世代，没有人能逃脱一死。迄今为止，地球上已经发生过太多的死亡，以至于如一位诗人所云，生命只是死亡的遗物罢了。

对于与我们同时以及在我们之后的人，情况也一样。卢克莱修说："在你死后，万物将随你而来。"塞涅卡说："想想看，有多少人命定要跟随你死去，继续与你为伴！"蒙田说："如果伴侣可以安慰你，全世界不是跟你走同样的路吗？"

人人都得死，这能给我们什么安慰呢？大约有两点：第一，死是公正的，对谁都一视同仁；第二，死并不孤单，全世界都与你为伴。

我承认我们能从人皆有死这个事实中获得某种安慰，因为假如事情倒过来，人皆不死，唯独我死，我一定会感到非常不公正，我的痛苦将因嫉妒和委屈而增添无数倍。除了某种英雄主义的自我牺牲，一般来说，共同受难要比单独受难易于忍受。然而，我仍然要说，死是最大的不公正。这不公正并非存在于人与人之间，而是存在于人与神之间。上帝按照自己的形象造人，却不让他像自己一样永生。他把人造得一半是神，一半是兽，将渴望不朽的灵魂和终有一死的肉体同时放在人身上，再不可能有比这更加恶作剧的构思了。

至于说全世界都与我为伴，这只是一个假象。死本质上是孤单的，不可能结伴而行。我们活在世上，与他人共在，死却把我们和世界、他人绝对分开了。在一个濒死者眼里，世界不再属于他，他人的生和死都与他无关。他站在自己的由生入死的出口上，那里只有他一人，别的濒死者也都在各自的出口上，并不和他同在。死总是自己的事，世上有多少自我，就有多少独一无二的死，不存在一个一切人共有的死。死后的所谓虚无之境也无非是这一个独特的自我的绝对毁灭，并无一个人人共赴的归宿。

六

那么——卢克莱修对我们说——"回头看看我们出生之前那些永恒的岁月，对于我们多么不算一回事。自然把它作为镜子，让我们照死后的永恒时间，其中难道有什么可怕的东西？"

这是一种很巧妙的说法，为后来的智者所乐于重复。

塞涅卡："这是死在拿我做试验吗？好吧，我在出生前早已拿它做过一次试验了！""你想知道死后睡在哪里？在那未生的事物中。""死不过是非存在，我已经知道它的模样了。丧我之后正与生我之前一样。""一个人若为自己未能在千年之前活着而痛哭，你岂不认为他是傻瓜？那么，为自己千年之后不再活着而痛哭的人也是傻瓜。"

蒙田："老与少抛弃生命的情景都一样。没有谁离开它不正如他刚走进去。""你由死入生的过程无畏也无忧，再由生入死走一遍吧。"

事实上，在读到上述言论之前，我自己就已用同样的理由劝说过自己。扪心自问，在我出生之前的悠悠岁月中，世上一直没有我，我对此确实不感到丝毫遗憾。那么，我死后世上不再有我，情形不是完全一样吗？

真的完全一样吗？总觉得有点不一样。不，简直是大不一样！我未出生时，世界的确与我无关。可是，对于我来说，我的出生是一个决定性的事件，由于它世界就变成了一个和我息息相关的属于我的世界。即使是那个存在于我出生前无穷岁月中的世界，我也可以把它作为我的对象，从而接纳到我的世界中来。我可以阅读前人的一切著作，了解历史上的一切事件。尽管它们产生时尚没有我，但由于我今天的存在，便都成了供我阅读的著作和供我了解的事件。而在我死后，无论世上还会（一定会的！）诞生什么伟大的著作，发生什么伟大的事件，都真正与我无关，我永远不可能知道了。

譬如说，尽管曹雪芹活着时，世上压根儿没有我，但今天我却能享受到读《红楼梦》的极大快乐，真切感觉到它是我的世界的一个组成部分。倘若我生活在曹雪芹以前的时代，即使我是金圣叹，这部作品和我也不会有丝毫关系了。

有时我不禁想，也许，出生得愈晚愈好，那样就会有更多的佳作、更悠久的历史、更广大的世界属于我了。但是，晚到何时为好呢？难道到世界末日再出生，作为最后的证人得以回顾人类的全部兴衰，我就会满意？无论何时出生，一死便前功尽弃，留在身后的同样是那个与自己不再有任何关系的世界。

自我意识强烈的人本能地把世界看作他的自我的产物，因此他无论如何不能设想，他的自我有一天会毁灭，而作为自我的产物的世界却将永远存在。不错，世界曾经没有他也永远存在过，但那是一个为他的产生做着准备的世界。生前的无限时间中没有他，却在走向他，终于有了他。死后的无限时间中没有他，则是在背离他，永远不会有他了。所以，他接受前者而拒绝后者，又有什么可奇怪的呢？

七

迄今为止的劝说似乎都无效，我仍然不承认死是一件合理的事。让我变换一下思路，看看永生是否值得向往。

事实上，最早沉思死亡问题的哲学家并未漏过这条思路。卢克莱修说："我们永远生存和活动在同样事物中间，即使我们再活下去，也不能铸造出新的快乐。"奥勒留说："所有来自永恒的事物作为形式是循环往复的，一个人是在一百年还是两千年或无限的时间里看到同样的事物，这对他是一回事。"总之，太阳下没有新东西，永生是不值得向往的。

我们的确很容易想象出永生的单调，因为即使在现在这短促的人生中，我们也还不得不熬过许多无聊的时光。然而，无聊不能归因于重复。正如健康的胃不会厌倦进食，健康的肺不会厌倦呼吸，健康的肉体不会厌倦做爱一样，健全的生命本能不会厌倦日复一日重复的生命活动。活跃的心灵则会在同样的事物上发现不同的意义，为自己创造出巧妙的细微差别。遗忘的本能也常常助我们一臂之力，使我们经过适当的间隔重新产生新鲜感。即使假定世界是一个由有限事物组成的系统，如同一副由有限棋子组成的围棋，我们仍然可能像一个入迷的棋手一样把这副棋永远下下去。仔细分析起来，由死造成的意义失落才是无聊的至深根源，正是因为死使一切成为徒劳，所以才会觉得做什么都没有意思。一个明显的证据是，由于永生信念的破灭，无聊才成了一种典型的现代病。

可是，对此也可提出一个反驳："没有死，就没有爱和激情，没有冒险和悲剧，没有欢乐和痛苦，没有生命的魅力。总之，没有死，就没有了生的意义。"——这正是我自己在数年前写下的一段话。波伏瓦在一部小说中塑造了一个不死的人物，他因为不死而丧失了真正去爱的能力。的确，人生中一切欢乐和美好的东西因为短暂更显得珍贵，一切痛苦和严肃的感情因为牺牲才更见真诚。如此看来，最终剥夺了生的意义的死，一度又是它赋予了生以意义。无论寂灭还是永生，人生都逃不出荒谬。不过，有时我很怀疑这种悖论的提出乃是永生信念业已破灭的现代人的自我安慰。对于希腊人来说，这种悖论并不存在，荷马传说中的奥林匹斯众神丝毫没有因为不死而丧失了恋爱和冒险的好兴致。

好吧，让我们退一步，承认永生是荒谬的，因而是不值得向往的，但这仍然不能证明死的合理。我们最多只能退到这一步：承认永生和寂灭皆荒谬，前者不合生活现实的逻辑，后者不合生命本能的逻辑。

八

何必再绕弯子呢？无论举出多少理由都不可能说服你，干脆说出来吧，你无非是不肯舍弃你那可怜的自我。

我承认。这是我的独一无二的自我。

可是，这个你如此看重的自我，不过是一个偶然，一个表象，一个幻象，本身毫无价值。

我听见哲学家们异口同声地说。这下可是击中了要害。尽管我厌恶这种贬抑个体的立场，我仍愿试着在这条思路上寻求一个解答。

我对自己说：你是一个纯粹偶然的产物，大自然产生你的概率几乎等于零。如果你的父母没有结合（这是偶然的），或者结合了，未在那个特定的时刻做爱（这也是偶然的），或者做爱了，你父亲释放的成亿个精子中不是那个特定的精子使你母亲受孕（这更是偶然的），就不会有你。如果你父母各自的父母不是如此这般，就不会有你的父母，也就不会有你。这样一直可以推到你最早的老祖宗，在不计其数的偶然中，只要其中之一改变，你就压根儿不会诞生。难道你能为你未曾诞生而遗憾吗？这岂不就像为你的父母、祖父母、外祖父母等在某月某日未曾做爱而遗憾一样可笑吗？那么，你就权当你未曾诞生好了，这样便不会把死当一回事了。无论如何，一个偶然得不能再偶然的存在，一件侥幸到非分地步的礼物，失去了是不该感到委屈的。滚滚长河中某一个偶然泛起的泡沫，有什么理由为它的迸裂愤愤不平呢？

然而，我还是委屈，还是不平！我要像金圣叹一样责问天地："既已生我，便应永在；脱不能尔，便应勿生。如之何本无有我……无端而忽然生我？无端而忽然生者，又正是我，无端而忽然生一正是之我，又不容之少住……"尽管金圣叹接着替天地开脱，说"既为天地，安得不生"，无论生谁，都"各各自以为我"，其实"未尝生我"，我"固非我"，但这一番逻辑实出于不得已，只是为了说服自己接受我之必死的事实。

一种意识到自身存在的存在按其本性是不能设想自身的非存在的。我知道我的出生纯属偶然，但是，既已出生，我就不再能想象我将不存在。我甚至不能想象我会不出生，一个绝对没有我存在过的宇宙是超乎我的想象力的。我不能承认我只是永恒流变中一个可有可无、旋生旋灭的泡影，如果是这样，我是没有勇气活下去的。大自然产生出我们这些具有自我意识的个体，难道只是为了让我们意识到我们仅是幻象，而它自己仅是空无？不，我一定要否认。我要同时成为一和全、个体和整体、自我和宇宙，以此来使两者均获得意义。也就是说，我不再劝说自己接受死，而是努力使自己相信某种不朽。正是为了自救和救世，不肯接受死亡的灵魂走向了宗教和艺术。

九

"信仰就是愿意信仰；信仰上帝就是希望真有一个上帝。"乌纳穆诺的这句话点破了一切宗教信仰的实质。

我们第一不能否认肉体死亡的事实，第二不能接受死亡，剩下的唯一出路是为自己编织出一个灵魂不死的梦幻，这个梦幻就叫作信仰。借此梦幻，我们便能像贺拉斯那样对自己说："我不会完全死亡！"我们需要这个梦幻，因为如惠特曼所云："没有它，整个世界才是一个梦幻。"

诞生和死亡是自然的两大神秘。我们永远不可能真正知道，我们从何处来，到何处去。我们无法理解虚无，不能思议不存在。这就使得我们不仅有必要而且有可能编织梦幻。谁知道呢，说不定事情如我们所幻想的，冥冥中真有一个亡灵继续生存的世界，只是因为阴阳隔绝，我们不可感知它罢了。当柏拉图提出灵魂不死说时，他就如此鼓励自己："荣耀属于那值得冒险一试的事物！"帕斯卡尔则直截了当地把关于上帝是否存在的争论形容为一场赌博，理智无法决定，唯凭抉择。赌注下在上帝存在这一面，赌赢了就赢得了一切，赌输了就一无所有。反正这是唯一的希望所在，宁可信其有，总比绝望好些。

可是，要信仰自己毫无把握的事情，又谈何容易。帕斯卡尔的办法是，向那些盲信者学习，遵循一切宗教习俗，事事做得好像是在信仰着的那样。"正是这样才会自然而然使你信仰并使你牲畜化，"他的内心独白，"但，这是我所害怕的。"立刻反问自己："为什么害怕呢？你有什么可丧失的呢？"非常形象！说服自己真难！对于一个必死的人来说，的确没有什么可丧失的。也许会丧失一种清醒，但这清醒正是他要除去的。一个真正为死所震撼的人要相信不死，就必须使自己"牲畜化"，即变得和那些从未真正思考过死亡的人（盲信者和不关心信仰者均属此列）一样。对死的思考推动人们走向宗教，而宗教的实际作用却是终止这种思考。从积极方面说，宗教倡导一种博爱精神，其作用也不是使人们真正相信不死，而是在博爱中淡忘自我及其死亡。

我姑且假定宗教所宣称的灵魂不死或轮回是真实的，即使如此，我也不能从中获得安慰。如果这个在我生前死后始终存在着的灵魂，与此生此世的我没有意识上的连续性，它对我又有何意义？而事实上，我对我出生前的生活确然茫然无知，由此可以推知我的亡灵对我此生的生活也不会有所记忆。这个与我的尘世生命全然无关的不死的灵魂，不过是如同黑格尔的绝对精神一样的抽象体。把我说成是它的天国历程中的一次偶然堕落，或是把我说成是大自然的永恒流变中的一个偶然产物，我看不出两者之间究竟有何区别。

乌纳穆诺的话是不准确的，愿意信仰未必就能信仰，我终究无法使自己相信有真正属于我的不朽。一切不朽都以个人放弃其具体的、个别的存在为前提。也就是说，所谓不朽不过是我不复存在的同义语罢了。我要这样的不朽有何用？

十

现在无路可走了。我只好回到原地，面对死亡，不回避但也不再寻找接受它的理由。

肖斯塔科维奇拒绝在他描写死亡的《第十四交响曲》的终曲中美化死亡，给人廉价的安慰。死是真正的终结，是一切价值的毁灭。死的权力无比，我们接受它并非因为它合理，而是因为非接受它不可。

这是多么徒劳：到头来你还是不愿意，还是得接受！

但我必须做这徒劳的思考。我无法只去注意金钱、地位、名声之类的小事，而对终将使自己丧失一切的死毫不关心。人生只是瞬间，死亡才是永恒，不把死透彻地想一想，我就活不踏实。

一个人只要认真思考过死亡，不管是否获得使自己满意的结果，他都好像是把人生的边界勘察了一番，看到了人生的全景和限度。如此他就会形成一种豁达的胸怀，在沉浮人世的同时也能跳出来加以审视。他固然仍有自己的追求，但不会把成功和失败看得太重要。他清楚一切幸福和苦难的相对性质，因而快乐时不会忘形，痛苦时也不致失态。

奥勒留主张"像一个死者那样去看待事物""把每一天都作为最后一天度过"。例如，你渴望名声，就想一想你以及知道你的名字的今人、后人都是要死的，便会明白名声不过是浮云。你被人激怒了。就想一想你和那激怒你的人很快都将不复存在，于是会平静下来。你感到烦恼或悲伤，就想一想曾因同样事情痛苦的人们哪里去了，便会觉得为这些事痛苦是不值得的。他的用意仅在始终保持恬静的心境，我认为未免消极。人生还是要积极进取的，不过同时不妨替自己保留着这样一种死者的眼光，以便在必要的时候甘于退让和获得平静。

思考死亡的另一个收获是使我们随时做好准备，即使明天就死也不感到惊慌或委屈。尽管我始终不承认死是可以接受的，我仍赞同许多先哲的这个看法：既然死迟早要来，早来迟来就不是很重要了。在我看来，我们应该也能够做到的仅是这个意义上的不怕死。

古希腊最早的哲人之一比阿斯认为，我们应当随时安排自己的生命，既可享高寿，也不虑早夭。卢克莱修说："尽管你活满多少世代的时间，永恒的死仍在等候着你；而那与昨天的阳光偕逝的人，比起许多月许多年以前就死去的，他死而不复存在的时间不会更短。"奥勒留说："最长寿者将被带往与早夭者相同的地方。"因此，"不要把按你能提出的许多年后死而非明天死看成什么大事"。我觉得这些话都说得很在理。面对永恒的死，一切有限的寿命均等值。在我们心目中，一个古人，一个几百年前的人，他活了多久，缘何而死，会有什么重要性吗？漫长岁月的间隔使我们很容易扬弃种种偶然因素，而一目了然地看到他死去的必然性：怎么着他也活不到今天，终归是死了！那么，我们何不置身遥远的未来，也这样来看待自己的死呢？这至少可以使我们比较坦然地面对突如其来的死亡威胁。我对生命是贪婪的，活得再长久也不能死而无憾。但是既然终有一死，为寿命长短忧虑便是不必要的，能长寿当然好，如果不能呢，也没什么，反正是一回事！萧伯纳高龄时自拟墓志铭云："我早就知道无论我活多久，这种事情迟早会发生的。"我想，我们这些尚无把握享高龄的人应能以同样达观的口吻说：既然我知道这种事情迟早会发生，我就不太在乎我能活多久了。一个人若能看穿寿命的无谓，他也就尽其所能地获得了对死亡的自由。他也许仍畏惧形而上意义上的死，即寂灭和虚无，但对于日常生活中的死，即由疾病或灾祸造成的他的具体的死，他已在相当程度上克服了恐惧之感。

死是个体的绝对毁灭，倘非自欺欺人，从中绝不可能发掘出正面的价值来。但是，思考死对于生却是有价值的，它使我能以超脱的态度对待人生一切遭际，其中包括作为生活事件的现实中的死。如此看来，对死的思考尽管徒劳，却并非没有意义。

1992年5月

海德格尔的死亡观

一、死亡问题在海德格尔哲学中的地位

叔本华曾经说，死亡的困扰是每一种哲学的源头。这句话至少对于海德格尔哲学是适用的。

当然，每一种试图对人生做总体思考的哲学都不能回避这个问题：既然人生的必然结局是死亡，那么人生的意义何在呢？事实上古往今来许多哲学家都在试图寻找一个答案。但是，以往的哲学家大多是在伦理学范围内思考死亡问题的。海德格尔的特点是，死亡问题对于他具有一种本体论的意义。

"真正的存在之本体论的结构，须待把先行到死中去之具体结构找出来了，才弄得明白。"（《存在与时间》第53节，以下凡属此节引文均不再注明）"先行到死中去"，或叫"为死而在"，其含义将在后面分析。海德格尔哲学的宗旨是要通过"此在"（Dasein，意指具体个人的真正的存在）的存在状态的分析，来建立一种"其他一切本体论所从出的基本本体论"（《存

在与时间》第4节）。这里又说得很清楚：对死亡问题的分析乃是建立基本本体论的先决条件，毋宁说，本身即基本本体论的重要环节。

海德格尔认为，死作为一种可能性，一方面是"存在之根本不可能的可能性"，它不给个人以任何可以实现的东西，随时会使个人一切想要从事的行为变得根本不可能；另一方面又是"最本己的、无关涉的、不可超过而又确实的可能性"，任何个人都不能逃脱一死，而"死总只是自己的死"。这样，死就向个人启示了他的存在的根基——虚无。以虚无为根基，也就是毫无根基。

在晚于《存在与时间》两年写的《形而上学是什么？》（1929年）一文中，海德格尔直截了当地把"虚无"作为一个形而上学的问题提了出来。他说，虚无"原始地属于本质本身"，有限的"有"只有嵌入"无"中的境界才能显示自身。如果说形而上学就是超出存在物之上的追问，以求对存在物整体获得理解，那么，追问"无"的问题就属于这种情况。虚无是一切存在物背后的真正本体。所以，"我们追问'无'的问题是要把形而上学本身展示于我们之前"。个人通过"嵌入'无'中的境界"（与"先行到死中去"同义）而达到对一切存在物的超越，从而显示其真正的存在——此在。"超越存在物之上的活动发生在此在的本质中。此超越活动就是形而上学本身。由此可见形而上学属于'人的本性'。"

死比生更根本，无比有更根本，只有以死亡和虚无为根本的背景，才能阐明人生的哲学问题。这一主导思想支配着海德格尔，决定了他的哲学具有至深的悲观主义性质。但是，悲观不等于颓废，海德格尔试图赋予他的悲观哲学一种严肃的格调，从死亡问题的思考中发掘出一种积极的意义。他提出了"为死而在"的中心命题。

二、"为死而在"

海德格尔把人的存在方式区分为非真正的存在与真正的存在。非真正的存在就是日常生活中的存在，其基本样式是"沉沦"（Verfallen），这是一种异化状态，个人消散于琐碎事务和芸芸众生之中，任何优越状态都被不声不响地压住，彼此保持一种普遍的平均状态。真正的存在则是个人真正地作为他自身而存在，即此在。与此相对应，对待死亡的态度也有相反的两种，即"非真正的为死而在"与"真正的为死而在"。"非真正的为死而在"表现为对死的担忧，总是思量着死的可能性"究竟要什么时候以及如何变为现实"，忧心忡忡地"退避此不可超越的境界"。这样就是"停留在死的可能性中的末端"，把死的积极意义完全给抹杀了。在海德格尔的术语中，我们可以用"惧怕"（Furcht）这个概念来表示这一对死亡的态度。愈是怕死的人，就愈是执着于日常生活中的在，愈是沉沦于世俗的人事之中，愈是失去自我。这完全是一种消极的态度。

可是，在海德格尔看来，死还是一种有独特启示意义的积极力量。关键在于，"死是此在的最本己的可能性"。正因为死使个人的存在变得根本不可能，才促使个人要来认真考虑一下他的存在究竟包含一些怎样的可能性。一个人平时庸庸碌碌、浑浑噩噩，被日常生活消磨得毫无个性，可是，当他在片刻之间忽然领会到自己的死、死后的虚无，他就会强烈地意识到自身独一无二、不可重复的价值，从而渴望在有生之年实现自身所特有的那些可能性。你在日常生活中可以和他人相互共在，可是"死总只是自己的死"。你试图体验旁人的死，而你体验到的东西却正是你自己的死。你死了，世界照旧存在，人们照旧活动，你却永远地完结了，死使你失去的东西恰恰是你的独一无二的真正的存在。念及这一点，你就会发现，你沉沦在世界和人们之中有多么无稽，而你本应当成为唯你所能是的那样一个人。所以，"真正的为死而在"就是要"先行到死中去"，通过在先行中所领会的你的死与世界、与他人无关涉的状态，把你的真正的存在个别化到你身上来。所以，对自身的死真实领会以"揭露出实际上已丧失在普通人日常生活中的情况"，把个人从沉沦的异化状态中拯救出来，从而积极地自我设计，开展出"最本己的能是"，成为唯这个人所能是的真实的个人。

死是不可超越的可能性。"非真正的为死而在"怯懦地逃避死，"真正的为死而在"却勇敢地"先行到死中去"，这里就有消极与积极、被动与主动之分。死是逃避不了的。可是，在此不可超越的可能性之前，却延伸着种种可以实现的可能性。海德格尔认为，正是"先行到死中去"的真实体验使人从凡人琐事中解脱了出来，"打断了每一种坚执于所已达到的存在上的情况"，从而获得自由，开始对向着自己的死延伸过去的那些可能性进行选择。所以他说：真正的为死而在就是"使自身自由地去为此不可超越的境界而先行"。又说："没有'无'所启示出来的原始境界，就没有自我存在，就没有自由。"（《形而上学是什么？》）

一般来说，个人在社会中的异化状态、个人的真实存在、个人的自由是存在主义哲学所关心的课题。而在海德格尔看来，"先行到死中去"这一"真正的为死而在"的方式正是摆脱"沉沦"（异化）、恢复个人的真实存在、赢得个人的自由的途径。这样，"先行到死中去"就是海德格尔哲学的一个关键性命题了。那么，究竟怎样才能"先行到死中去"呢？海德格尔的回答是：依靠一种"焦虑"（Angst）的情绪体验。

三、"惧怕"和"焦虑"

正如把非真正的存在、非真正的为死而在与真正的存在、真正的为死而在加以区分一样,海德格尔把"惧怕"与"焦虑"加以区分。在这些概念之间存在着对应关系。"惧怕"是一种属于非真正的存在的情绪,表现在死亡问题上,就是对死的惧怕,是一种非真正的为死而在的方式。而因为怕死,就更加执着于日常生活中的在,更加沉沦于非真正的存在。惧怕总是指向某种确定的对象,为这对象所局限住,"所以惧怕与怯懦的人是被他现身于其中的东西执着住的。这种人在努力回避此确定的东西时,对其他东西也变得惶惶不安,也就是说,整个变得'昏头没脑'的了"(《形而上学是什么?》)。即如怕死,并非真正领会到死的本质即虚无,而仅仅关注着死的现象,诸如临终的痛苦啦,遗产的处置啦,身后家室的安排啦。总之,死仍然被当作人世间的一个不幸事件来对待,失去了对人的真正存在的启示意义。

焦虑却不然。"焦虑与惧怕根本不同。"它是一种真正的为死而在并且启示着真正的存在的"基本情绪"。焦虑无确定的对象,当焦虑的情绪袭来时,人只是感到茫然失措。"我说不出我对什么感到茫然失措。我就是感到整个是这样。"在焦虑中,周围的一切存在物都变得与己漠不相干了,消隐不见了。这是一种突如其来的无家可归的感觉。我们平时与万物、与他人打交道,以为这纷纷扰扰的身外世界就是自己的家。可是这时,突然升起一种隔膜之感,意识到这并非自己的家。那么,我们的家在哪里呢?根本就没有家。我们突然发现自己在这个世界的生存是毫无根基的,我们从虚无中来,又要回到虚无中去。虚无才是我们的家,可是以虚无为家,不正是无家可归吗？于是，通过这种突然袭来的不知伊于胡底的焦虑之感，我们就在一刹那间瞥见了虚无本身。所以，海德格尔说："焦虑启示着虚无。""体会到焦虑的基本情绪，我们就体会到此在的遭际了；在此在的遭际中，虚无就可被揭示出来，而且虚无必须从此在遭际中才可得而追问。"（《形而上学是什么？》）

与惧怕相反，焦虑所领会的正是死亡的本质即虚无。在焦虑中个人的真正存在直接面对虚无，从而大彻大悟，不再执着于日常生活中的在，不再个别化到自身上来。所以，"为死而在，在基本上就是焦虑"。

海德格尔认为，虚无是一切存在物的本质，可是，唯有人这种存在物能够领会此种本质，从而优越于一切存在物。反过来说，倘若人不去领会此种本质，那么他实际上就丧失了自己的优越之处，把自己混同于其他存在物了。这就是沉沦。可是超越于存在物之上的倾向包含在人的本性之中，既然这种超越只能通过焦虑的情绪体验来实现，那么，人的心理中就必然包含着一种"原始的焦虑"。不过，"这原始的焦虑在存在中多半是被压制住的。焦虑就在此，不过它睡着了"（《形而上学是什么？》）。"真正的焦虑在沉沦与公众意见占主导地位的时候是罕有的。"（《存在与时间》第40节）当然，被压制住不等于消失了。人尽管不自觉地试图靠沉沦于日常生活来逃避虚无，逃避深藏在他本质之中的无家可归状态，但是虚无和无家可归之感常常暗中紧随着、威胁着他。"焦虑可以在最无痛痒的境况中上升。"（《存在与时间》第40节）"原始的焦虑任何时刻都可以在此在中苏醒，它无须靠非常事件来唤醒。它浸透得非常之深，但可能发作的机缘则微乎其微。它经常如箭在弦，但真正发动而使我们动荡不安，则是极稀少之事。"（《形而上学是什么？》）在人的一生中，真正被焦虑之感震动，窥见虚无之本体，不过是在"若干瞬间"。受此震动的机缘，与其说来自外界，不如说发自内心。这是一种貌似无来由的突发的感触，其来由实际上深藏在人的本性之中。而且，在海德格尔看来，焦虑体验之多少、早晚和强弱，简直取决于个人的优秀程度，反过来也成了衡量个人的优秀程度的标准。这种体验愈多、愈早、愈强烈，就表明个人的存在愈为真实，他愈是保住了真实的自我。与此同时，焦虑取得了超凡入化之功，它向个人启示虚无之本体从而把个人"从其消散于世界的沉沦中抽出来了"。

四、存在的悲剧

海德格尔自命要通过"真正的为死而在"来为个人谋划一种真正有意义的存在状态，他获得了什么结果？让我们来清点一下。

死表明存在的真正根基是虚无，我们被虚无抛出，又将被虚无吞没。

我们平时囿于日常生活，对存在的这种毫无根基的状况视而不见，只在某些突如其来的焦虑的瞬间，才对此有所领悟。

一旦有所领悟，我们就先行到死中去，把自己嵌入虚无中，从而发现平时沉沦于日常生活之无稽，力求超越日常生活，实现自己独特的自我。

可是，究竟怎样实现自己独特的自我，或者用海德格尔的话说，怎样"真正地领会、选择向着不可超越的可能性延伸过去的那些可能性"呢？在这方面我们得不到任何指示。我们只听说，要做到这一点，首先必须把自己从沉沦中抽出来，也就是摆脱物质世界和社会生活领域，靠焦虑的神秘情绪体验聚精会神于自身存在的意义。可是一则焦虑的体验不是招之即来的，人一生中只在某些预料不到的瞬间才有此种莫名的体验；二则当这种体验袭来时，物质世界和社会领域都隐去了，只剩下一个孤零零的自我直接面对绝对的虚无。此情此景，还有什么可能性可供选择，存在的意义何在？

问题出在哪里呢？

至少可以指出两点：

第一，当海德格尔把虚无视为存在的根基时，他已经事先认定了存在的悲剧性质。毋庸讳言，对于能够意识到无限的有限存在物来说，人生的确具有深刻的悲剧性质。然而，这并不妨碍我们在人生的范围之内（而不是在人生的范围之外，即在虚无中）肯定人生，讴歌人生，为人生寻求一种意义。海德格尔也许是试图这样做的。他似乎想说，在虚无的背景下，就格外需要为人生寻求一种意义。可是，他把立足点放在虚无，而不是放在人生上，因而为人生寻求意义的努力注定会失败。

第二，有限的个体生命要为自身的存在寻求一种意义，除了从现实的社会生活中寻找，还能从哪儿寻找呢？毫无疑问，个人需要的满足，个人能力的发展，本身有自足的价值，但是这种价值只有在社会生活中才能够实现。而且，个体生命是易逝的，类却是永存的，因而个人存在的意义归根到底还要到个体与类的统一中去寻求。海德格尔把社会生活领域完全视为一个异化的领域，把个人从类中完全孤立出来，这样，既抽去了个人自我实现的内容和条件，又使"既然个人必死其生存的意义何在"这样一个问题没有了着落，难怪他只能从个人稍纵即逝的神秘的情绪体验中去发现存在的意义了。

海德格尔的死亡观归结起来就是：对死的领会把人从人生中拔出来，投入虚无之中；把人从社会中拔出来，返回孤独的自我。孤独的自我在绝对的虚无中寻找着自己，这就是他对死亡问题的抽象思辨的形象图解。我们终于发现他试图从死亡中发掘的积极意义是虚假的，而海德格尔的存在主义则是一种深入骨髓的悲观主义哲学。

五、死亡观种种

乘此机会，不妨对哲学史上的死亡观做一简略的回顾。

哲学和诗不同。诗人往往直抒死之悲哀，发出"浮生若梦""人生几何"的感叹。哲学家却不能满足于悲叹一番，对于他来说，要排除死亡的困扰，不能靠抒情，而要靠智慧。所以，凡是对死亡问题进行思考的哲学家，无不试图规划出一种足以排除此种困扰的理智态度。

大体而论，有以下几种死亡观：

1. 功利主义的入世论。这是一种最明智的态度：死亡既然是不可避免的，就不必去考虑，重要的是好好地活着，实现人生在世的价值。例如，伊壁鸠鲁说："死对于我们无干，因为凡是消散了的都没有感觉，而凡无感觉的就是与我们无干的。""贤者既不厌恶生存，也不畏惧死亡，既不把生存看成坏事，也不把死亡看成灾难。"应当从对不死的渴望中解放出来，以求避免痛苦和恐惧，享受人生的欢乐——肉体的健康和灵魂的平静。斯宾诺莎说："自由人，亦即依理性的指导而生活的人，他不受畏死的恐惧情绪所支配，而直接地要求善。换言之，他要求根据寻求自己的利益的原则，去行动、生活，并保持自己的存在。所以他绝少想到死，而他的智慧乃是生的沉思""而不是死的默念"。中国儒家尽人事而听天命的态度亦属此种类型，孔子说"未知生，焉知死"，就是教导人只需关心生，不必考虑死。总之，重生轻死，乐生安死，这种现实的理智的态度为多数哲学家所倡导，并且一般人易于接受。

2. 自然主义的超脱论。这种观点以中国的庄子为典型代表，他主张："齐生死""不知说（悦）生，不知恶死""无古今，而后能入于不死不生"。生死都是自然变化，一个人只要把自己和自然融为一体，超越人世古今之变，就可以齐生死，不再恋生患死了。超脱论与入世论都主张安死，但根据不同。入世论之安死出于一种理智的态度：死是不可避免的，想也没用，所以不必去想，把心思用在现实的人生上。它教人安于人生的有限。超脱论之安死则出于一种豁达的态度：人与自然本是一体，出于自然，又归于自然，无所谓生死。它教人看破人生的有限，把小我化入宇宙的大我，达于无限。所以，超脱论安死而不乐生，对人生持一种淡泊无为的立场。

3. 神秘主义的不朽论。从柏拉图到基督教，都主张灵魂不死。这种观念的形成和传播，除了认识论上和社会关系上的原因，不能不说还有情感上的原因，即试图在幻想中排除死亡的困扰，满足不死的愿望。这一派人往往把肉体看作灵魂的牢狱，把死亡看作灵魂摆脱肉体牢狱而回归永生，于是，死亡不足惧怕反而值得欢迎了。

4. 犬儒主义的宿命论。以古希腊的犬儒学派（昔尼克派）和罗马斯多葛派表现得最为典型，提倡顺从命运。"愿意的人，命运领着走；不愿意的人，命运拖着走。"（塞涅卡）"人死犹如果子熟落，应当谢谢生出你的那棵树；又如演员演完一出戏，应当心平气和地退出舞台。"（奥勒留）

5. 悲观主义的寂灭论。佛教认为，人生即苦难，苦难的根源是欲望，即生命欲望（生了就不想死）、占有欲望（得了就不想失）。脱离苦海的唯一途径是灭绝欲望，进入涅槃境界。"贪欲永尽，嗔恚永尽，愚痴永尽，一切烦恼永尽，是名涅槃。"(《杂阿含经》卷十八)叔本华也以生命意志为苦恼之源，而提倡灭绝生命意志，显然受到佛教的影响。

一般来说，种种死亡观都主张接受死亡，但理由各不相同：或作为一个无须多加考虑的事实来接受（入世论），或作为对自然的复归来接受（超脱论），或作为灵魂升天来接受（不朽论），或作为命运来接受（宿命论），或作为脱离人生苦海来接受（寂灭论）。就对人生的态度来说，入世论肯定人生，主张生命的价值即在其自身，不受死亡的影响，乐观色彩最浓。超脱论齐生死，把生命与死亡等量齐观，达观中蕴含悲观。不朽论鼓吹灵魂不死，实则否定人生，是一种虚假的乐观主义。宿命论、寂灭论都否定人生，悲观色彩最浓。

从哲学上解决死亡问题，关键是寻求有限与无限、小我与大我的某种统一。从这个意义上说，中国儒家从个人与社会的统一中，庄子从个人与自然的统一中，西方基督教从个人与上帝的统一中，都发现了不同意义上的个人之不朽，即个体生命在死后的某种延续。佛教有轮回之说，但佛教的本意却在断轮回，永远摆脱生命的苦难，它是承认并且向往绝对的虚无的。佛教是一种彻底的悲观主义哲学。

与上述种种死亡观比较，海德格尔既否定人生（人生在世是非真正的存在），又否认人死后有任何依托（他否认个体与类的统一，也不信神），他的哲学同样是一种彻底的悲观主义哲学。

个人存在的意义无疑是哲学研究的一个严肃课题。但是，一方面把个人从存在的主要领域即社会中隔离出来，另一方面又把他置于死亡即虚无的背景之下，就不可避免地会陷入悲观主义的深渊。这就是海德格尔的死亡观给我们的教训。

六、从叔本华到海德格尔

在黑格尔之后，德国资产阶级哲学中出现了一种极值得注意的趋向，便是悲观主义抬头，人生虚无的哀音不绝于耳。这是欧洲精神文明的危机拨动了德国人深沉敏感的思想之弦。从叔本华经尼采到海德格尔，德国现代哲学的这三个关键人物在骨子里都是悲观主义者，当然，他们之间又有着一些重要的区别。对他们做一番比较，无疑会有助于理解海德格尔死亡观的实质。

叔本华是一个直言不讳的悲观主义哲学家，甚至可以说，他是近两百年来西方最大的理论上的悲观主义者。叔本华把生命意志视为自在之物即世界的本质，然而，他对这生命意志是持彻底否定的态度的，理由有二。第一，意志包含着内在矛盾，它意味着欲求，而欲求的基础却是需要、缺陷，也就是痛苦。所以，意志在本质上就是"一种没有目标、没有止境的挣扎"，一切生命在本质上即痛苦，而作为意志最完善的客体化的人则痛苦最甚。第二，意志在本质上又是虚无的，它的种种现象包括人的个体生命在内均是幻影。人的个体生存一开始就是一种"慢性的死亡"，"到了最后还是死亡胜利"。死亡好比猫戏老鼠，在吞噬我们之前先逗着我们玩耍一阵。人生好比吹肥皂泡，明知一定破灭，仍然要尽可能吹大些。生命是满布暗礁和漩涡的海洋，人在力图避开这些暗礁和漩涡的同时，却一步一步走向那最后的不可避免的船沉海底。叔本华由此得出结论：一旦我们认识到意志的内在矛盾及其本质上的虚无性，便可自愿地否定生命意志，从而欢迎作为意志之现象的肉体的解体，即死亡。在这个意义上，他推崇禁欲为最高美德，甚至赞扬极端禁欲而致的自杀。他认为，虚无，即印度教的"归入梵天"、佛教的"涅槃"，是"悬在一切美德和神圣性后面的最后鹄的"。

尼采是从叔本华出发开始其哲学活动的，他事实上接受了叔本华悲观主义的两个基本论点，即生命在本质上是痛苦，必死的个体生命在本质上是虚无。不过，他不满意叔本华赤裸裸否定人生的消极结论，而试图为人生提供一种意义，指出一条自救之路。为此他诉诸艺术。尼采早期提出艺术起源于日神（梦）和酒神（醉）的二元冲动说，便是立意要说明艺术对于人生的本体论意义。后来他又倡强力意志说。强力意志说与叔本华的生命意志说的根本区别就在于，在叔本华那里，生命意志是一种盲目的冲动和挣扎，是全然没有意义的，必须加以否定的；在尼采那里，意志获得了一个目标，即强力，这里强力的本义是生命的自我肯定和自我扩张。而在尼采看来，强力意志最生动直观的体现仍然是艺术。不过，尼采以艺术肯定人生，本身是以默认人生的悲剧性质为前提的，而这种肯定说到底也只是靠艺术幻觉（梦）和艺术陶醉（醉）来忘却个体生命的痛苦和虚无罢了。尼采还曾经试图用强力意志的永恒轮回说来抵制虚无的观念，足见虚无问题是如何折磨着他的心灵。

我们看到，叔本华直截了当地渲染人生的痛苦和虚无，主张立足于虚无而否定、"解脱"这痛苦的无意义的人生；尼采主张用艺术肯定人生，立足于人生而对抗人生的痛苦和虚无。与他们相比，海德格尔的悲观主义有所不同。他和叔本华一样主张立足于虚无，但不是要否定人生反而是要肯定人生。他和尼采一样主张肯定人生，但不是立足于人生反而是立足于虚无。叔本华想说明：人生既然在本质上是虚无，就应该自觉地皈依这虚无，摒弃人生一切虚幻的痛苦和欢乐。尼采想说明：人生尽管在本质上是虚无，却仍然可借艺术的美化作用而获得其价值。海德格尔想说明：人生唯其在本质上是虚无，个人才理当无牵无挂，有设计自己的存在方式的自由，可以从非真正的存在向真正的存在"超越"。对于叔本华来说，虚无彻头彻尾是消极的，并且决定了人生是消极的。对于尼采来说，虚无同样是消极的，但是不能因此抹杀人生有某种积极意义。唯独在海德格尔那里，虚无似乎获得了一种积极的性质。他不去议论虚无本身的可悲，仅限于挖掘它启示个人返回自身的作用。然而，我们已经指出，这并不能掩盖海德格尔哲学的悲观主义实质。

1984年5月

哲学是灵魂的追问

　　世界在时间上是永恒的，在空间上是无限的，而一个人的生命却极其短暂，凡是对这个对照感到惊心动魄的人大抵就有了一种哲学的气质。那么，他就会去追问世界的本质以及自己短暂的生命与这本质的关系，试图通过某种方式在两者之间建立一种联系。如果建立了这种联系，他就会觉得自己的生命好像有了一个稳固的基础，一种永恒的终极的意义。否则，他便会感到不安，老是没有着落似的。这就是所谓的终极关切。

　　世界与我：哲学的两个永恒主题。

　　一种哲学追问：世界是什么？它试图把握那个不受我们人类认识干扰的世界的本来面目。在发现这个意图的徒劳之后，便追问：我们对世界的认识是什么，亦即我们认识中的世界是什么？这个问题其实是上述问题在较弱的形式中的延续。

　　另一种哲学追问：我是什么？我应当如何生活？它关心的是生命的意义问题。

当然，几乎每一个哲学家对这两个问题都在不同程度上给出了自己的答案。然而，在不同的哲学家那里，两者之中必有一个问题是元问题，另一个问题则处于派生地位，由此而分出了不同的哲学方法和风格。

凡是有良好的哲学悟性的人，必定有过对于死亡的隐秘体验和痛苦觉悟。这种体悟实质上是一切形而上思考的源头，不从这源头流出的思考就绝非真正形而上的。因此，差不多可以把对死亡的体悟看作衡量一个人的哲学悟性的标志。

有的人很聪明，很有理解力，甚至也很真诚，但没有对死亡的体悟，你就很难和他做深入的哲学对话。

哲学本是关涉人的灵魂的事，它是活生生的个人对于人生智慧的不懈寻求。智慧不等于博学，哲学家不等于饱学之士。一个天文地理无不通晓的人，他的灵魂却可能一片黑暗。真正的哲人是寻求着人生智慧的探索者。

正常人只关注有法可想的事情，哲学家总是关注无法可想的事情，二者的区别即在于此。

两千年来哲学的一个迷误是，混淆了灵魂和头脑所寻求的东西。

困惑和觉悟

常常有青年问我：一个人不去想那些人生大问题，岂不活得快乐一些？

其实，不是因为思考，所以痛苦，而是因为痛苦，所以思考。想不想这类问题，不是自己可以选择的，基本上是由天生的禀赋决定的。那种已经在想这类问题的人，多半生性敏感而认真，他不是刻意要想，实在是身不由己、欲罢不能。

相反，另有一种人，哪怕你给他上一整套人生哲学课，他也未必会真正去想。

喜欢想人生问题的人，所谓喜欢想，并不是刻意去想，而是问题自己找上来，躲也躲不掉。想这类问题当然会痛苦，但痛苦在先，你不去思考，痛苦仍然在，成为隐痛。既然如此，你不如去面对它，看一看那些最智慧的人是怎么想这类问题的，这可以开阔你的思路，把痛苦变成人生的积极力量。

从学术上看，哲学研究似乎是发展了，越来越深入、细致，但你不能说现在的哲学就比古希腊的高明，根本问题仍是一样地没有解决。这是人生内在的困境，只要人在，困境就在，哲学就始终要去思考。

人是唯一寻求意义的动物，没有意义也要创造出意义来，于是就产生了哲学、宗教、艺术。然而，人生到底有没有意义？不知道。

智慧是逼出来的，知道困境不可改变，只好坦然接受，这就叫智慧。

福克纳在加缪猝死那一年写道："加缪不由自主地把生命抛掷在探究唯有上帝才能解答的问题上了。"其实，哲学家和诗人都是这样，致力解开永无答案的人生之谜，因而都是不明智的。也许，对人来说，智慧的极限就在于认清人生之谜的无解，因而满足于像美国作家门肯那样宣布："我对人生的全部了解仅在于活着总是非常有趣的。"

人生无常，死亡随时可能来临，这个道理似乎人尽皆知。但是，对于多数人来说，这只是抽象的道理，而在一个突然被死神选中的人身上，它却呈现出了残酷的具体性。同是与死神不期而遇又侥幸地逃脱，情况也很不相同，这种非常经历能否成为觉悟的契机，取决于心性的品质。

哲学与精神生活

灵魂是一个游子

　　如果你吃了一顿美餐，你会感到快乐。是什么东西在快乐呢？当然，是你的身体。如果你读了一本好书，听了一支优美的乐曲，看到了一片美丽的风景，你也会感到快乐。是什么东西在快乐呢？显然不是身体了，你只好说，是你的心灵、灵魂感到了快乐。

　　你犯了胃痛，你摔了一跤，你被虫子蜇了一口，你的身体会受疼痛的折磨。可是，当你失恋了，你的亲人去世了，你想到了自己有一天会死，或者你遭到了不义的事情，是你的哪一部分在痛苦呢？当然，又是灵魂。

　　看起来，人有一个身体，又有一个灵魂，它们是很不同的东西。有些哲学家否认人有灵魂，他们把灵魂说成是肉体的一种功能。可是，如果没有灵魂，我们怎么解释上述种种精神性质的快乐和痛苦的根源呢？

　　灵魂是看不见、摸不着的，它不像眼睛、耳朵、四肢、胃、心脏、大脑那样是人体的一个器官。但是，根据人有着不同于肉身生活的精神生活，我们可以相信它是存在的。其实，所谓灵魂，也就是承载我们的精神生活的一个内在空间罢了。人的肉身是很实际的，它要生存，为了生存便要求温饱，为了生存得更好还要到社会上去奋斗，去获取名利、地位。人的灵魂就不那么实际了，它追求的是理想，是诸如真、善、美、信仰、思想、艺术之类的精神价值。我们把这种对理想和精神价值的追求称作精神生活。如果一个人只知道吃、睡和赚钱，完全没有精神生活，我们就会嘲笑他没有灵魂，认为他与动物没有多大区别。

灵魂好像永远不会满足于现状，它总是在追求一种完美的境界。这种对理想境界的渴望从何而来？当我们看到美的形象，听到美的音乐，我们的灵魂为何会感动和陶醉？一个未被污染的淳朴的灵魂似乎自然而然地就喜欢美善的东西，讨厌丑恶的东西，它是怎么会具备这样的特性的？古希腊最伟大的哲学家柏拉图对此提出了一种解释。他推测，灵魂必定在一个理想的世界里生活过，见识过完美无缺的美和善，所以，当它投胎到肉体中以后，现实世界里的未必完善的美和善的东西会使它朦胧地回忆起那个理想世界，这既使它激动和快乐，又使它不满足而向往完善的美和善。他还由此得出进一步的结论：灵魂和肉体有着完全不同的来源，肉体会死亡，而灵魂是不朽的。他的这个解释受到了后世许多哲学家的批评，被指责为神秘主义。使我感到奇怪的是，人们怎么没有听出柏拉图是在讲一个寓言呢？他其实是想说，人的灵魂渴望向上，就像游子渴望回到故乡一样。灵魂的故乡在非常遥远的地方，只要生命不止，它就永远在思念、在渴望，永远走在回乡的途中。至于这故乡究竟在哪里，却是一个永恒的谜。我们只好用寓言的方式说，那是一个像天堂一样美好的地方。我们岂不是在同样的意义上说，灵魂是我们身上的神性，当我们享受灵魂的愉悦时，我们离动物最远而离神最近？

1996年7月10日

灵魂的觉醒

　　世间一切生命中，唯有人有自我意识，能够知道自己作为生命个体的独特性和一次性，知道自己是一个"我"。但是，无论你多么看重这个"我"，它终有一死，在人世间的存在是有限而短暂的。这就产生了一个问题：人生究竟有没有更高的具有恒久价值的意义，此种意义会不会因为这个"我"的死亡而丢失？其实答案已经隐藏在问题之中了，我们即使从逻辑上也可推断：要找到这种意义，唯有超越小我，把它和某种意义上的大我相沟通。那么，透过肉身自我去发现你身上的更高的自我，那个和大我相沟通的精神性自我，认清它才是你的本质，这便是灵魂的觉醒。

　　灵魂的觉醒有两个途径，一是信仰，二是智慧。

　　灵魂是基督教用语，用来指称人的精神性自我。汉语中"灵魂"这个词很有意思，可以拆分为"灵"和"魂"。和别的生命不同，人有自我意识，也就是有一个"魂"。在基督教看来，这个"魂"应该有一个神圣的来源，就是上帝。《圣经》里说，上帝是按照自己的形象造人的。其实上帝是没有形象的，完全是"灵"。所以，"魂"是从"灵"来的。可是，在进入肉体之后，

"魂"忘记了自己的来源，因此必须和"灵"重建联系，这就是信仰。通过信仰，"灵"把"魂"照亮，人才真正有了"灵魂"。

哲学（包括佛教）不讲灵魂，讲智慧。汉语中"智慧"这个词也很有意思，可以拆分为"智"和"慧"。和别的生命不同，人有认识能力，就是"智"，因此能够把自己认作"我"，与作为"物"（包括他人）的周围世界区别开来。但是，"智"的运用应该上升到一个更高的认识，就是超越物我的区别，用佛教的话说是"离分别相"，用庄子的话说是"万物与我为一"。这种与宇宙生命本体合一的境界，就是"慧"。"智"上升到"慧"，人才真正有了"智慧"。

在我看来，信仰和智慧是在用不同的方式说同一件事，二者殊途而同归，就是要摆脱肉身的限制，超越小我，让我们身上的那个精神性自我觉醒。人人身上都有这样一个更高的自我，它和宇宙大我的关系也许不可证明，但让它觉醒对于现实人生却是意义重大的。第一，人生的重心会向内转化，从外部世界转向内心世界，重视精神生活。你仍然可以在社会上做大事，但境界不同了，你会把做事当作灵魂修炼的手段，通过做事而做人，每一步都走在通往你的精神目标的道路上。第二，你会和你的身外遭遇保持距离，具有超脱的心态，在精神上尽量不受无常的人间祸福得失的支配。在相反的情况下，精神性自我不觉醒，人第一会沉湎在肉身生活中，境界低俗，第二会受这个肉身遭遇的支配，苦海无边。人生在世，必须有一个超越的立足点，这个立足点正是信仰和智慧给你的。

2014年12月

117

与世界建立精神关系

　　对于各种不杀生、动物保护、素食主义的理论和实践，过去我都不甚看重，不承认它们具有真正的伦理意义，只承认有生态的意义。在我眼里，凡是把这些东西当作一种道德信念遵奉的人都未免小题大做，不适当地扩大了伦理的范围。我认为伦理仅仅与人类有关，在人类对自然界其他物种的态度上不存在精神性的伦理问题，只存在利益问题，生态保护也无非是要为人类的长远利益考虑罢了。我还认为若把这类理论伦理学化，在实践上是完全行不通的，彻底不杀生只会导致人类灭绝。可是，在了解了史怀泽所创立的"敬畏生命"伦理学的基本内容之后，我的看法有了很大改变。

　　史怀泽是二十世纪最伟大的人道主义者之一，也是动物保护运动的早期倡导者。他明确地提出："只有当人认为所有生命，包括人的生命和一切生物的生命都是神圣的时候，他才是伦理的。"他的出发点不是简单的恻隐之心，而是由生命的神圣性所唤起的敬畏之心。何以一切生命都是神圣的呢？对此他并未加以论证，事实上也是无法论证的。他承认敬畏生命的世界观是一种"伦理神秘主义"，也就是说，它基于我们的内心体验，而非对世界过程的完整认识。世界的精神本质是神秘的，我们不能认识它，只能怀着敬畏之心爱它、相信它。一切生命都源自它，"敬畏生命"的命题因此而成立。这是一个基本的信念，也许可以从道教、印度教、基督教中寻求其思想资源，对于史怀泽来说，重要的是通过这个基本的信念，人就可以与世界建立一种精神关系。

与世界建立精神关系——这是一个很好的提法，它简洁地说明了信仰的实质。任何人活在世上，总是和世界建立了某种关系。但是，认真说来，人的物质活动、认知活动和社会活动仅是与周围环境的关系，而非与世界整体的关系。在每一个人身上，随着肉体以及作为肉体之一部分的大脑死亡，这类活动都将彻底终止。唯有人的信仰生活是指向世界整体的。所谓信仰生活，未必要皈依某一种宗教，或信奉某一位神灵。一个人不甘心被世俗生活的浪潮推着走，而总是想为自己的生命确定一个具有恒久价值的目标，他便是一个有信仰生活的人。因为当他这样做时，他实际上对世界整体有所关切，相信它具有一种超越的精神本质，并且努力与这种本质建立联系。史怀泽非常欣赏罗马的斯多葛学派和中国的老子，因为他们都使人通过一种简单的思想而与世界建立了精神关系。的确，作为信仰生活的支点的那一个基本信念无须复杂，相反往往是简单的，但必须是真诚的。人活一世，有没有这样的支点，人生内涵便大不一样。当然，信仰生活也不能使人逃脱肉体的死亡，但它本身具有超越死亡的品格，因为世界整体的精神本质借它而得到了显现。在这个意义上，史怀泽宣称，甚至将来必定会到来的人类毁灭也不能损害它的价值。

我的印象是，史怀泽是在为失去信仰的现代人重新寻找一种精神生活的支点。他的确说：真诚是精神生活的基础，而现代人已经失去了对真诚的信念，应该帮助他们重新走上思想之路。他之所以创立"敬畏生命"的伦理学，用意盖在于此。可以想象，一个敬畏一切生命的人对于人类的生命是会更珍惜，对于自己的生命是会更负责的。史怀泽本人就是怀着这一信念，几乎毕生圣徒般地在非洲一个小地方行医。相反，那种见死不救、草菅人命的医生，其冷酷的行径恰恰暴露了内心的毫无信仰。我相信人们可由不同的途径与世界建立精神关系，"敬畏生命"的世界观并非现代人唯一可能的选择。但是，一切简单而伟大的精神都是相通的，在那道路的尽头，它们殊途而同归。说到底，人们只是用不同的名称称呼同一个光源罢了，受此光源照耀的人都走在同一条道路上。

1997年3月

精神生活的哲学

一

奥伊肯（Rudolf Eucken，1846—1926）是一位活跃于前一个世纪之交的德国哲学家，生命哲学思潮的代表人物之一。在《生活的意义与价值》（1908年）这本小册子里，他对自己所建立的精神生活的哲学做了通俗扼要的解说。早在1920年，这本书已有上海中华书局印行的余家菊的译本。现在，上海译文出版社又出版了万以的译本。奥伊肯的文风虽不艰涩却略嫌枯燥，读时不由得奇怪他何以能够获得1908年的诺贝尔文学奖。从他和柏格森的获奖，倒是可以遥想当年生命哲学的风行。今日又临世纪之交，生命哲学早已偃旗息鼓，但我觉得奥伊肯对精神生活问题的思考并没有过时。

奥伊肯和尼采是同时代人，他比尼采晚出生两年，一度还同在巴塞尔大学任教，不过他比尼采多活了许多年。他们所面对的和所想救治的是相同的时代疾患，即在基督教信仰崩溃和物质主义盛行背景下的生活意义的丧失。他们也都试图通过高扬人的精神性的内在生命力，来为人类寻找一条摆脱困境的出路。他们的区别也许在于对这种内在生命力的根源的哲学解释，尼采归结为权力意志，奥伊肯则诉诸某种宇宙生命，对于传统形而上学的叛离有着程度上的不同。

处在自己的时代，奥伊肯最感忧虑的是物质成果与心灵要求之间的尖锐矛盾。他指出，人们过分专一地投身于劳作，其结果会使我们赢得了世界却失去了心灵。"现实主义文化"一方面只关心生活的外部状态，忽视内心生活，另一方面又把人封闭在狭隘的世俗范围内，与广阔的宇宙生活相隔绝，从而使现代人陷入了"社会生存情绪激奋而精神贫乏的疯狂旋涡"。然而，奥伊肯不是一个悲观主义者，他既不像叔本华那样得出了厌世的结论，也不像尼采那样把希望寄托在虚无缥缈的"超人"身上。他预言解决的希望就在现代人身上，其根据是：在精神的问题上，任何否定和不满的背后都有着一种肯定和追求。"人的缺陷感本身岂不正是人的伟大的一个证明？"我们普遍对生活意义之缺失感到困惑和不安，这个事实恰好证明了在我们的本性深处有一种寻求意义的内在冲动。既然一切可能的外部生活都不能令我们满足，那就必定是由于我们的生活具有直接环境所无法达到的深度。因此，现代人的不安超出了以往时代，反倒表明了现代人对精神生活有着更高的要求。

二

奥伊肯所要解决的问题是：如何为现代人找回失落的生活意义？他的解决方法并非直接告诉我们这一意义在何处，而是追问我们为何会感到失落。我们比任何时代的人都更加繁忙，也享受着比任何时代更加丰裕的物质，却仍然感到失落，那就证明我们身上有着一种东西，它独立于我们的身体及其外在的活动，是它在寻求、体验和评价生活的意义，也是它在感到失落或者充实。这个东西就是我们内在的精神生命，也就是通常所说的灵魂。

在我们身上存在着一种内在的独立的精神生命，这是奥伊肯得出的最重要的结论，他对生活意义问题的全部解答都建立在这个论点的基础之上。既然这种内在的精神生命是独立于我们的外在生活的，不能用我们的外在生活来解释它，那么，它就必定别有来源。奥伊肯的解释是，它来自宇宙的精神生命，是宇宙生命在人身上的显现。所以，它既是内在的，是"我们真正的自我""我们生活最内在的本质"，又是超越的，是"普遍的超自然的生命"。因此，我们内在的精神生活是人和世界相统一的基础，是人性和世界本质的同时实现。

我们当然可以责备奥伊肯在这里犯了逻辑跳跃的错误，从自身的某种精神渴望推断出了一种宇宙精神实体的存在。但是，我宁可把这看作他对一种信念的表述，而对于一个推崇精神生活的价值的人来说，这种信念似乎是必不可少的。如果我们甘心承认人只是茫茫宇宙间的偶然产物，我们所追求的一切精神价值也只是水中月、镜中花，是没有根基的空中楼阁，转瞬即逝的昙花一现，那么，我们的精神追求便只能是虚幻而徒劳的了。尼采和加缪也许会说，这种悲剧性的徒劳正体现了人的伟大。但是，即使是一位孤军奋战的悲剧英雄，他也需要在想象中相信自己是在为某种整体而战。凡精神性的追求，必隐含着一种超越的信念，也就是说，必假定了某种绝对价值的存在。而所谓绝对价值，既然是超越一切浮世表象的，其根据就只能是不随现象界生灭的某种永存的精神实在。现代的西绪福斯可以不相信柏拉图的理念、基督教的上帝或者奥伊肯的宇宙生命，然而，只要他相信自己推巨石上山的苦役具有一种精神意义，借此而忍受了巨石重新滚下山的世俗结果，则他就已经是在向他心中的上帝祈祷了。无论是哪位反对形而上学的现代哲学家，只要他仍然肯定精神生活的独立价值，他就不可能彻底告别形而上学。

三

奥伊肯对于基督教的现状并不满意，但他高度赞扬广义的宗教对于人类的教化作用。他认为，正是宗教向我们启示了一个独立的内心世界，坚持了动机纯洁性本身的绝对价值，给生活注入了一种高尚的严肃性，给了心灵一种真正的精神历史。在奥伊肯看来，宗教本身的重要性是超出一切宗教的差异的，其实质是"承认一种独立的精神力量存在于内心中，推动这种精神性发展的动力归根结底来自大全，并分有大全的永恒活力"。

事实上，不但宗教，而且人类精神活动的一切领域，包括道德、艺术、科学，只要它们确实是一种精神性的活动，就都是以承认作为整体的精神生活的存在为前提的，并且是这个整体的某种体现。如果没有这个整体在背后支持，作为它们的源泉和根据，它们就会丧失其精神内容，沦为世俗利益的工具。在此意义上，一种广义的宗教精神乃是人类一切精神活动的基本背景。也就是说，凡是把宗教、道德、艺术、科学真正当作精神事业和人生使命的人，必定对于精神生活的独立价值怀有坚定的信念。在精神生活的层次上，不存在学科的划分，真、善、美原是一体，一切努力都体现了同一种永恒的追求。

也正是从这种广义的宗教精神出发，我们就不会觉得自己的任何精神努力是徒劳的了。诚然，在现实世界中，我们的精神目标的实现始终是极其有限的。但是，由于我们对作为整体的精神生活怀有信念，我们就有了更广阔的参照系。我们身处的世界并不是整个实在，而只是它的一个部分，因此，在衡量一种精神努力的价值时，主要的标准不是眼前的效果，而是与整个实在的关系。正如奥伊肯所说的："倘若我们整个尘世的存在只是一个更大的序列的一个片段，那么指望它会澄清一切疑团便很不智，而且仍然会有许多在我们看来毫无意义的可能性，在更广大的范围内却能够得到理解。"我们当然永远不可能证明所谓的大全的精神性质，但我们必须相信它，必须相信世上仍有神圣存在，这种信念将使我们的人生具有意义。而且我相信，倘若怀有这个信念的人多了，人性必能进步，世风必能改善。如果产生了这样的结果，信念的作用便实现了，至于茫茫宇宙中究竟有没有一个精神性的大全，又有什么要紧呢？

四

精神生活既是个人的最内在的本质，又是宇宙生命的显现，那么，我们每个人是否就自然而然地拥有了精神生活呢？奥伊肯对此做出了否定的回答。他指出，精神生活并不是一种自然延续的进化，或一种可以遗传的本能，也不是一种能够从日常经验的活动中获得的东西。毋宁说，正因为它极其内在而深刻，我们就必须去唤醒它。人类精神追求的漫长历史乃是宇宙生命显现的轨迹，然而，对于每一个个体来说，它一开始是外在的。

"从精神上考虑，过去的收获及其对现在的贡献无非是些可能性，它们的实现有待于我们自己的决定和首创精神。"每一个个体必须穷其毕生的努力，才能"重新占有"精神生活，从而获得一种精神个性。奥伊肯的结论是："精神的实现绝不是我们的自然禀赋；我们必须去赢得它，而它允许被我们赢得。"

在我看来，这些论述乃是奥伊肯的这本小册子里的最精彩段落。在一个信仰失落和心灵不安的时代，他没有向世人推销一种救世良策，而是鼓励人们自救。的确，就最深层的精神生活而言，时代的区别并不重要。无论在什么时代，每一个个体都必须并且能够独自面对他自己的上帝，靠自己获得他的精神个性。对于他来说，重新占有精神生活的过程也就是赋予生活以意义的过程。于是，生活的意义和价值何在这一问题的答案便有了着落。

奥伊肯把每一代人对精神生活的实现称作一场"革命"，并且呼吁现代人也进行自己的这场革命。事实上，无论个人，还是某一代人，是否赢得自己的精神生活，确实会使他们生活在完全不同的世界里。一个赢得了精神生活的人，他虽然也生活在"即刻的现在"，但他同时还拥有"永恒的现在"，即那个"包含一切时代、包含人类一切有永恒价值的成就在内的现在"，他的生活与人类精神生活历史乃至宇宙生命有着内在的联系，他因此而有了一种高屋建瓴的立场，一种恒久的生活准则。相反，那些仅仅生活在"即刻的现在"的人就只能随波逐流，得过且过，盲目地度过自己的一生。

在实际生活中，有无精神生活之巨大差别会到处显现出来，我从奥伊肯的书中再举一例。人们常说，挫折和不幸能够提高人的精神。然而，奥伊肯指出，挫折和不幸本身并不具有这种优点。实际的情形是，许多缺乏内在的精神活力的人被挫折和不幸击倒了。唯有在已经拥有精神活力的人身上，苦难才能进一步激发此种活力，从而带来精神上的收获。

1997年8月

哲学与精神生活

一、"无用"之学

在一般人眼中，哲学是一种玄奥而无用的东西。这个印象大致是不错的。事实上，哲学的确是一切学科中最没有实用价值的一门学科。因此，在当今这个最讲求实用价值的时代，哲学之受到冷落也就是自然的事情了。

早在哲学发源的古希腊，哲学家就已经因其所治之学的无用而受人嘲笑了。柏拉图在《泰阿泰德》中讲了泰勒斯坠井而被女仆嘲笑的著名故事，那女仆讥笑泰勒斯如此迫切欲知天上情形，乃至不能见足旁之物。柏拉图接着发挥说："此等嘲笑可加于所有哲学家。"因为哲学家研究世界的本质，却不懂世上的实际事物，在法庭或任何公众场所便显得笨拙，成为笑柄；哲学家研究人性，却几乎不知邻居者是人是兽，受人诟骂也不能举对方的私事反唇相讥，因其不知任何人的劣迹。柏拉图特地说明：他们并不知道自己对实际事物这般无知，而绝不是有意立异以邀誉。

柏拉图本人的遭遇也好不到哪里。这位古代大哲一度想在叙拉古实现其哲学家王的理想，向那里的暴君灌输他的哲学，但暴君的一句话给哲学定了性，称之为"无聊老人对无知青年的谈话"。结果他只是幸免于死，被贱卖为奴，落荒逃回雅典。

在我看来，柏拉图孜孜以求哲学的大用，一心把哲学和政治直接结合起来，恰好也暴露了他对实际事物的无知。他本该明白，哲学之没有实用价值，不但在日常生活中如此，在政治生活中也如此。哲学关心的是世界和人生的根本道理，政治关心的是党派、阶级、民族、国家的利益，两者属于不同的层次。我们既不能用哲学思考来取代政治谋划，也不能用政治方式来解决哲学问题。柏拉图试图赋予哲学家以最高权力，借此为哲学的生长创造一个最佳环境，这只能是乌托邦。康德后来正确地指出：权力的享有不可避免地会腐蚀理性批判，哲学对于政治的最好期望不是享有权力，而是享有言论自由。

那么，哲学与生活竟然毫无关系吗？哲学对于生活有没有一点用处呢？我的回答是：哲学本身就是生活，是一种生活方式。

二、哲学是一种生活方式

在古希腊，当哲学发源之初，哲学是一种生活方式，这乃是不言而喻的事实。从词源看，"哲学"（Philosophia）一词的希腊文原义是"爱智慧"。"爱智慧"显然是一种生活方式，一种人生态度，而非一门学科。

对于最早的哲学家来说，哲学不是学术，更不是职业，而就是做人处世的基本方式和状态。用尼采的话说，包括赫拉克利特、阿那克萨哥拉、恩培多克勒在内的前苏格拉底哲学家是一些"帝王气派的精神隐士"，他们过着远离世俗的隐居生活，不收学生，也不过问政治。苏格拉底虽然招收学生，但他的传授方式仅是街谈巷议，没有学校的组织形式，他的学生各有自己的职业，并不是要向他学习一门借以谋职的专业知识，师生间的探究哲理本身就是目的所在，就构成了一种生活。柏拉图和亚里士多德开始建立学校，但不收费，教学的方式也仍是散步和谈话。唯一的例外是那些被称作"智者"（Sophist, 又译作"智术之师"）的人，他们四处游走，靠教授智术亦即辩论术为生，收取学费，却也因此遭到了"苏格拉底"们的鄙视。正是为了同他们相区别，有洁癖的哲学家宁愿自称为"爱智者"而非"智者"。

肯定不是任何人都能够把哲学当作自己的生活方式的。为了配得上过哲学的生活，一个人必须——如柏拉图所说——"具备真正的哲学灵魂"。具备此种灵魂的征兆，或者说哲学生活的特点，就在于关注思想本身而非其实用性，能够从思想本身获取最大的快乐。关于这一点，也许没有比亚里士多德说得更清楚的了。他在他的好几本著作（《形而上学》卷一，《政治学》卷七，《伦理学》卷六、卷十）中都谈道：明智是善于从整体上权衡利弊，智慧则涉及对本性上最高的事物的认识，两者的区别就在于有无实用性；非实用性是哲学优于其他一切学术之所在，使哲学成为"唯一的自由学术""为学术自身而成立的唯一学术"；幸福生活的实质在于自足，与别种活动例如社会性的活动相比，哲学的思辨活动是最为自足的活动，因而是完美的幸福。如此说来，哲学生活首先是一种沉思的生活，而所思问题的非实用性恰好保证了这种生活的自得其乐。

三、精神生活的维度

人在世上生活，必须维持肉体的生存，也必须与他人交往，于是有肉身生活和社会生活。肉身生活和社会生活所满足的是人的外在的功利性需要。在此之外，人还有内在的精神性需要，其实质是对生命意义的寻求。这种需要未得到满足，人就会觉得自己是一个盲目的存在，并因此而感到不安。精神生活也是人的生活的不可缺少的维度。

肉身生活和社会生活都具有经验性质，仅涉及我们与周围直接环境的联系。精神生活则把我们超拔于经验世界的有限性和暂时性，此时我们力求在一己的生命与某种永恒存在的精神性的世界整体之间建立一种联系。由于这种世界整体超越经验，我们无法证明它，但我们必须有这一假定。真正的精神生活必具有超验性质，它总是指向一个超验领域的。凡灵魂之思，必有这样一种指向为其底蕴。所谓寻求生命的意义，亦即寻求建立这种联系。一个人如果相信自己已经建立了这种联系，便是拥有了一种信仰。因此，寻求意义即寻求信仰。

人类精神活动的一切领域，包括宗教、哲学、道德、艺术、科学，只要它们确实是一种精神性的活动，就都是以建立上述联系为其公开的或隐蔽的鹄的，区别只在于方式的不同。其中，道德若仅仅服务于社会秩序，便只具有社会活动的品格，若是以追求至善为目的，则可视其为较弱的宗教。科学若仅仅服务于技术进程，便只具有物质活动的品格，若是以认识世界为目的，则可视其为较弱的哲学。于是，我们可以把精神活动归结为三种基本的方式。一是宗教，依靠单纯的信仰亦即天启的权威来建立与世界整体的联系。二是哲学，试图通过理性的思考来建立这种联系。三是艺术，试图通过某种主观的情绪体验来建立这种联系。它们殊途而同归，体现了同一种永恒的追求。

四、在宗教和科学之间

哲学生活是一种沉思的生活，但沉思未必都是哲学性的。一个人可以沉思数学或物理学的问题而也不问其实用价值。沉思之成为哲学性的，取决于所思问题的性质和求解的方法。

柏拉图和亚里士多德都曾指出，哲学开始于惊疑，即惊奇和疑惑之感。我们或许可以相对地说，面对自然易生惊奇之感，由此而求认知，追问世界的本质，形成哲学研究中的世界观、本体论、形而上学（在这里是同义词）这一个大领域。面对人生易生疑惑之感，由此而求觉悟，追问生命的意义，形成哲学研究中的人生观、生存论、伦理学（在这里也是同义词）这另一个大领域。康德说：世上最使人敬畏的两样东西是头上的星空和心中的道德律。哲学所思的问题无非这两大类，分别指向我们头上的神秘和我们心中的神秘。

哲学的追问的确是指向神秘的，无论对世界，还是对人生，哲学都欲追根究底，从整体上把握其底蕴。这就是所谓的终极关切。在这一点上，哲学与宗教相似。然而，哲学却不肯像宗教那样诉诸天启权威，对终极问题给出一个独断的答案，满足于不容置疑的信仰。在这一点上，哲学又和科学一样，只信任理性，要求对问题做出理由充足的解答。也就是说，哲学的追问是宗教性的，它寻求解决的方法却是科学性的。灵魂在提问，而让头脑来解答。疯子问，呆子答。这是哲学本身所包含的矛盾和困难。关于这种困难，康德最早做了明确的揭示，他指出：由头脑（他所说的知性）来解答灵魂（他所说的理性）所追问的问题，必定会陷入二律背反。他因此而断定，只能把此类问题的解答权交给信仰。不过，在罗素看来，哲学面向宗教，敢思科学之不思，又立足科学，敢疑宗教之不疑，正是这一结合了两种对立因素的品格使之成为比科学和宗教更加伟大的东西。我们确实可以说，哲学的努力是悲壮的。

五、哲学不可能成为科学

哲学开始于对世界本质的追问。在它诞生之初，它就试图寻找变化背后之不变，多背后之一，现象背后之本质。这一追问默认了一个前提，即感觉不可靠，只能感知现象，唯有理性才能认识现象界背后那个统一的、不变的本体界。

这个思路存在着若干疑点：

第一，感觉是我们感知外界的唯一手段，既然感觉只感知到现象，我们凭什么说在现象背后还存在着一种本质？至少凭感觉不能证明这一点。

第二，假定变动不居的现象背后有一不变的本质，这只能是理性之所为，是理性追求秩序的产物。但是，理性同样不能证明它所追求的秩序是世界本身所固有的。那么，这种秩序从何而来？有两种可能的回答。一是从感觉经验中归纳而得，因而并不真正具有必然性和普遍性。二是理性本身所固有的，是意识的先天结构。在这两种情形下，秩序都仍然属于现象范围，而与世界本来面目无关。

那么，第三，世界究竟有没有一个本来面目？在现象界背后，究竟有没有一个不受我们的认识干扰的本体界？在康德之后，哲学家们已经越来越达成共识：不存在。世界只有一种存在方式，即作为显现在意识中的东西——现象。我们也许可以设想上帝能够直接观察到世界的本体，但是，胡塞尔正确地指出，任何对象一旦进入认识就只能是现象，这一点对于上帝也不例外。

哲学从追问世界的本体始，经过两千多年的探索，结果却是发现世界根本就没有一个本体，这不能不说是哲学的惨败。但是，这只是哲学的某一种思路的失败，它说明哲学不可能成为科学，我们不可能靠理性手段去把握或构造哲学原本想要追问的那个本体，而必须另辟蹊径。

六、沉默和诗的领域

倘若一个古希腊哲学家来到现代，他一定会大惑不解，因为他将看到，现代的哲学家们都在大谈语言问题，而对世界本身却毫无兴趣。据说哲学家们终于发现，两千多年来哲学之所以误入歧途，原因全在于受了语言的误导。于是，他们纷纷把注意力转向语言，这种转向还被誉为哲学上的又一次哥白尼式革命。其间又有重大的区别。一派哲学家认为，弊在逻辑化的语言，是语言的逻辑结构诱使人们去寻找一种不变的世界本质。因此，哲学的任务是解构语言，把语言从逻辑的支配下解放出来。另一派哲学家则认为，弊在语言在逻辑上的不严密，是语言中那些不合逻辑的成分诱使人们对一个所谓的本体世界想入非非，造成了形而上学假命题。因此，哲学的任务是进行语言诊断，剔除其不合逻辑的成分，最好是能建立一种严密的逻辑语言。不管这两派的观点如何对立，拒斥本体论的立场却是一致的。

可是，没有了那种追问世界之究竟的冲动，哲学还是哲学吗？因为理性不能把握神秘，我们就不再思考神秘了吗？难道哲学从此要对头上的星空和心中的道德律无动于衷，仅仅满足于做逻辑的破坏者或卫士？

有两位哲学家分别代表上述两个对立的派别，然而，与其大多数追随者不同，他们心中仍然蕴藏着那种追思神秘的冲动。他们不愧是现代最伟大的两位哲学家。

作为逻辑经验主义的开创人之一，维特根斯坦也主张只有经验对象是可思考的，哲学只研究可思考的东西，其任务是通过语言批判使思想在逻辑上明晰。但是，他懂得的确存在着超验的领域，例如那种"从永恒观点来直观世界"的本体论式的体验，只是因为它们不属于经验范围，因而是不可思考的，而不可思考的东西也就是不可说的。"一个人对于不能谈的事情就应当沉默。"这是神秘的东西，甚至是最深刻的东西，却无法作为问题来讨论。针对此他写道，"真正说来哲学的方法如此：凡可说的都能说清楚，不可说的倒不如保持沉默，也就是除了可表述的自然科学的命题，即与哲学没有关系的东西，其他没什么可说的……"。真正的哲学性体验只能封闭在沉默的内心世界，作为一门学术的哲学只能谈论与真正哲学性体验无关的东西，这是多么无奈。

海德格尔却试图冲破这无奈的沉默。在他看来，他名之为"存在"的那个超验的领域，乃是作为意义之源泉的神秘领域，的确不是理性思维所能达到的。但是，他相信这个领域"总是处在来到语言的途中"，是可以在语言中向人显现的。不过，这不是沦为传达工具的逻辑化语言，而是未被逻辑败坏的诗的语言。在诗的语言中，存在自己向人说话。于是，海德格尔聚精会神于他所钟爱的荷尔德林、里尔克等诗人，从他们的诗中倾听存在的话语。

当然，沉默和诗都不是哲学。可是，我们应该相信，在维特根斯坦的沉默中，在海德格尔的诗思中，古老的哲学追问在百折不挠地寻找栖身之地。

七、哲学与现代人的精神生活

广义的宗教精神和广义的哲学精神是相通的，两者皆是超验的追思。在狭义上，它们便有了区分，宗教在一个确定的信仰中找到了归宿，哲学却始终走在寻找信仰的途中。一个渴慕大全的朝圣者，如果他疲惫了，不再能够依靠自己的力量走下去了，他就会皈依某种现成的宗教。如果他仍然精力充沛，或者虽然疲惫了，却不甘心停下，他就会继续跋涉在哲学的路上。

现代的显著特点是宗教信仰的普遍失落。针对这一情况，雅斯贝尔斯指出，对于已经不相信宗教但仍然需要信仰的现代人来说，哲学是唯一的避难所，其意义在于鼓励人们寻找非宗教的信仰。我本人也倾向于认为，哲学一方面寻求信仰，另一方面又具有探索性质，它的这个特点也许能够使之成为处于困惑中的现代人的最合适的精神生活方式。哲学至少有以下好处：

第一，哲学使我们在没有确定信仰的情况下仍能过一种有信仰的生活。哲学完全不能保证我们找到一个确定的信仰，它以往的历史甚至业已昭示，它的矛盾的本性决定了它不可能提供这种信仰。然而，它的弱点同时也是它的长处，寻找信仰而又不在某一个确定的信仰上停下来，正是哲学优于宗教之所在。哲学使我们保持对某种最高精神价值的向往，我们不能确知这种价值是什么，我们甚至不能证实它是否确实存在，可是，由于我们为自己保留了这种可能性，我们的整个生存便会呈现不同的面貌。

第二，哲学使我们在信仰问题上持一种宽容的态度。价值多元是现代的一个事实，想用某一种学说（例如儒学）统一人们的思想，重建大一统的信仰，是行不通的，也是不应该的。哲学反对任何人以现代救世主自居，而只是鼓励每一个人自救，自己寻求自己的信仰。

第三，哲学的沉思给了我们一种开阔的眼光，使我们不致沉沦于劳作和消费的现代旋涡，仍然保持住心灵生活的水准。

1997年10月

找回你内心的苏格拉底 [1]

我的这本小书和韩国读者见面了，我很愿意借此机会对你们说几句话。

我知道，今天，像中国人一样，韩国人也是每天过着忙碌的日子。现代生活如同一条激流，裹挟着人们匆忙前行。我们仿佛身不由己，每天在居所、职场和超市之间冲刺，为生存耗尽了力气。可是，我也知道，许多人是不甘心这样生活的，内心深处会有一个声音质疑：难道就这样活一辈子吗？人生的意义何在？也许，因为觉得无奈，人们会逃避这个声音。我想说的是，你未必是完全无奈的，如果你勇敢地去倾听这个声音，生活会有更好的可能性。

我在本书中引用了英国哲学家约翰·穆勒的名言："不满足的人比满足的猪幸福，不满足的苏格拉底比满足的傻瓜幸福。"人和猪的区别在于，人有灵魂，猪没有灵魂。苏格拉底和傻瓜的区别在于，苏格拉底的灵魂醒

---

[1] 本文是为韩文版《给都市人的150个哲思感悟——找回你内心的苏格拉底》写的序。

着，傻瓜的灵魂昏睡着。灵魂生活开始于不满足。不满足于什么？不满足于像动物那样活着。正是在这不满足之中，人展开了对意义的寻求，创造了丰富的精神世界。

我相信，每个人内心都藏着一个不满足的苏格拉底。事实上，那个对每天的忙碌生活质疑的声音，就来自你内心的苏格拉底。所以，请找回你内心的苏格拉底，不要再逃避他，要倾听他，和他交谈。所谓内心的苏格拉底，就是你的理性，你的灵魂。正是在忙碌的现代生活中，我们更需要让自己的灵魂经常醒着，养成用理性审视人生事务的习惯。你这样做，虽然身体仍是忙碌的，但是你会有一个宁静的核心，从而不让你的人生被拖入无意义的杂乱之中。

愿你在忙碌的现代生活中有一位忠诚的灵魂朋友，他就是你内心的苏格拉底。愿你在喧嚣的现代世界里有一所安静的后花园，它就是你内心的哲学智慧。

2017年7月

哲学和宗教

哲学和宗教都是人的精神生活的方式，两者所要解决的问题之性质是相同的，即都是终极关切。和哲学一样，宗教所关心的也是世界和人生的最根本问题，要对世界的本质和生命的意义给出一个完整的说明。但是，它们寻求解答的手段却完全不同。在宗教看来，世界和人生的整体是一个神秘，人的理性是有限的，不可能将它弄明白，唯有靠神的启示来接近它。因此，人在神面前应知谦卑，满足于不容置疑的信仰。相反，哲学只信任理性，要求对问题做出理由充足的解答。在这一点上，哲学又和科学一样。

如此看来，哲学家有一个宗教的灵魂，却长着一颗科学的脑袋。灵魂是一个疯子，它问的问题漫无边际、神秘莫测。头脑是一个呆子，偏要一丝不苟、有根有据地来解答。疯子提问，呆子回答，其结果可想而知。

然而，哲学面向宗教，敢思科学之不思，又立足科学，敢疑宗教之不疑，正是这一结合了两种对立因素的品格使之成为比科学和宗教更加伟大的东西。

也许有人会说，既然哲学所追求的目标——把宗教和科学结合起来，用头脑解答灵魂的问题——注定不能实现，它的努力岂不徒劳？这种看法未免肤浅。从目标不能实现看，可以说是徒劳，但这个徒劳地向目标前进的过程却是富有生产意义的。对于人类精神发展来说，科学理性与宗教渴望是两种不可或缺的动力。正是在哲学中，它们由于彼此发生的紧张关系而同时得到了激励。

现在人们大谈哲学的危机，但我相信，哲学必将带着它固有的矛盾向前发展，一代又一代的人必将不可遏止地去思考那些没有最终答案的根本问题，并从这徒劳的思考中获得教益。

哲学在理性与终极关切之间保持着一种紧张关系，一方面使终极价值处在永远不确定和被追问的状态，防止信仰的盲目，另一方面使理性不自囿于经验的范围，力求越界去解决更高的任务，防止理性的狭隘和自负。

哲学和宗教的区别在于，宗教在一个确定的信仰中找到了归宿，哲学则始终走在寻找信仰的途中。

哲学使我们在信仰问题上持一种宽容的态度。哲学所关注的是人类那些最基本的精神价值，而任何宗教信仰中真正有价值的部分也都是对这些基本价值的维护和坚守，教义之争或者发生在其他问题上，或者是由于违背了这些基本价值。哲学的思考有助于把人们的目光引导到基本精神价值上来，促使有不同宗教信仰的人求同存异、和平共处。

哲学和宗教是痛苦灵魂的收容所。许多人怀着无可排遣的生命的苦恼，终于在哲学和宗教中找到了寄托。

可是，倘若有人因此决心献身哲学，却是一种误会。这就好比病人因为患病，便自以为获得了当医生的资格一样。何况吃哲学饭其实与灵魂毫不相干，不过是社会上说空话最多、挣钱最少的一种行当罢了。

我知道献身宗教是可能的，但他也和社会上那些吃宗教饭的人无关。

形而上学实际上是人和自己较劲。人本是有限，必归于虚无，不甘心，于是想上升为神，变为无限。可是，人终归不能成为神。也许应该和解，不要太和自己较劲了，在无限与虚无之间，也肯定有有限的价值。

信仰的核心

人不只有一个肉身生命，更有一个超越肉身的内在生命，它被恰当地称作灵魂。外在生命来自自然，内在生命应该有更高的来源，不妨称之为神。二者的辩证关系是，只有外在生命状态单纯之时，内在生命才会向你开启，你活得越简单，你离神就越近。在一定意义上，人生觉悟就在于透过社会堆积物去发现你的自然的生命，又透过肉身生命去发现你的内在的生命，灵魂一旦敞亮，你的全部人生就有了明灯和方向。

灵魂的渴求是最原初的信仰现象，一切宗教观念包括上帝观念都是由之派生的，是这个原初现象的词不达意的自我表达。

一切信仰的核心是对于内在生活的无比看重，把它看得比外在生活重要得多。这是一个可靠的标准，既把有信仰者和无信仰者区分了开来，又把具有不同信仰的真信仰者联结在了一起。

上帝或某种宇宙精神本质的存在，在认识论上永远只是一个假设，而不是真理。仅仅因为这个假设对于人类的精神生活产生着真实的作用，我们才在价值论的意义上把它看作真理。

简单地说，我认为的信仰，就是相信人是有灵魂的，灵魂生活比肉体生活、世俗生活更重要，并且把这个信念贯彻在生活中，注重灵魂的修炼，坚守做人的道德。一个人不论是否信宗教，不论信哪种宗教，只要符合上述要求，就都是有信仰的。

对人生的困惑，归结起来，无非两大类，借用佛家的话说，便是色与空。色代表对情感的困惑，空代表对生命意义的困惑。这两类问题，想来想去，也许到头来仍是困惑。不过，想的好处是，在困惑中仿佛有了方向，困惑中的寻求形成了人的精神生活。因为色的诱惑，男人走向女人，女人走向男人，走进彼此的心灵，由色入情，于是有了爱。因为空的疑惑，人类呼唤世界之本相，呼唤神，由空入悟，于是有了哲学和宗教。人的精神生活正是在这两个方向上展开的：情感生活指向人，其实质是人与人之间的精神联系，使我们在尘世扎下根来；沉思生活或信仰生活指向宇宙，其实质是人与宇宙之间的精神联系，使我们有了超越的追求。

佛教强调色空不二，我的认识是：知道空即是色，就可以彻悟于空而仍能自娱；知道色即是空，就可以纵情于色而仍能自拔。

托尔斯泰说："少数人需要一个上帝，因为他们除了上帝什么都有了，多数人也需要一个上帝，因为他们除了上帝什么都没有。"少数人和多数人，指富人和穷人。此话的意思是：上帝对于富人是最后的奢侈品，对于穷人是唯一的安慰。这是对世俗信仰的讽刺。

有真信仰者既不属于少数人，也不属于多数人，是超越富人和穷人的区分的。对于他们来说，如果没有上帝，有什么都是空的，如果有上帝，什么都没有也无妨。

宗教把人生看作通往更高生活的准备，这个观念既可能贬低人生，使之丧失自身的价值，也可能提升人生，使之获得超越的意义。

人的内心有没有信仰，这个差异必定会在外在行为中表现出来。可是，差异的根源却是内心，正是在这无形之域，有的人生活在光明之中，有的人生活在黑暗之中。

精神性的目标只是一个方向，它的实现方式不是在未来某一天变成可见的现实，而是作为方向体现在每一个当下的行为中。也就是说，它永远不会完全实现，又时刻都在实现。

理想主义永远不会远去，它在每一个珍视精神价值的人的心中，这是它在任何时代存在的唯一方式。

哲学就是价值观。柏拉图哲学的核心范畴是"善"（"好"），他笔下的苏格拉底总是在讨论一个问题：什么是好的生活？

按照我的理解，"好"有两个层次，一是快乐，即幸福，二是正当，即道德，二者构成了价值观的两大主题。在中国哲学中，道家侧重讨论前者，儒家侧重讨论后者。

我的价值思考的出发点是：生命和精神是人身上最宝贵的东西，幸福和道德都要据此衡量。我得出的结论是：幸福在于生命的单纯和精神的丰富，道德在于生命的善良和精神的高贵。

第四辑

哲学与时代

哲学的命运

　　在今天的时代，哲学似乎遭遇了两种相反的命运。一方面，由于社会需求越来越偏向于实用，哲学系学生面临着就业的困难，使得作为一个学科的哲学门庭冷落，成了冷门。另一方面，社会各阶层尤其是青年人对于哲学读物的兴趣并不因此减弱，有时甚至呈上升的趋势，哲学类书籍竟然成了出版业的热点。

　　如何看待这两种似乎矛盾的现象呢？依我之见，矛盾仅是表面的，其实两者共同构成了哲学应有的正常命运。

　　作为一门学科，哲学本应是只由极少数人研究的学问。由于这门学科的高度非实用性质，也由于从事有关专门研究所必需的特殊的学术兴趣和才能，以哲学为专业和职业的学者在社会分工结构中绝对不可能占据高比例。我并没有把哲学家看作精神贵族的意思，这里的情况正与其他一些抽象学科类似，例如社会同样不需要也不可能产生许多数学家或理论物理学家。曾经有一个时期，我们的哲学系人丁兴旺，源源不断向各级机关、各类部门输送干部，那实在是对哲学的莫大误会。其结果是，哲学本身丧失了它应有的学术品格，

148

而所培养出的这些干部却又不具备足以致用的有关专业知识。因此，收缩哲学系的规模，把培养各类干部的职能交还给有关的教育机构，应该说是一个进步，对于哲学学科至少在客观上也是一种净化。

但是，哲学不只是一种学术，自从它诞生以来，它还一直承担着探究人类精神价值和生命意义的使命。这个意义上的哲学就不只是少数学者的事了，而是与一切看重精神生活的人都休戚相关的。在我上面提到的那个时期中，曾经掀起过全民学哲学的热潮，不过那时候哲学是被等同于一种意识形态的灌输的，并不真正具备生命反思和精神探索的含义。当今之世，随着社会的转型，社会生活日益非政治化、非意识形态化，同时市场化进程导致了人们价值观念的多元化乃至相当程度的迷乱和冲突。这就使得每个人独立从事人生思考不仅有了可能，而且有了迫切的必要。我认为，应该在这样的背景下来分析今日我们民族中广义的哲学爱好屡兴不衰的奇特现象，并对之持积极的评价。

这样的形势对于专职的哲学工作者提出了双重要求。一方面，不管幸运还是不幸，作为少数“入选者”，他们肩负着建设哲学学科的学术使命，有责任拿出合格的学术著作来，否则便是失职，理应改行，从事别的于己于人都更为有益的工作。另一方面，面对社会上广泛的精神饥渴，至少他们中间的一部分人，有责任提供高质量的哲学通俗读物，这不但是一种启蒙工作，而且也是以个人的身份真诚地加入我们时代的精神对话。也就是说，我们时代既需要德国哲学的思辨品格，也需要法国哲学的实践品格，而两者都是哲学的题中应有之义。

1996年7月

哲学与我们时代

萨特百年诞辰已经过去了。略具讽刺意味的是，围绕这个日子，最引人关注的不是萨特的作品和思想，而是他在今天遭遇到的冷清，这种冷清成了媒体上一个小小的热门话题。那些成长于二十世纪八十年代的人对此感触尤深，他们经历过那个年代的所谓萨特热、尼采热、弗洛伊德热，等等，为这些名字激动过，时过境迁，不免生出一种怀旧的情绪。的确，时代场景的变化实在太大了，当年以思潮为主角的精神浪漫已被今天以时尚为主角的物质浪漫取代，哲学曾是最有诗意的东西，今天似乎黯然失色了，让位给了金钱和财富。

一个普遍的疑问：哲学过时了吗？今天的时代还需要哲学吗？

我的回答是：需要，但未必是那种以思潮面貌出现的哲学。思潮式的哲学的确过时了，当然不排除有朝一日它又会时兴。一般来说，只有在某些特殊的历史背景下，例如六十年代法国的激进学生运动、八十年代我国的社会转型初期，哲学才会以思潮的形式流行。

大体而论，哲学有四种不同的存在形式。一是作为形而上学的沉思和伟大思想体系的创造，它属于哲学史上的天才。二是作为学术，它属于学者。三是作为思潮或意识形态，它属于大众。四是作为人生思考，它属于每一个不愿虚度人生的人。前两种属于少数人，不过学者与天才之间有着天壤之别。同样，后两种属于多数人，而一个普通人是作为大众还是作为个人走向哲学，情况也迥然不同。在我看来，一个人不是作为大众追随一种思潮，而是作为独立的个人思考人生，这是更符合哲学之本义的状态，这时候他离哲学不是远了，而是近了。正是这一意义上的哲学在今天不但没有过时，而且格外为人们所需要。

哲学常常被定义为世界观和人生观，这个定义基本上可以接受，但我要强调"观"这个字：世界观就是"观"世界，人生观就是"观"人生。我们平时所做之事、所过之生活总是一个局部，哲学就是要我们从这个局部中跳出来，"观"世界和人生的全局。通过"观"全局，我们才能获得一个正确的坐标，用以衡量自己所过的生活有无意义，怎样生活才有意义。今天时代的一个显著特征是急功近利，人们似乎都很渴望成功，但对成功的理解十分狭隘，往往局限于谋职和发财之类，"励志"类书籍因之畅销。我想特别强调，所谓"励志"与哲学是正相反的。"励志"只有一个功利的小坐标，把人生当作一种资本来经营，这样即使取得了成功，也只是一种渺小的成功。哲学则立足于人生全局的大坐标，它告诉人们，真正的成功首先应是做人的成功，即做一个精神上优秀的人，生活得有意义，而事业的成功不过是做人的成功的一个自然结果而已。

一个不问生活意义的人当然是不需要哲学的，可是，我相信，人毕竟是有灵魂的，没有谁真正不在乎活得有没有意义。事实上，人们越是被世俗化潮流胁迫着拼搏在功利战场上，生活在人生的表面，心中就越是为意义的缺失而困惑，而焦虑。因此，在今天的时代，我们比以往任何时候都更需要哲学来为自己的人生定位和定向，哲学仅在表面上似乎成了弃妇，实际上却是许多人的梦中情人。

2005年7月

轻视哲学的民族不可能优秀

今年高校招生工作已结束，如同近些年一样，许多学校哲学系考生稀少，门可罗雀。当然，这一情况完全是在意料之中的。在今日社会急功近利的总体氛围中，大学孜孜于与市场接轨，越来越成为职业的培训场，一般考生自然也就把就业前景树为选择专业的首要标准了。因此，毫不奇怪，不但文史哲一类人文学科，而且数理化一类自然科学基础学科，都在不同程度上成了冷门，而财经、法律、计算机等实用性强的学科则成了显学。

其实，依我之见，哲学系考生少并不足虑，反倒是正常的现象。我一向认为，一个国家不需要有许多以哲学为专业的人，就像不需要有许多数学家、理论物理学家一样。更确切地说，不是不需要，而是不可能、不应该。作为一门学科的哲学具有高度的抽象性和思辨性，对之真正有兴趣和能力的人是绝不会多的，这种情况也正与数学、理论物理学领域相似。如果哲学成为热门专业，必定是出了问题，说明有利可图，使得许多对哲学并无真正兴趣和能力的人涌了进来。

彼特拉克有一句名言："哲学啊，你是贫困地、光着身子走进来的。"

尼采也曾在相同意义上建议，不给哲学家发薪金，让他们在野地上生长，借此赶走那些想靠哲学牟利的假哲学家。这多少是愤激之言，哲学家毕竟也要吃饭，但基本意思是对的，就是哲学对于决心以之为终身志业的人有很高的要求，不容其存名利之想。借用耶稣的话说，通向哲学的门是"窄门"，只有不畏寂寞、贫困——在今天还要加上失业——的人才能够进入。从这个角度看，哲学系考生少未必是坏事，因为其中真爱哲学的人的比例也许就提高了。

不过，这仅是一个角度。换一个角度看，考生少意味着缺乏竞争，录取分数较低，又可能导致素质较差者进入。解决这个问题的一个办法是，缩减哲学系的数量和招生名额。事实上，本来就不必每所大学都办哲学系。应该让有志于哲学的考生感到，不管哲学如何是冷门，考上哲学系就是优秀，就是光荣。

上面说的是哲学系考生少本身不足虑，接下来我要说一说这个现象反映出来的足虑的一面。一个国家不需要有许多以哲学为专业的人，这绝不等于说一个国家不需要哲学。作为对世界和人类根本问题的思考，哲学代表了一个民族在精神上所站立的高度，决定了它能否作为一个优秀民族在世界上发挥作用。真正令人忧虑的是我们民族今天所表现出来的严重世俗化倾向，对于物质财富的热衷和对于精神价值的轻蔑。如果青少年中智商较高的人都一窝蜂奔实用性专业而去了，我们就很难再指望哲学等人文科学会出现繁荣的局面。其实，即使如经济、法律等似乎偏于实用的学科，从业者若没有哲学的功底，也是绝不会有大出息的。

轻视哲学无疑是目光短浅之举。一个世纪前，张之洞为清朝廷拟定大学章程，视哲学为无用之学科，在大学课程中予以删除，青年王国维即撰文指出:"以功用论哲学,则哲学之价值失。哲学之所以有价值者,正以其超出乎利用之范围故也。且夫人类岂徒为利用而生活者哉,人于生活之欲外,有知识焉,有感情焉。感情之最高之满足,必求之文学、美术。知识之最高之满足,必求诸哲学。"这正是哲学的"无用之用"。王国维的话在当时是空谷足音,在今天仍发人深省。

写到这里,我仿佛听见一个声音在责问我:我们现在学校里所教授的哲学能够给人以"知识之最高之满足"吗?这就触及哲学系考生少的另一个原因了。在我们的学校里,中学生和非哲学专业的大学生是从政治课上获得关于哲学的概念的,这样的哲学不能使他们享受思考的快乐,反而使他们感到枯燥。因此,为了澄清对哲学的普遍误解,让人们感受到哲学的魅力,就有必要改革我们的哲学课程,第一步是把它从政治课中分离出来,恢复它作为"爱智慧"的本来面貌和作为最高问题之思考的独立地位。

2005年8月

哲学、时代与理想主义

——在中央电视台答大学生问

1. 当今时代重实用，哲学也往实用主义靠，流行处世哲学、营销哲学之类。你的哲理散文是否也属于这种倾向？

答：好像不是一回事吧？我自己觉得，我是更接近理想主义的。实用主义和理想主义都看重价值，但前者看重的是实用价值，后者看重的是精神价值，前者只问对生存有没有用，后者却要追问生存的意义。实用主义对精神价值是很蔑视的，把一切都归结为实用价值，譬如詹姆士说，如果相信上帝有实际好处，他也愿意相信，哪怕这个上帝住在粪土堆里。在我看来，实用主义哲学够不上哲学的水平，至于现在流行的处世哲学、营销哲学之类，则连实用主义哲学的水平也够不上。

2. 你认为通俗化会不会降低哲学的水准？

答：衡量任何精神作品，第一标准是看它的精神内涵，包括深度、广度、创新，等等，而不是看它是否容易被读懂。精神内涵差，不管容易不容易懂都不好。精神内涵好，在不损害这内涵的前提下，我认为容易懂比不容易懂要好。形式往往给人以错觉，譬如说，有的作品的确非常难懂，可是你一旦读懂了，会发现它其实什么也没有说，有的作品看似好懂，可是你读进去了，会发现其实离读懂它还远得很。

3. 作为当今中国哲学界的著名学者，你为何不着力建构自己的哲学体系？

答：因为我自知没有这样的能力。建构新体系，应该是真正提出了新的思路，这种新思路在哲学史上或者不曾有过，或者仅仅只是萌芽。一个新体系的产生是哲学史上的一个事件，它改变了以往各个体系之间的关系，从而使作为整体的哲学史也发生了某种改变。如果没有真正重要的创新，只是重复前人，做些新的排列组合，我认为毫无价值，不想为这种事耗费精力。

4. 当代中国有哲学家吗？

答：这要看怎样定义哲学家了。我想，哲学家这个称号可以用在三种人身上。第一种是上面提到的那种创建了新体系、改变了哲学史的哲学天才，至少到现在为止，我还没有发现我们有这样的哲学家。第二种是以哲学为职业的人，在哲学这门学科内从事学术研究，做一些知识性的整理和解释工作。这样的哲学家当然是有的，我也在其列。第三种是所谓爱智慧者，也就是把哲学当作一种精神生活方式，执着地思考一些世界和人生的大问题。这样的哲学家始终是有的，分散在各行各业之中，与职业无关。

5. 当今社会道德下滑，你是否在有意识地为提高人们的道德水平做一些事情？

答：至少一开始不是。我只是自己对一些问题感到困惑，努力要去想通，并且把想的结果写了下来。发表后才发现，也许对社会有些积极作用。我相信苏格拉底的一句话："智慧即美德。"一个人如果经常想一些世界和人生的大问题，对于俗世的利益就一定会比较超脱，不太可能去做那些伤天害理的事情。说到底，道德败坏是一种蒙昧。当然，这与文化水平不是一回事，有些识字多的人也很蒙昧。

6. 在现实生活中，理想不仅实现不了，常常还被击得粉碎。应该如何对待这个令人痛苦的事实？

答：你所说的理想，可能是指对于社会的一种不切实际的美好想象，一旦看到社会真相，这种想象当然就会破灭。我觉得这不是理想这个概念的本义。理想应该是指那些值得追求的精神价值，例如作为社会理想的正义，作为人生理想的真、善、美，等等。这个意义上的理想是永远不可能完全实现的，否则就不成其为理想了。这里还有一个怎样理解理想的实现的问题，对其不能做机械的理解，好像非要变成看得见、摸得着的现实似的。我认为，现实不限于物质现实和社会现实，心灵现实也是一种现实。尤其是人生理想，它的实现方式只能是变成心灵现实，即一个美好而丰富的内心世界，以及由之所决定的一种正确的人生态度。除此之外，你还能想象出人生理想的别的实现方式吗？

7．九十年代的大学生好像比较浮躁，你怎么看？

答：我和现在的大学生接触并不多，不算了解，只能凭想象说一说。与八十年代比，九十年代的特点一是社会更开放，禁忌更少，价值多元的格局进一步形成。这意味着在人生的目标上，现在的大学生面临着更多的可能性，但同时也就有了更重的独立思考和自主选择的责任。二是商业化的程度更高，连大学生的分配也完全交给了市场，要自己去对付激烈的竞争，因而生存的压力更大了。选择的责任和生存的压力都会使人焦虑，所谓浮躁很可能是焦虑的外在表现。

8．我们很担心，在学校时都比较有理想，可是，一旦走入社会，要坚持精神追求谈何容易，多数人被同化了。你说应该怎么办？

答：恐怕没有什么好办法。如果我是你们，也只能面对现实，好好对付生存的压力。这肯定将占据大部分精力。在这个过程中，被同化是一个每天在发生的事实。我最多只能说，你们应该争取做那未被同化的少数人。为了达到这个目的，一个笨办法就是珍惜有限的闲暇时间，在生存斗争之余坚持读书，并且一定要读真正的好书。读什么是一件重要的事情，在这方面千万不要跟着媒体跑，把时间浪费在那些乱七八糟的流行读物上。媒体的着眼点基本上是文化消费，而如果你的生活的全部内容只是劳作和消费，怎么还能有真正的精神生活呢？相反，如果你经常与古今中外的圣哲会面，就能从他们那里获得一种强大的力量，足以支撑你抵御社会的同化。

9．你能说一说大学生活对于你一生的主要影响吗？

答：回想起来，大学里的那些课程对我没有什么影响，事实上也没有留下什么痕迹。但是，正是在大学里，我学会了自己选择精神食物，这使我一生受益。

10．大学毕业后，你曾在广西的深山老林中生活了很久。我们想知道，这一段生活对于你后来的成就是否很重要，是否使你达到了一种灵魂上的大彻大悟？

答：哪里啊，当时我还很年轻，对生活充满着欲望，被分配到深山老林里是不得已之事。偶然住一阵也许挺新鲜，长年在那里生活就是另一回事了，你会觉得单调、沉闷、闭塞，绝非那样浪漫。不过，那一段生活对我也有好处，主要的好处是使我知道了自己只是一个平常人。我始终记着这一点，所谓成就、名声之类是很外表的东西，现在的我和当时那个在深山老林里默默无闻的我并无本质的区别。你也可以说这是一种彻悟。

11．尼采是一个很偏激的人，最后还疯了。他对你的实际生活有影响吗？

答：你们从我的书中可以看到，我这个人一点也不偏激，好像也还没有疯的征兆。与尼采比，我可能要健康一些，当然更可能是平庸一些。

12．最后想问一下，你觉得你幸福吗？

答：当然有觉得幸福的时候，也有觉得不幸的时候。我不知道怎样算总账。古希腊的梭伦说，无人生前能称幸福。算总账好像是追悼会上的事情，不过那和我完全无关了。既然如此，幸福就不可能是最重要的东西。

许多伟大的人都不幸福，例如尼采和凡·高。我比他们幸福，因为我肯定比他们平庸。

哲学是弃妇又是梦中情人

——答《金陵晚报》记者问

问：你是一个哲学家，但作为一般的读者，他们更多地还是从你的散文了解你的，而你写的哲理散文也确实为很多在生活上迷茫的读者指点了方向。你是怎么看待这种现象的呢？会有人认为你是不务正业吗？你是如何看待这种哲学和散文的结合方式的？

答：我一直说，我是为自己写作，所思所写大多是为了解决自己的问题。这是实话。读者的反馈表明，许多人与我面临着相似的问题，所以产生了共鸣，我对此感到欣慰。的确有人说我不务正业，我不在乎。对于我来说，不存在正业、副业之分，只要我是在做自己真正喜欢做的事，就是在务正业。从读者的接受来说，这么多人通过我的作品发现了哲学的魅力，走近了哲学，这使我有足够的理由相信我所做的正是不折不扣的哲学事业。读者看重的显然主要是我的作品的哲学内涵，而非散文的技巧。如果认为哲学只能有学术论著这一种表达方式，是对哲学史的无知。我丝毫不忽视学术工作的重要性，我自己也用相当精力做这个工作，例如研究和翻译尼采。我的散文写作也是以这个工作为基础的，如果没有认真读过许多伟大哲学家的著作，我写不出这样的散文。但是，我蔑视那些现在没人读、将来也不会有人读的所谓学术论著，它们的唯一用处也许是评职称和讨课题经费。

问：作为一个学哲学的人，你认为哲学在现在这样一个商品社会能够发挥一个什么样的作用？和二十年前相比，你觉得哲学处在一个什么样的位置上？

答：如果把哲学看作精神生活的理性形式，那么，它在商业社会的处境是矛盾的。一方面，追逐实利的普遍倾向必然使它受到冷落；另一方面，追逐实利的结果是精神空虚，凡是感受到这种空虚并且渴望改变的人便可能愈加倾心于哲学。所以，哲学既是这个时代的弃妇，又是许多人的梦中情人。二十世纪八十年代中后期，借着思潮的作用，哲学曾成为一种时髦。现在，哲学已失尽昔日光彩，但这不等于它没有地位了。毋宁说，人们对哲学的喜爱越来越个人化了，因而也更真实了。

2004年2月

哲学·人生·时代

——《作为教育家的叔本华》译者导言

一、一个青年哲学家的自勉

《作为教育家的叔本华》发表于1874年10月。尼采原计划写一系列反思现代文化的论文，放在《不合时宜的考察》这个总题目之下，仅完成了四篇，本书是第三篇。标题中的"教育家"，是从根本的含义上说的，指的是传道解惑之人，即人生的教导者、人生导师。在尼采的青年时代，叔本华就起了这样的作用。

尼采是在二十一岁时读到叔本华的主要著作《作为意志和表象的世界》的，那时他上大学二年级，在莱比锡一家旧书店里发现了这本书。叔本华去世刚五年，看来名气还不大，这个思想活跃的大学生在此之前竟不知道这部经典之作的存在。他从来慎于买书，这次却鬼使神差似的立即买下了。拿回去一读，如同中了蛊一样，连续许多天陷入神经质的亢奋，内心受到前所未有的震撼。尼采生性敏感忧郁，叔本华的悲观哲学是如此契合他的心情，后来他说这本书当时给他的最强烈印象是："在这本书里，每一行字都在呼喊放弃、否定、听天由命，在这本书里，我看到了一面镜子，其中无与伦比地映现了世界、人生和我自己的心境。"

当然，对于尼采来说，如果只是在悲观哲学上共鸣，结识叔本华就没有多大意义。真正的意义在哪里？在本书中，尼采从一个不同的角度回顾了当时的感受：

"当我幻想自己能找到一个真正的哲学家做老师时，我简直是异想天开，我想象他能够使我超越时代的不足，教我在思想上和生活中回归简单和诚实，也就是不合时宜……

"正是在这样的困苦、需要和渴求中，我结识了叔本华。

"我属于叔本华的那样一些读者之列，他们一旦读了他的第一页书，就确知自己会读完整本书，倾听他说的每一句话。我一下子就信任了他，现在这信任仍像九年前一样坚定。我之理解他就像他是为我写的一样……"

在这里，尼采对叔本华给予他的影响持非常积极的评价，明确承认叔本华是他终于找到的哲学家导师。事实上，尼采走上真诚探究人生意义的哲学之路，叔本华的确是引路人。

青年尼采最爱两个人：叔本华和瓦格纳。可是，这两个人后来成了他一辈子的冤家，被他当作批判时代弊病的靶子骂了一辈子。他骂叔本华，恰恰集中于当年使他受到巨大震撼的悲观哲学，斥之为颓废和虚无主义。当他后来再谈及当年所受的那种震撼时，用的便是一个受害者的口气了。

在《查拉图斯特拉如是说》中，有一支《坟墓之歌》，其中写道："青春的梦想和美景，爱的闪光，神圣的瞬间，对幸福的眺望，都过早地消逝了；

我的仇敌蛊惑了我最宠爱的歌人，使他奏一曲最可怕的哀歌，用这哀歌刺杀了我的欢乐；可是，我的最高希望尚未实现，甚至尚未说出，我对此如何能忍受，我如何治愈这样的创伤；是的，我心中有一种不可摧毁的力，那就是我的意志。"尼采所说的最宠爱的歌人显然指叔本华，他控诉叔本华的悲观哲学刺杀了他的青春的梦想和快乐，而他一辈子都在用他的意志克服这创伤。

在精神病发作前夕，尼采又一次谈到1865年初读叔本华的经历，埋怨其结果是使他十分严厉地否定了自己的"生命意志"，他还把叔本华哲学譬作很差的食物，导致他"营养不良，胃口败坏"。

叔本华的悲观哲学把尼采领进了哲学之门，但尼采没有停留于此，他不甘心悲观，努力要寻找一条思路，在承认人生本无意义这个悲观主义的前提之下仍能肯定人生，给人生创造一种意义。正是沿着这条思路，他建立了有别于叔本华的他自己的哲学。他自己对此有清醒的认识，在晚期的一条札记中写道，"我的预备人：叔本华。在何种程度上我深化了悲观主义，并且通过发明其最高对立面才使之完全适合我的感情"。其实，这个努力在本书写作之前就开始了，他在《悲剧的诞生》中倡立酒神哲学和悲剧哲学，在《希腊悲剧时代的哲学》中推崇赫拉克利特的生成哲学，都是以战胜悲观主义为鹄的的。

让我们回到本书。写作本书时，尼采三十岁，哲学活动刚开始，但已阻碍重重，此前正式出版的三本书，无论《悲剧的诞生》，还是《不合时宜的考察》的前两篇《告白者和作家大卫·施特劳斯》及《历史对于生命的利弊》，遭遇的都是学术界的愤怒和沉默。当此之时，他需要寻找一个榜样来勉励自己，坚定走所选定的哲学之路的信心，他把目光投向了遭遇过相似命运的叔本华。在本书中，他把叔本华当作范例，阐述了他对哲学与人生、时代的关系的思考。在尼采的著作中，唯有本书是系统论述这个主题的，而且文章写得极好，既充满青年的激情，又贯穿成熟的思考，行文流畅，即使到了今天，仍应该是每一个关心生命意义的青年，以及心灵依然年轻的非青年的必读书。当然，今天的哲学家也不妨一读，如果它使你们感到了惭愧，那也是不错的结果。

本书以叔本华为范例，但实际上更多的是尼采的自勉。在《看哪这人》中，尼采告诉我们，他在该书中不过是像柏拉图利用苏格拉底一样，利用了叔本华作为表达思想的工具。他强调："写入该书的是我的最内在的经历，我的生成。尤其是我的誓愿！"其中"每一个字都源自深刻的、内在的体验；其中不乏最痛苦的体验，有一些字甚至是用血写的"。最后他干脆说："不妨认为，在这里说话的根本不是'作为教育家的叔本华'，而是其对立面即'作为教育家的尼采'。"难道他否认叔本华曾是他的哲学家导师了？叔本华对于他的哲学志业的形成完全不起作用？对此不应该有非此即彼的判断。有一点是清楚的：在叔本华的著作里，你找不到对于哲学与人生的如此热情、饱满、有力的论述。一切有效的阅读不只是接受，更是自我发现，是阅读者既有的内在经历的被唤醒和继续生长。尼采对叔本华的阅读无疑更是如此。从本书的内容看，谈得多的还真不是叔本华的教诲，而是哲学家以及有理想青年的自我教育。所以，我们或许可以同意，本书的确切标题应该是《作为自我教育的哲学家的尼采》。说到底，一切有效的教育也都是自我教育，唯有当你的灵魂足以成为你自己的导师之时，你才是真正走在你自己的路上了。

好吧，现在让我们怀着同样的信念来阅读尼采的这本书。

二、成为你自己

每个人的自我都是独一无二、不可重复的，每个人都理应在唯一的一次人生中实现这个自我的价值。谈论人生的意义，这应该是一个基本出发点。尼采也作如是观。他强调天才在文化创造上的决定作用，那是另一个问题，与此完全不矛盾的是，他同时也确认，人与人之间在自我的唯一性、独特性价值上是平等的。在本书中，他一再指出："每个人都是一个一次性的奇迹"，"每个人……只要严格地贯彻他的唯一性，他就是美而可观的，就像大自然的每个作品一样新奇而令人难以置信，绝对不会使人厌倦"。"每个人在自身中都载负着一种具有创造力的独特性，以作为他的生存的核心。"因此，珍惜这个独特的自我，把它实现出来，是每个人的人生使命。

可是，我们看到的现实是，人们都在逃避自我，宁愿躲藏在习俗和舆论背后。尼采就从分析这个现象入手，他问道："其实每个人心里都明白，作为一个独一无二的事物，他在世上只存在一次，不会再有第二次这样的巧合，能把如此极其纷繁的许多元素又凑到一起，组合成一个像他现在所是的个体。他明白这一点，可是他把它像亏心事一样地隐瞒着——为什么呢？"原因之一："因为惧怕邻人，邻人要维护习俗，用习俗包裹自己。"这是怯懦，怕舆论。"然而，是什么东西迫使一个人惧怕邻人，随大流地思考和行动，而不是快快乐乐地做他自己呢？"原因之二：因为懒惰，贪图安逸，怕承担起对自己人生的责任。"人们的懒惰甚于怯懦，他们恰恰最惧怕绝对的真诚和坦白可能加于他们的负担。"二者之中，懒惰是更初始的原因，正是大多数人的懒惰造成了普遍的平庸，使得少数特立独行之人生活在人言可畏的环境中，而这便似乎使怯懦有了理由。

世上有非凡之人，也有平庸之辈，这个区别的形成即使有天赋的因素，仍不可推卸后天的责任。一个人不论天赋高低，只要能够意识到自我的独特性并勇于承担起对它的责任，就都可以活得不平庸。然而，这个责任是极其沉重的，自我的独特性上"系着一副劳苦和重任的锁链"，戴上这副锁链，"生命就丧失了一个人在年轻时对它梦想的几乎一切，包括快乐、安全、轻松、名声，等等；孤独的命运便是周围人们给他的赠礼"。所以，大多数人避之唯恐不及，宁可随大流、混日子，于是成为平庸之辈。

非凡之人为什么甘愿戴这副锁链呢？仅仅因为天赋高就愿意了吗？当然不是。尼采说："伟人像所有小人物一样清楚，如果他循规蹈矩，得过且过，并且与周围的人和睦相处，他就能够生活得多么轻松，供他舒展身子的床铺会有多么柔软。"既然如此，他为什么偏要折磨自己呢？尼采的回答是，只因为他绝不能容忍"人们企图在涉及他本人的事情上欺骗他"，他一定要活得明白，追问"我为何而活着"这样的根本问题，即使这便意味着活得痛苦。

环顾周围，别人都不这样折磨自己。一方面，人们都作为大众而不是作为个人活着，"狂热地向政治舞台上演出的离奇闹剧鼓掌欢呼"；另一方面，人们都作为角色而不是作为自己活着，"戴着形形色色的面具，扮演成少年、丈夫、老翁、父亲、市民、牧师、官员、商人，等等，踌躇满志地走来，一心惦记着他们同演的喜剧，从不想一想自己"。"你为何而活着？对于这个问题，他们全都会不假思索、自以为是地答道：'为了成为一个好市民，或者学者，或者官员。'"尼采刻薄地讽刺道："然而他们是一种绝无成为另一种东西之能力的东西。"接着遗憾地问道："他们为什么是这样的呢？唉，为什么不是更好的呢？"

尼采真正是哀其不幸，怒其不争。在他看来，逃避自我是最大的不争，由此导致的丧失自我是最大的不幸。他斥责道："大自然中再也没有比那种人更空虚、更野蛮的造物了，这种人逃避自己的天赋，同时却朝四面八方贪婪地窥伺……他完全是一个没有核心的空壳，一件鼓起来的着色的烂衣服，一个镶了边的幻影……"

如此作为一个空壳活着，人们真的安心吗？其实并不。现代人生活的典型特征是匆忙和热闹，恰恰暴露了内在的焦虑和空虚。人们迫不及待地把心献给国家、赚钱、交际或科学，只是为了不必再拥有它。人们热心地不动脑筋地沉湎于繁重的日常事务，超出了生活所需要的程度，因为不思考成了更大的需要。"匆忙是普遍的，因为每个人都在逃避他的自我，躲躲闪闪地隐匿这种匆忙也是普遍的，因为每个人都想装成心满意足的样子，向眼光锐利的观者隐瞒他的可怜相，人们普遍需要新的语词的闹铃，系上了这些闹铃，生活好像就有了一种节日般的热闹气氛。"

匆忙是为了掩盖焦虑，热闹是为了掩盖空虚，但欲盖弥彰。人们憎恨安静，害怕独处，无休止地用事务和交际来麻痹自己，因为一旦安静独处，耳边就会响起一个声音，搅得人心烦意乱。可是，那个声音恰恰是我们应该认真倾听的，它叮咛我们："成为你自己！你现在所做、所想、所追求的一切，都不是你自己。"这是我们的良知在呼唤，我们为什么不听从它，从虚假的生活中挣脱出来，做回真实的自己呢？

那么，怎样才能成为自己呢？首先要有一种觉悟，就是对你自己的人生负责。这个责任只能由你自己来负，任何别人都代替不了。这个责任是你在世上最根本的责任，任何别的责任都要用它来衡量。"对于我们的人生，我们必须自己对自己负起责任；因此，我们也要充当这个人生的真正舵手，不让我们的生存等同于一个盲目的偶然。"那些妨碍我们成为自己的东西，比如习俗和舆论，我们之所以看重它们，是因为看不开。第一个看不开，是患得患失，受制于尘世的利益。可是，人终有一死，何必这么在乎。"我们对待我们的生存应当敢做敢当，勇于冒险，尤其是因为，无论情况是最坏还是最好的，我们反正会失去它。为什么要执着于这一块土地、这一种职业，为什么要顺从邻人的意见呢？"第二个看不开，是眼光狭隘，受制于身处的环境。"恪守几百里外人们便不再当一回事的观点，这未免太小城镇气了。"你跳出来看，就会知道，地理的分界、民族的交战、宗教的倡导，这一切都别有原因，都不是你自己，你降生于这个地方、这个民族、这个宗教传统纯属偶然，为何要让这些对你来说偶然的东西——它们其实就是习俗和舆论——来决定你的人生呢？摆脱了这些限制，你就会获得精神上的莫大自由，明白一个道理："谁也不能为你建造一座你必须踏着它渡过生命之河的桥，除你自己之外没有人能这么做……世上有一条唯一的路，除你之外无人能走。它通往何方？不要问，走便是了。"

我们可以不问这条路通往何方，不管通往何方，我们都愿意承担其后果，但我们不能不问：一个人怎样才算是走上了这条唯一属于他的路，成了他自己？我们真正的自我在哪里，我们怎样才能认识它？对于这些困难的问题，尼采在本书中大致做出了两个层次上的回答。

第一个层次是经验的、教育学的，就是认识和发展自己最好的禀赋。尼采指出，一个人不可能"用最直接的方式强行下到他的本质的矿井里去"挖掘他的真正的自我，这样做不但容易使自己受伤，而且不会有结果。但我们可以从自己的经验中寻找那些显示了我们的本质的证据，比如我们的友谊和敌对、阅读和笔录、记忆和遗忘，尤其是爱和珍惜。"年轻的心灵在回顾生活时不妨自问：迄今为止你真正爱过什么，什么东西曾使得你的灵魂振奋，什么东西你占据过它同时又赐福于它？你不妨给自己列举这一系列受珍爱的对象，而通过其特性和顺序，它们也许就向你显示了一种法则，你的真正自我的基本法则。"

出自真心的喜爱，自发的不可遏制的兴趣，是一个人的禀赋的可靠征兆，这一点不仅在教育学上是成立的，在人生道路的定向上也具有指导作用。就教育学而言，尼采附带涉及了一个重要问题，就是如何协调全力发展独特天赋与和谐发展全部能力这两个不同的教育原则。他只指出了一个理想的方向，就是一方面使独特天赋成为一个活的强有力的中心，另一方面使其余能力成为受其支配的圆周，从而"把那个整体的人培养成一个活的运动着的太阳和行星的系统"。

第二个层次是超验的、哲学的，就是寻找和获得一个"更高的自我"。那些曾使得你的灵魂振奋和幸福的对象，所显示的其实是你的超越肉身的精神本质，它们会引导你朝你的这个真正的自我攀升。尼采说："你的真正的本质并非深藏在你里面，而是无比地高于你，至少高于你一向看作你的自我的那种东西。"因此，我们应该"渴望超越自己，全力寻求一个尚在某处隐藏着的更高的自我"。这个"更高的自我"，超越个体的生存，不妨说是人类生存的形而上意义在个体身上的体现。

宇宙是一个永恒生成的过程，在这个过程中，在宇宙一个小小角落的短暂时间里，世代交替，国家兴灭，观念递变。"谁把自己的生命仅仅看作一个世代、一个国家或者一门科学发展中的一个点，因而甘愿完全属于生成的过程，属于历史，他就昧然于"此在"（das Dasein）给他的教训，必须重新学习。这永恒的生成是一出使人忘掉自我的骗人的木偶戏，是使个人解体的真正的瓦解力量，是时间这个大儿童在我们眼前耍玩并且拿我们耍玩的永无止境的恶作剧。"用宇宙的眼光看，个人和人类的生存都是永恒生成中稍纵即逝的现象，没有任何意义。但是，站在"此在"即活生生个人的立场上，我们理应拒绝做永恒生成的玩具，为个人和人类的生存寻找一种意义。

动物只知盲目地执着于生命，人不应该这样。"如果说整个自然以人为归宿，那么它是想让我们明白：为了使它从动物生活的诅咒中解脱出来，人是必需的；存在在人身上竖起了一面镜子，在这面镜子里，生命不再是无意义的，而是显现在自身的形而上的意义中了。"通过自己的存在来对抗自然的盲目和无意义，来赋予本无意义的自然以一种形而上的意义，这是人的使命，也不妨视为天地生人的目的之所在。否则，人仍是动物，区别仅在于更加有意识地追求动物在盲目的冲动中追求的东西罢了。

我们如何能够超越动物式的盲目生存，达到那个意识到和体现出生命的形而上意义的"更高的自我"呢？单靠自己的力量做不到，"我们必须被举起——谁是那举起我们的力量呢？是那些真诚的人，那些不复是动物的人，即哲学家、艺术家和圣人"。青年人之所以需要人生导师，原因在此。

三、站在生命之画面前

在哲学家、艺术家、圣人身上，集中体现了人类的形而上追求。我们在广义上可以把他们都看作哲学家，因为他们只是在用不同的方式做哲学要做的事情，即阐释人生的意义。尼采说，通过他们的出现，"从不跳跃的自然完成了它唯一的一次跳跃，并且是一次快乐的跳跃，因为它第一回感到自己到达了目的地"，即实现了"对于存在的伟大解释"。自然产生他们的用意，乃是为了它的自我认识、自我完成、自我神化这样一个"形而上的目标"。自然本身没有给它的最高产物——人类的生存指明意义，这使得它自身的意义也落空了，"这是它的大苦恼"，而"它之所以产生哲学家和艺术家，是想借此使人的生存变得有道理和有意义，这无疑是出自它本身需要拯救的冲动"。

尼采的这些把自然拟人化的表述，所表达的当然是人的感受。自然对意义是冷漠的，但人不能忍受自己在一个无意义的宇宙中度过无意义的生命。不过，既然人是自然的产物，我们也就可以把人的追求看作自然本身的要求的一种间接表达。

自然产生哲学家的用意是要阐释人的生存之意义，哲学家应当不辜负自然的重托，负起这个使命。尼采发现，在他的时代中，只有叔本华是负起了这个使命的。他说，叔本华的伟大之处是"站在整幅生命之画面前，解释它的完整的意义"。每种伟大哲学都应如此，即"作为整体始终只是说道：这是生命之画的全景，从中学知你的生命的意义吧。以及反过来：仅仅阅读你的生命，从中理解普遍生命的象形文字吧"。

对于生命之画的完整意义的阐释，不能靠抽象的逻辑推理，而必须凭借个人真实的生命体验。尼采认为，叔本华的哲学就是这样，它是"个体化的，由个人仅仅为了自己而建立，以求获得对自己的不幸和需要、自己的局限之洞察，并探究克服和安慰的手段"。这样建立的哲学，"尽管一开始也只是为了自己；但通过自己最终是为了一切人"。一个哲学家唯有自己对人生有真切的体验，他的感悟才可能对世人有所启示。相反，那种空洞说教或抽象演绎的哲学，在人生启迪上对任何人都不会有价值。叔本华最后找到的拯救之道是弃绝自我、听天由命，尼采对此并不赞同，后来还不断地予以猛烈抨击。但是，他始终赞赏并坚持作为活生生个人真诚面对人生整体问题这样的哲学立场。

与叔本华形成对照的是那些"冒牌哲学家"，他们舍本求末，致力详尽地研究生命之画所用的画布和颜料，而不是理解画本身。"其成果也许是指出，面前有一块纵横交错编织成的亚麻画布，上面有一些无法弄清其化学成分的颜料。"人们看到，"在哲学的大厦中，他们立刻就陷在那样一些地方了，在那里他们得以博学地赞同和反对，得以苦思、怀疑和辩驳"，而对大厦的整体状况却毫无了解的兴趣。

按照哲学界相当一致的看法，康德实现了哲学上的哥白尼式革命。康德似乎很有说服力地证明了人的认识只能局限在现象界，不可能触及世界和人生的本质。一直以来，哲学致力探究世界和人生的本质，因此，在康德之后，哲学向何处去便成了问题。尼采对此有深刻的感知，他说："对真理的绝望……这一危险伴随着每一个以康德哲学为出发点的思想家，只要他在受苦和渴望方面是一个更完整、更有活力的人，而不只是一架啪嗒作响的思想机器和计算机器。"然而，在他看来，大多数哲学家属于后者。"虽然我们频频读到，据说自这位沉静的学者发难以来，在一切精神领域都爆发了革命；但是，我并不相信这一点。因为从这些人身上我看不出此种迹象，在任何一个完整领域能够发生革命之前，他们自己本该首先被革命的。"康德在他们身上发生的影响，只是使得"一种具有腐蚀和瓦解作用的怀疑主义和相对主义"得以流行。对于他们来说，真理问题只是认识问题，与灵魂无关，所以，真理不可认识也只是认识问题罢了，他们绝不会因此感到绝望。

只有在极少数人身上，康德哲学才引起了严重的心灵危机，这是"那些最活泼也最高贵的心灵，因为不堪忍受怀疑，取代怀疑的便会是那种震撼以及对一切真理的绝望"。例如和康德同时代的德国诗人克莱斯特，他读了康德哲学之后，因为知道追求真理的全部努力都是徒劳的，说自己受到"深刻而痛苦的震撼"，"最神圣的内心深处"被这个思想刺伤了，发出了痛彻心扉的悲喊："我的唯一目标、我的最高目标沉落了，我一无所有了。"尼采指出，人们只有像克莱斯特这样，凭自己"最神圣的内心深处"来衡量康德哲学的意义，"如此方能估计，在康德之后，正是叔本华对于我们能是什么——是一位向导，他带领我们走出怀疑主义的不满或批判哲学的无为之洞穴，登上悲剧观照之天穹……"

尼采自己也是因康德哲学而对真理感到绝望的人，但他不甘心停留于绝望，而要怀着这绝望继续前进，即使明知对世界和人生的形而上认识之不可能，仍要为世界和人生寻找一种形而上意义。在这种心情下，从康德哲学出发而仍然试图给世界和人生做出整体解释的叔本华哲学对他就有了一种向导的作用。不过，他不愿接受叔本华对生命之画的悲观解释，于是站在肯定人生的立场上，竭力向人们解释这幅画的悲剧含义，创建了他自己的哲学。

四、哲学家首先是真实的人

哲学家要负起解释人生意义的使命，自己首先必须是一个真实的人。在本书中，尼采把学者当作对立面，再三强调这个论点。

他指出："一个学者绝不可能成为一个哲学家……哲学家不仅是一个

大思想家，而且也是一个真实的人；而一个真实的人何尝脱胎于一个学者呢？"真实的人，即对世界和人生有丰富而深刻的体验的活生生的个人。因此，他仿佛成了"整个世界的原型和缩本"，能够"从自己身上获取大多数教导"。他具备两个相辅相成的特点，既有独特的眼光，能"初次地看事物"，亦有独特的个性，自己是一个"被初次看见的事物"。相反，学者"让概念、意见、掌故、书本横插在自己和事物之间"，总是借助别人的意见来看自己和事物，因此在自己身上和事物上面都只看见别人的意见。

哲学上的独创性，其根源在于一个哲学家的独特的内在体验，在于这种体验的力度和深度。如果没有，脑袋再聪明，工作再勤奋，也不过是搜罗更多别人的意见，对之做一番整理和转述罢了。对于别人的意见，其价值也须依据包含多少真实的生命体验加以判决，而在能够做这样一个公正的判官之前，一个思想家自己"必须先成为一个活生生的人"。

真实地生活和体验，这是一个前提，在此前提下，哲学家还必须诚实地思考和写作。尼采认为，在这一点上，叔本华也是楷模。他是在"对自己说话""为自己写作"，一个这样的作者必定是诚实的，因为他不能欺骗自己。他的作品有两个特点：一是明白，从不做似是而非之论。所谓似是而非之论是那样一些意见，作者自己并不真正相信它们，只是用来哗众取宠，它们充斥在出版物之中。二是质朴，甚至排斥诗意的或修辞的辅助手段。这倒好理解，一个人在对自己说话时当然不会用美文。正因为此，叔本华"善于质朴地说出深刻的真理，没有华丽辞藻却抓住了听众，不带学究气却表达了严密的科学理论"。相比之下，尼采感叹说："诚实的作家如此之少，因而人们的确应该对一切搞写作的人报以不信任。"

当一个诚实的思想家面对社会时，要能坚持他的诚实，还必须具备一种品格，就是正直。如同叔本华那样，真正的哲学家必定拥有独立的人格，"独立于国家和社会"。"如果一个天才想使居于他身上的更高的秩序和真理彪炳天下，他就不可畏惧同现存的形式和秩序发生最敌对的冲突。"相反，学院里的哲学教授们以"纯科学"名义宣讲的"真理"，却似乎是一种恭顺的、随和的、讨人喜欢的东西，不会给任何人造成麻烦，因此他们自己也不会惹上麻烦。尼采写道，"所以，我要说，哲学在德国必须越来越淡忘'纯科学'的身份：而这正是叔本华其人的范例"。尼采把康德算作相反的范例，在本书中多次批评他"固守大学，服从政府，维持一种虚假的宗教信仰"，"不脱学者的故态，患得患失，低声下气，在对国家的关系上有失风度"，因此"他的范例主要产生学院教授和教授哲学家，便是很自然的了"。仅就行为而言，尼采说的是事实，康德谨小慎微，看重职称，屡次忍气吞声地向当局递交申请，直到四十七岁才当上哥尼斯堡大学的正式教授。用"真实的人"这个标准衡量，尼采惋惜他"也未成正果，虽然天生其才，富有潜力，但直到最后仿佛仍然处于蛹化状态"，即停止在从学者向哲学家蜕变的半途上了。

哲学家追求智慧，学者服务于科学，二者的区别源于智慧与科学的不同。"科学与智慧的关系正相当于道德与神圣的关系"，智慧和神圣都是灵魂的事，知识层面上的科学和习俗层面上的道德则和灵魂无关。科学"是冷漠而枯燥的，它没有爱，对于深刻的不满和渴望之情一无所知"。"科学不论在何处都只看见认识问题，在其视野内苦难原本是某种与己无关和不可理解的东西，至多又是一个问题罢了。""它为自己谋利的程度，正相当于它对其仆人的损害，它把自己的特性转嫁给了他们，因此而仿佛使他们的人性变得僵硬了。"我们可以通过大量的标本观察到，许多学者"盲目地、过早地为科学献身，从而以一个驼背为其特征"。

写作本书时，尼采自己已经做了六年学者。以前做学生，现在做教授，他从老师和同事身上对学者也有近距离的观察。这个有着一颗哲学家灵魂的学者以解剖学者为乐，在本书中列举了学者的十三个特征，可以归纳为以下三条。

第一，天性冷漠，没有爱和热情。"他的本性在好恶两方面都平庸而且乏味。""感情贫乏而枯燥。这使他适合从事活体解剖。"

第二，资质平庸，没有创造性。"自视甚卑，是的，谦虚。即使被圈在一个可怜的角落里，他们也丝毫不感到是牺牲和浪费，他们仿佛总是刻骨铭心地知道自己不是飞禽，只是爬虫。""学者在被推上某一条路之后，就在这条路上做惯性运动……这种天性的人是目录和植物标本的搜集者、讲解者、制作者；他们之所以在一个领域里学习和探究，只是因为他们未尝想到还存在着别的领域。他们的勤奋与极其蠢笨的重力有相似之处，所以他们常常十分多产。""真正的思想者最向往闲暇，平庸的学者却避之唯恐不及，因为他不知道拿它做什么好。书本是他的慰藉：这就是说，他倾听另一人如何思考，以这种方式来消磨漫长的日子。""学者在本质上是不孕的——他的来历的一个后果！——而且他对有创造力的人怀着本能的仇恨；所以，在任何时候，天才和学者都是互相敌对的。后者想要杀死、解剖和理解自然，前者想要用新的活泼的自然来加强自然。"

第三，追逐名利，没有纯净的心性。在"谋生的动机"支配下，仅仅为"有利可图的真理"效劳，因为"它能够直接带来薪金和职位，或者至少能够讨好那些分发面包和荣誉的人"。"学者还相当大量地怀着想要发现某一些'真理'的冲动，目的是向权贵、金钱、舆论、教会、政府献媚，因为他相信，如果主张'真理'在它们那里，对他自己是有好处的。"有些学者"想尽可能拥有一个完全属于自己的地盘，于是就选择冷僻古怪的项目，最好这些项目还需要异乎寻常的经费开支、旅行、发掘以及大量的国际联系"。"如今，当老师的只要善于开辟一块地盘，让庸才们在其上也能做出一些成绩，他就准会一举成名，求学者立刻蜂拥而至。"一方面是师生之间互相利用，另一方面则是提防同行，"所有同行之间都满怀嫉妒，互相监视"。总之，大学是十足的名利场罢了。

我忍不住要大量引用尼采的原话。这个真实的人，这个一百三十多年前巴塞尔大学的教授，他莫非是在说今天我们的大学？

五、在自己身上战胜时代

哲学家以探究生命的意义为己任，这也就给了他一个评判自己所处时代的根本标准。尼采据此来观察他的时代，他看到的是什么？最触目惊心的是一种没头脑的匆忙，它确证了生命意义的迷失。尼采对现代人的匆忙深恶痛疾，一再指出："普遍的匆忙和越来越快的生活节奏"，"一切悠闲和单纯的消失"，乃是"文化整个被连根拔起的征兆"。"那种匆忙，那种令人不得喘息的分秒必争，那种不等成熟便采摘一切果实的急躁，那种你追我赶的竞争，它在人们脸上刻下了深沟……仿佛有一种药剂在他们体内作怪，使他们不再能平静地呼吸，他们心怀鬼胎地向前猛冲，就像烙着'3M'——Moment（即刻），Meinung（舆论），Modern（时尚）——印记的奴隶。"

匆忙的根源，则是信仰的丧失，各个阶层连同国家都"被极其卑鄙的金钱交易拖着走"。"世界从来不曾如此世俗化，如此缺乏爱和善良。"人们"忙碌而又专心地替自己打算……为他们的日常生活惨淡经营，而追逐起幸福来绝不会像今天与明天之间所可见到的这样急切，因为到了后天，也许一切追逐的时机都将告终"。这种"充满焦虑的期待和贪婪的攫取引发了灵魂中的全部卑鄙和私欲"。

对于正在德国蔓延的急切追逐财富的趋势，常常有人向尼采辩解说："德国人一直太贫困也太自卑了，只要让我们的同胞变得富裕而自信，那时他们就会变得有文化。"想必我们对这种财富造就文化的论调也十分熟悉，而尼采对此回答道："如果说信念有时能使人快乐，那么，这种信念却使我不快，因为我感觉到，这些人相信终会到来的那种德国文化——财产、虚荣和附庸风雅的文化——恰与我所信仰的德国文化截然相反。"很显然，在他看来，财富能够造就的那种所谓文化，只会是没有精神内涵的伪文化，与真正的文化风马牛不相及。

现代人之所以需要这种伪文化，恰恰是为了掩饰自己的没文化。人们忙于逐利，内心空虚，彼此厌倦得要命，因此不惜一切代价要"把自己弄得有趣一些"，于是浑身上下撒满了文化的作料，这样就可以"把自己当作诱人的美餐端上桌"了。匆忙使人的尊严和体面丧失殆尽，"因而非常需要一种骗人的优雅，用来掩盖那种斯文扫地的匆忙病"，"教养就意味着使自己对于人的可怜和卑劣、竞争的残忍、聚敛的贪婪、享乐的自私和无耻都视而不见"。

在当时的德国，向法国人学习美化生活的技艺和礼仪成为时尚，掀起了一股热衷于"美的形式"的潮流。尼采指出，德国人诚然一向因晦涩、迟钝、沉闷、笨拙而遭人诟病，但这股潮流真正要掩饰的还不是这些旧弱点，而是一种新毛病："现在最让人难受的是又加上了那种狂热的不安，那种对成功和获利的渴望，那种对当下时刻的过分看重，我们不由得要想，这一切疾病和弱点也许已经完全不可救药了，只能不断地加以粉饰——就用这种'令人觉得有趣的形式的文化'！"

粗俗而要装得优雅，空虚而要装得心满意足，在语言表达上就会虚伪和夸张。"现在人们已经变得如此复杂，以至于只要他们想说话、发表意见和据之行动时，他们便必然会不诚实。""现代人在表达时显示了一种野蛮的任性和夸张。"时代的疾病必然会反映在语言上，而我们通过语言的品质也可以相当准确地判断一个时代的品质。在健康的时代，人们往往朴实地说话，相反，社会上流行的无论是意识形态式的套话，还是广告式的大话，我们都可以有把握地断定这是一个病态的时代。

最使尼采愤恨的是学者的堕落，学者不但没有承担起批评时代的责任，盛行的反而是"对时代的谄媚"。他评论说："这真是莫大的耻辱——它表明人们已经不再懂得，哲学的严肃距一份报纸的严肃有多么遥远。"这样的学者把哲学和宗教的观念都丧失殆尽了，取而代之的是"新闻主义"，是"日常生活和日报的精神和精神之缺乏"。"学者阶层不再是这整个动荡不宁世俗化潮流中的灯塔或避难所；他们自己也一天天变得不安，越来越没有思想和爱心……有教养人士已经蜕化为教育的头号敌人，因为他们讳疾忌医。这些软弱可怜的无赖，一旦有人议论他们的弱点，反对他们那有害的自欺欺人，他们就暴跳如雷。"

在对时代做了淋漓尽致的描述之后，尼采问道：面对"今日人性的猥琐"，面对我们时代"人性所遭受的危险"，"谁将为了人性，为了由无数世代苦心积累的这神圣不可侵犯的庙堂珍宝，而奉献出他的卫士和骑士的忠诚呢？当所有人在自己身上只感觉到私欲的蠕动和卑劣的焦虑，就这样从人的形象堕落，堕落为禽兽甚至僵死的机械之时，谁将负着人的形象上升呢"？当然，这个守护人性的责任义不容辞地落在了哲学家的肩上。

人们常说：哲学是时代精神的集中体现。这种说法完全歪曲了哲学与时代的关系。哲学追问生命整体的意义，所要寻求和坚持的是某些超越个别时代的永恒的精神价值。因此，恰恰相反，哲学应该站得比时代精神高，立足于永恒，对时代精神进行审视和批判。

但是，当哲学家要履行这个职责时，会遭遇极大的困难。哲学家也是人，虽然心系永恒，却仍然不得不生活在某一个具体的时代，与这个时代有千丝万缕的联系。如同尼采所说的："这些逃到内心中寻求其自由的人也仍然必须在外部世界中生活，因而露其形迹，为人所见；由于出生、居留、教育、祖国、偶然性以及他人纠缠，他们身处无数的人际关系之中。"这种情况类似于耶稣所说的"本乡人眼中无先知"。因此，"当他们一心追求真理和真诚之时，误解之网包围着他们"。

比误解更严重的是，作为时代的一员，哲学家也会感染时代的疾患。比如说，尼采自己就为生命意义的迷失而痛苦。和普通人不同的是，哲学家对时代的疾患有更强烈和敏锐的感受，因而更加痛苦。尼采描述这种情形说："如果每一个伟人都宁愿被视为他的时代的嫡子，始终比一切普通人更加强烈和敏感地因时代的种种缺陷而痛苦，那么，这样一个伟人反对其时代的斗争似乎只是反对他自己的一场荒唐的自杀性斗争。"然而，他紧接着分析说："不过，仅仅似乎如此；因为在时代之中，他反对的是那阻碍他成其伟大的东西，对他来说，成其伟大也就是自由地、完全地成为他自己。因此，他的矛头所指正是那种虽然在他身上却并不真正属于他的东西，亦即那种把不可混同、永远不可统一的东西掺和在一起的做法，那种把时代特征错误地焊接到他的不合时宜的天性上去的做法；所谓的时代之子终于显出原形，原来只是时代的养子。"时代的养子——这才是哲学家与时代的真实关系。哲学家仿佛是直接由天地精神所生的，只是偶然地寄养在这个时代罢了。时代是他的养母，他反对这个养母的坏品性，反对这个养母在他身上造成的坏品性，乃是为了捍卫源自天地精神的他的纯洁的天性，亦即捍卫天地精神本身。

正因为此，哲学家不能就时代论时代，他必须站得更高，眼界更宽。"做事物之尺度、货币、重量的立法者，乃是一切伟大思想家的真正使命。"从何处寻找立法的参照？一个重要途径是对不同时代进行比较，看哪个时代人们生活得真正有意义。哲学家"要给整个人类命运下一正确的判断，因而不只是平均的命运，而首先是个人或整个民族可能获得的最高命运。然而，现在种种现代事物近在眼前，影响和支配着眼睛，哪怕这位哲学家并不愿意；于是在算总账时，它们就被不由自主地高估了。所以，哲学家必须在与别的时代的区别中估价他的时代"。当然，在尼采看来，古希腊是最伟大的参照，证明了人性和生命价值所能达到的高度。当哲学家获得了对人性和生命价值的坚定信念之后，他也就"在自己身上战胜了时代"，不再会依据身处的这个糟糕的时代来判断生命的价值。"他胸有成竹，知道在这个世界上能够找到并且实现比这种时行生活更高尚纯洁的生活，而凡是仅仅依据这种丑恶的形态认识和评价存在的人，都对存在做了极不公正的事。"于是，即使在一个糟糕的时代，他仍会百折不挠地为实现生命所能达到的最高价值而战斗。

六、取消国家对哲学的庇护

哲学家生活在某个时代之中，同时也不可避免地生活在某个国家之中。哲学与国家、政治的关系是怎样的？这是哲学家不得不面对的另一个重大问题。尼采的基本观点是，哲学与政治是两回事，哲学必须坚守完全不受国家支配的独立立场。

哲学着眼于永恒，要解决的是生命意义问题，政治着眼于一时一地，要解决的是国家利益以及社会各阶层之间利益关系的问题，二者的目标和任务截然不同。因此，一方面，不可试图用政治的方式来取消或解决本来属于哲学的问题。"任何一种相信靠政治事件可以推开甚至解决存在问题的哲学，都是开玩笑的和耍猴戏的哲学。"在尼采看来，当时十分走红的黑格尔哲学"宣称国家是人类的最高目的"，就是这样的哲学。另一方面，哲学家也不可过于关注和参与政治事务。"从现在起，如果一个人懂得简单地看待国家和他对国家的责任，这很可能将始终是精神上优秀的标志；因为一个身上有哲学的狂热的人不会再有余暇留给政治的狂热，将明智地拒绝每天读报，更不必说替一个政党效劳了：尽管不排斥在某个时刻，当他的祖国面临现实的危急之时，他会坚守在他的岗位上。"后面这句话，尼采自己用行动做了证明，在普法战争期间曾自愿担任一名战地护士。哲学家可以关心政治，但要用哲学的方式来关心，作为对人类最基本价值的坚守和思考，哲学对政治发生的影响虽然是间接的，但也是根本性的。具体的政治问题应该让政治家去操心。一个国家治理得越好，为政治操心的人就越少。相反，"任何一个国家，倘若还要除政治家之外的其他人来为政治操心，就必定治理得很糟，它活该毁在这么多政客手中"。

国家对哲学和哲学家的态度大致有两种情况。一是敌视。这是专制国家对独立思考的真正的哲学家的态度。"何处存在着强大的社会、政府、宗教、舆论，简言之，何处有专制，则它必仇恨孤独的哲学家；因为哲学为个人开设了一个任何专制不能进入的避难所，一个内在的洞穴，一个心灵的迷宫，而这便激怒了暴君们。"另一是控制和利用。尼采认为，国家出于其本性总是置国家利益于真理之上的。"国家从来不关心真理，只关心对它有用的真理，更确切地说，只关心一切对它有用的东西，不管这东西是真理、半真理还是谬误。"国家当然希望有真理来为它服务，替它卖命，但"真理在本质上是绝不服务和绝不卖命的"。因此，如果国家利用哲学，所利用的就只能是那种宣扬假"真理"的伪哲学。事实上，在当年的普鲁士，就以国家的名义把黑格尔哲学宣布为官方哲学。所以，敌视真哲学，利用伪哲学，往往是同一件事情的两面。

在尼采看来，近代以降，国家控制和利用哲学的基本方式是养活一批学院哲学家，使一定数量的人能够把哲学当作谋生手段。古希腊的哲人是不从国家领取薪水的，最多是像芝诺那样，获得一顶金冠和克拉美科斯山上一块墓碑的荣耀。尼采承认，如果国家肯把像柏拉图、叔本华这样的真正的哲学家养起来，使他们得以专心从事哲学，那当然是好事。但是，问题在于，国家不会这样做，"因为任何国家都害怕他们，永远只会重用它不怕的哲学家"。所以，实际情况是，国家只是养活了一批"它的哲学奴仆"，以求造成仿佛哲学是站在它这一边的假象。

现在让我们来看一看国家所养活的学院哲学家的可悲状况。首先，由于他们并无哲学的慧根，因此只能把哲学当作学术来搞，哲学成了一种知识，特别是哲学史知识，所做的事情是"在无数别人彼此矛盾的意见中翻掘"。其次，和具体学科的学者相比，他们又缺乏科学训练，搞学术也不行。"当学院哲学家们从事学术工作时，一位语文学家会觉得他们多半做得很差，缺乏科学的严格性，往往还沉闷得令人生厌。"学院哲学家的尴尬在于，哲学本身不是一个具体学科，他们就只好"从其他学科的成果中替自己搜罗点什么"，或者，"如果他们进行学习，他们就怀着一种隐秘的冲动，试图逃避已有的学科，而在它们的某个空白点或模糊点上建立一个很不明确的领域"。总之，在学术上不外乎东拼西凑和似是而非两种情况。这些人既体会不到哲学思考的丝毫乐趣，又不具备学术研究的能力，因此，即使在学院里，也是一群找不到自己位置的可怜虫。

尼采极其鄙视学院哲学家，带着恶作剧般的快乐描绘他们在学术界的窘态说："他们中间还会时而冒出一个人，犹豫不决地跃向一种小小的形而上学，其通常的结果是眩晕、头痛和流鼻血。他们腾云驾雾的旅行常常遭到惨败，总是会有某一个具有真正严格科学头脑的愣小伙子揪住他们的头发，把他们拖到地面上来，而他们便露出一副惯常的行窃被罚的忸怩神态。""如果说在过去，哲学家，尤其是德国哲学家耽于沉思默想，因而常有以头触梁的危险，那么现在，就像斯威夫特讲述的勒普泰岛民的故事，他们有了一大群敲打者，逮着机会就朝他们的眼睛或别的地方轻轻打一下……这些敲打者就是各门自然科学和历史学；它们用这种方式逐渐吓住了德国的梦幻业和思维业——长期以来，这些产业被与哲学混为一谈——使得那些思维业主甘愿彻底放弃了独立行走的企图。可是，一旦他们突然想要投入它们的怀抱，或者系一根襻带让它们牵着走，就立刻遭到它们最可怕的敲打——它们仿佛想说：'就欠这样一个思维业主来玷污我们的自然科学和历史学了！滚蛋吧！'于是他们缩了回去，心里发虚，一筹莫展。"

学院哲学不但遭到了具体学科及其学者们的敲打，而且在学生们身上，其主要效果也几乎是使他们"学会彻底憎恨和蔑视哲学"。为了对付哲学考试，他们备受折磨，不得不把人类精神产生过的最疯狂、最尖锐的想法，连同最伟大、最难懂的想法一起，统统塞进可怜的头脑。"对于一种哲学唯一可能的和有意义的批评便是检验一下能否依据它生活，但是，在大学里从来不教这样的批评，所教的只是用文字批评文字。""事实上，这种教育与哲学毫无关系，仅仅是为了哲学考试，其众所周知的通常的结果是，考生——唉，被考得筋疲力尽的考生——深深叹一口气，对自己说：'感谢上帝，我不是哲学家，而是一个基督徒和普通国民！'"强迫性的哲学课程和哲学考试所产生的不外是两种结果："对于那些愚钝的脑瓜来说，把哲学变成一个考试的鬼魂不失为一种吓退他们的办法，可以使他们不敢从事哲学的研究"；可是，"大胆活泼的学生"却因此撇开了学院哲学而自助，"学会了阅读禁书，开始批判他们的老师"，走上了独立思考的道路。多数学生因为讨厌哲学课而逃离一切哲学，少数学生因为讨厌哲学课而开始寻求真正的哲学，其间有天赋高低之别，但讨厌哲学课却是一致的。

总而言之，因为学院哲学，"哲学暂时成了一种可笑的东西"。当然，哲学本来不该是这样的。尼采提到，在罗马共和国崩溃时期和罗马帝国时期，大统帅和大政治家研习哲学成风，哲学的尊严达到了顶峰。我们从普鲁塔克的叙述中知道，无论是建立了赫赫战功的恺撒，还是为了捍卫共和体制而领导刺杀恺撒行动的布鲁图，都从事历史学和哲学著述；而以哲学家留名青史的西塞罗，同时也是一位大政治家。尼采引用爱默生的话说："当伟大的上帝让一个思想家来到我们的星球上时，你们要小心。那时候，万物都有危险了……迄今为止对于人们宝贵的和有价值的一切东西，现在只被看作出现在其精神视野中的一些观念，它们造就了现有的事物秩序，就像树结果实一样。顷刻之间，一种新的文化水准迫使整个人类追求系统发生了彻底变革。"相反，今天的学院思想家却不会造成丝毫危险，尼采用第欧根尼的一句话来说明其所作所为。第欧根尼在听人称赞一个哲学家时反驳道："他究竟有什么伟绩可炫耀，既然他搞了这么久哲学，却没有伤害过任何人？"尼采接着评论道，"是的，应该在学院哲学的墓碑上刻写：'它没有伤害过任何人。'这诚然更像是对一个老妇的称赞，而不像是对一位真理女神的赞美"。

所以，不是哲学本身可笑，是那些坏哲学家可笑，是他们把哲学弄成了一个可笑的东西。正因为此，他们又是有害的，使哲学的尊严遭到了践踏。"他们在多大程度上也是有害的？简短地回答：看他们在多大程度上把哲学弄成了一个可笑的东西。"这就赋予了真正爱哲学的人一种责任，就是重建哲学的尊严，用行动证明"唯有哲学的那些假仆人和不够格的从事者才是可笑的或可有可无的"，而"对真理的爱乃是一种可怕的和强有力的东西"。

在尼采看来，在大学里开哲学课，这种方式本身就有点可笑，包含着把哲学弄成一个可笑的东西的必然性。哲学是一种沉思活动，并且只有在"内心的天才召唤和指引"之下才能真正进行，不是随时可以进行、更不是随时可以谈论的。可是，一个哲学教师必须在固定的钟点给学生上课。尼采问道："请问，一个哲学家真的能够良心坦然地承担起这一责任，每天都有可以教给别人的东西吗？他能够把这东西教给每一个想听的人吗？他不会显得比他实际所知更博学吗？他岂非必须在不熟悉的听众面前谈论唯有向最知心的朋友才能准确表达的想法？"可是，"他有了一种义务，便是要在确定的钟点当众思考预定的问题。而且是在年轻人面前！这样的思考岂非一开始就好像失了势"？即使他想不出什么，他仍必须装出在思考的样子，这是多么可笑的情景！

通过上述分析，尼采提出了一个大胆的建议：把哲学从学院里驱逐出去！他写道，"我认为这是文化的要求：取消对哲学的一切国家的和学院的认可，从根本上废除国家和学院所不能胜任的甄别真伪哲学的任务。让哲学家们始终自发地生长，不给他们以任何获取公职的希望，不再用薪金鼓励他们，甚至更进一步，迫害他们，歧视他们——你们便会目睹一种奇景！他们将作鸟兽散，四处寻找一片屋顶，这些可怜的假哲学家；这里显出了一个牧师的原形，那里显出了一个中学教员的原形，有人钻进报纸编辑部，有人给女子高中编写教科书，他们中最理智的人握起了犁铧，最虚荣的人向宫廷投奔。转瞬间万物皆空，鸟雀俱飞，因为要摆脱坏哲学家是很容易的，只消不再优待他们就可以了。比起以国家的名义公开庇护任何一种哲学——不管它自以为是怎样的哲学——来，这无论如何是一个更好的建议"。

尼采一再说："涉及天生的伟大哲学家，阻碍他们产生和发生影响的莫过于国家培养的那些坏哲学家了。""我极其认真地相信，对哲学毫不关心，不抱任何希望，尽可能长久地听之任之，视同可有可无，这对它是更为有利的。"哲学从国家那里所能得到的最好待遇是一种冷淡的态度和中立的立场。取消由国家扶植的哲学界，这是使哲学世界纯洁化的最有效办法。恰恰因为这样一个哲学界的存在，哲学世界才变得混浊不清。在哲学民族古希腊人那里，哪里有什么哲学界，只有一个个独立的哲学巨人和他们的弟子。一旦不再能靠哲学获利了，寄居在哲学领域的假哲学家、坏哲学家就作鸟兽散了。真正爱哲学的人会留下来，但不是作为顶着教授头衔的受雇者，而是作为独立的个人，对世界、人生、时代、社会的根本问题进行思考。

尼采提出的这个设想也许太理想主义了，不可能被任何现代国家接受。促使他如此设想的一个重要因素是对大学堕落的愤慨，他指出："大学精神正开始把自己同时代精神混为一谈"，这个"时代精神"就是顶着哲学名义的"新闻记者的精神"。因此，他期待有朝一日在大学之外产生一个更高的法庭，将对堕落的大学精神进行监视和审判，而"只要哲学被大学驱逐，从而清除了一切委琐的顾虑和阴影，那么，它绝不会变成别的什么，恰好就是这样一个法庭"。当然，哲学始终未被大学驱逐，尼采的期待似乎落空了。不过，即使如此，这样的法庭事实上仍然是存在的，比如说在尼采自己的哲学之中。我们应该相信，在任何时代、任何国家，始终都存在着真诚寻求生命意义的灵魂，它们组成了审判无论大学里还是整个社会上精神堕落的无形的法庭。

2011年10月

今天我们为什么要读尼采

在西方哲学家里，尼采是一个另类。在通常情况下，另类是不被人们接受的，事实上尼采也不被他的同时代人接受，生前只有一点小名气。但是，在他死后，西方文化界和哲学界越来越认识到了他的伟大，他成了二十世纪最走红的哲学家。我本人对尼采也情有独钟，觉得他这个人，从个性到思想到文字，都别具魅力，对我既有冲击力，又能引起深深的共鸣。

三十二年前，我第一次开关于尼采的讲座，地点是北京大学办公楼礼堂，那次的经历终生难忘。近千个座位坐得满满的，我刚开始讲，突然停电了，讲台上点燃了一支蜡烛，讲台下一片漆黑，一片肃静，我觉得自己像是在布道。刚讲完，电修好了，突然灯火通明，全场一片欢呼。

那是1986年，也是在那一年，我出版了第一本专著《尼采：在世纪的转折点上》，一年内卖出了10万册，以及第一本译著《悲剧的诞生——尼采美学文选》，一年内卖出了15万册。那时候还没有营销、炒作之类的做法，出版社很谨慎的，一点点印，卖完了再加印，这个数字算是很惊人的了。二十世纪八十年代，中国笼罩着一种氛围，我把它叫作"精神浪漫"，尼采、弗洛伊德、萨特都是激动人心的名字，谈论他们成了一种时尚。你和女朋友约会，手里没有拿着一本尼采，女朋友会嫌你没文化。

三十多年过去了，时代场景发生了巨大的变化。如果说我这一代学人已经从中青年步入了老年，那么，和人相比，时代好像老得更快。当年以思潮为时尚的精神浪漫，已经被以财富为时尚的物质浪漫取代，最有诗意的东西是金钱，绝对轮不上哲学。对于今天的青年来说，那个年代已经成为一个遥远的传说。

不过，我相信，无论在什么时代，青年都是天然的理想主义者，内心都燃烧着精神浪漫的渴望。我今天建议你们读尼采，是怀着一个七十岁的青年的心愿，希望你们不做二十岁、三十岁、四十岁的老人。尼采是属于青年人的，我说的青年，不只是指年龄，更是指品格。青年的特点，一是强健的生命，二是高贵的灵魂，尼采是这样的人，我祝愿你们也成为这样的人。

2019年2月

哲学与政治

哲学不是公共事业，而是属于私人灵魂的事情。

任何一种哲学的核心都是非政治的，政治色彩仅是附着物。绝对，终极，永恒——怎么能是政治的呢？

人们常说，哲学是时代精神的集中体现。其实，哲学与时代之间的关系绝非这样简单。有时候，哲学恰好是非时代（永恒）、反时代（批判）的，它立足于永恒之根本，批判时代舍本求末的迷途倾向。

哲学家对于社会现实可有两种态度。一种是完全不关心，如黑格尔所说：哲学是一间隔离的圣所，它的祭司必须远离俗世，潜心真理。另一种是有所关心，然而是站在永恒的立场上来看时代，从坚守人类最基本的精神价值的角度来关心政治的，如席勒所说：在精神的意义上，摆脱特定国家和时代的束缚，做一切时代的公民，是哲学家的特权和责任。

哲学对政治的影响是缓慢的，但一旦发生影响，就是根本性的。

哲学无国别。

历史是时代的坐标，哲学是人生的坐标。

一个伟大的哲学家是一个伟大的提问者——

1. 他的问题是对世界和人生的根本性追问，既属于人类，是人类永恒的问题，又完全属于他自己，是他灵魂中的问题。

2. 他的问题也是他的时代的精神生活中的重大问题，因而他的提问会对时代产生巨大影响。

3. 他的提问和寻求答案的方式改变了哲学史上的旧思路，启示了新思路，使他在哲学史上具有重要地位。

一个哲学家对哲学对象和使命的看法，往往同他对人生价值的追求纠结在一起，其中渗透着他的个性。如果这位哲学家的个性与时代精神有很高的一致性，他的看法就同时体现着时代精神。在重大转折的时代，几乎总有敏感的哲学家提出新的哲学观，试图改变哲学研究的方向，对后来的哲学思潮产生深远的影响。

以哲学为生活方式的人有以下主要特点：1. 力求从整体上把握世界和人生；2. 除了理性的权威，不承认任何权威；3. 关注思想本身而非其实用性，能够从思想本身获得最大的快乐；4. 与社会现实保持一定的距离；5. 为了精神的自由而安于简朴的物质生活。

如果有一种东西，始则充当权力的奴仆，继而沦为金钱的乞丐，我们便可断定它不是哲学。

哲学当然是高贵的。它的高贵还表现在这一点上：它绝没有做众学科之王这样的世俗野心。

其实，贵为王公，一旦丧权失势，也完全可能沦落为奴仆或乞丐。

以探索人生真谛为使命的哲学，在它面前难道还存在着什么禁区吗？世俗的禁区，流行的观念，传统的信仰，既然它们往往掩盖或歪曲了人生的真相，闯入禁区不正是哲学的责任吗？

第五辑

哲学的魅力

哲学的魅力

——《诗人哲学家》前言

哲学是枯燥的吗？哲学是丑陋的吗？哲学是令人生厌的东西吗？——在我们的哲学课堂上，在许多哲学读物的读者心中，常常升起这样的疑问。

当然，终归有一些真正的哲学爱好者，他们惯于在哲学王国里信步漫游，流连忘返。在他们眼前，那一个个似乎抽象的体系如同精巧的宫殿一样矗立，他们悠然步入其中，与逝去的哲学家的幽灵款洽对话，心领神会，宛如挚友。

且不论空洞干瘪的冒牌哲学，那些概念的木乃伊确实是丑陋的、令人生厌的。真正的哲学至少能给人以思维的乐趣。但是，哲学的魅力仅止于此吗？诗人在孕育作品时，会有一种内心的战栗，这战栗又通过他的作品传递到了读者心中，哲学家能够吗？

人们常常谈论艺术家的气质，很少想到做哲学家也需要一种特别的气质。人处在时间和空间的交叉点上，作为瞬息和有限的存在物，却向往永恒和无限。人类最初的哲学兴趣起于寻找变中之不变、相对中之绝对，正是为了给人生一个总体说明，把人的瞬息存在与永恒结合起来。"我们从哪里来？我们到哪里去？我们是谁？"高更为他的一幅名作写下的画题可说是哲学的永恒主题。追究人生的根底，这是人类本性中固有的形而上学冲动，而当这种冲动在某一个人身上异常强烈时，他便是一个有哲学家气质的人了。

哲学的本义不是"爱智慧"吗？那么，第一，请不要把智慧与知识混同起来，知识关乎事物，智慧却关乎人生。第二，请不要忘记这个"爱"字，哲学不是智慧本身，而是对智慧的爱。一个好的哲学家并不向人提供人生问题的现成答案，这种答案是没有的，毋宁说他是一个伟大的提问者，他自己受着某些根本性问题的苦苦折磨，全身心投入其中，不倦地寻找着答案，也启发我们去思考和探索他的问题。他也许没有找到答案，也许找到了，但这并不重要，因为他的答案只属于他自己，而他的问题却属于我们大家，属于时代、民族乃至全人类。谁真正爱智慧，关心生命的意义超过关心生命本身，谁就不能无视或者回避他提出的问题，至于答案只能靠每个人自己去寻求。知识可以传授，智慧无法转让，然而，对智慧的爱却是能够被相同的爱激发起来的。我们读一位哲学家的书，也许会对书中聪明的议论会心一笑，但最能震撼我们心灵的却是作者对人生重大困境的洞察和直言不讳的揭示，以及他寻求解决途径的痛苦而又不折不挠的努力。哲学关乎人生的根本，岂能不动感情呢？哲学探讨人生的永恒问题，又怎会没有永恒的魅力？一个人从哲学中仅仅看到若干范畴和教条，当然会觉得枯燥乏味，而且我们可以补充说，他是枉学了哲学。只有那些带着泪和笑感受、思考着人生的人，才能真正领略哲学的魅力。

当然，这样的哲学也必定闪放着个性的光彩。有一种成见，似乎哲学与个性是不相容的，一种哲学把哲学家本人的个性排除得愈彻底，愈是达到高度的抽象和普遍，就愈成其为哲学。我们读文学作品，常常可以由作品想见作家的音容笑貌、爱憎好恶，甚至窥见他隐秘的幸福和创伤。可是，读哲学著作时，我们面前往往出现一张灰色的概念之网，至于它由哪只蜘蛛织出，似乎并不重要。真的，有些哲学文章确实使我们永远断了与作者结识一番的念头，即使文章本身不无可取之处，但我们敢断定，作为一个人，其作者必定乏味透顶。有时候，这可能是误断，作者囿于成见，在文章里把自己的个性隐匿了。个性在哲学里似乎成了一种可羞的东西。诗人无保留地袒露自己心灵里的每一阵战栗、每一朵浪花，哲学家却隐瞒了促使他思考的动机和思考中的悲欢，只把结论拿给我们，连同事后追加的逻辑证明。谁相信人生问题的答案能靠逻辑推理求得呢？在这里，真正起作用的是亲身的经历，切身的感受，灵魂深处的暴风骤雨，危机和觉醒，直觉和顿悟。人生最高问题对于一切人相同，但每人探索的机缘和途径却千变万化，必定显出个性的差别。"我重视寻求真理的过程甚于重视真理本身。"莱辛的这句名言对于哲学家倒是一个启发。哲学不是一份真理的清单，而恰恰是寻求人生真理的过程本身，这个过程与寻求者的个人经历和性格密不可分。我们作为读者要向哲学家说同样的话：我们重视你的人生探索过程甚于重视你的结论，做一个诚实的哲学家吧，把这过程中的悲欢曲折都展现出来，借此我们与你才有心灵的沟通。我们目睹了你的真诚探索，即使我们不赞同你的结论，你的哲学对于我们依然有吸引力。说到底，我们并不在乎你的结论及其证明，因为结论要靠我们自己去求得，至于证明，稍微懂一点三段论的人谁不会呢？

　　哲学的魅力在于它所寻求的人生智慧的魅力，在于寻求者的个性的魅力，最后，如果一位哲学家有足够的语言技巧的话，还应该加上风格的魅力。叙述某些极为艰深的思想时文字晦涩也许是难以避免的，我们也瞧不起用美文学的语言掩盖思想的贫乏，但是，独特的个性，对人生的独特感受和思考，是应该闪射独特风格的光华的。我们倒还不太怕那些使人头痛的哲学巨著，这至少说明它们引起了我们的紧张思索。最令人厌烦的是那些千篇一律的所谓的哲学文章，老是摆弄着同样几块陈旧的概念积木。风格的前提始终是感受和思想的独创性。真正的哲学家，即使晦涩如康德、黑格尔，他们的著作中也常有清新质朴的警句跃入我们眼帘，令人铭记不忘。更有些哲学家，如蒙田、帕斯卡尔、爱默生、尼采，全然抛开体系，以隽永的格言表达他们的哲思。法国哲学家们寓哲理于小说、剧本，德国浪漫派哲人们寓哲理于诗。既然神秘的人生有无数张变幻莫测的面孔，人生的探索者有各不相同的个性，那么，何妨让哲学作品也呈现丰富多彩的形式、百花齐放的风格呢？

也许有人会说："你所谈的只是人生哲学，还有其他的哲学呢？"好吧，我们乐于把一切与人生根本问题无关的哲学打上括号，对它们作为哲学的资格存而不论。尽管以哲学为暂时栖身之地的学科都已经或终将从哲学分离出去，从而证明哲学终究是对人生的形而上学沉思，但是，这里不是详细讨论这个问题的地方。

也许有人会问："要求哲学具有你说的种种魅力，它岂不成了诗？哲学和诗还有什么区别？"这正是本书所要说明的问题。从源头上看，哲学和诗本是一体，都孕育于神话的怀抱。神话是原始人类对于人生意义的一幅形象的图解。后来，哲学和诗渐渐分离了，但是犹如同卵孪生子一样，它们在精神气质上仍然酷似。诚然，有些诗人与哲学无缘，有些哲学家与诗无缘。然而，没有哲学的眼光和深度，一个诗人只能是吟花咏月、顾影自怜的浅薄文人。没有诗的激情和灵性，一个哲学家只能是从事逻辑推理的思维机器。大哲学家与大诗人往往心灵相通，他们受同一种痛苦驱逼，寻求着同一个谜的谜底。庄子、柏拉图、卢梭、尼采的哲学著作放射着经久不散的诗的光辉，在屈原、李白、苏轼、但丁、莎士比亚、歌德的诗篇里回荡着千古不衰的哲学喟叹。

有时候，我们真是难以断定一位文化巨人的身份。可是，身份与天才何干，一颗渴望无限的心灵难道还要受狭隘分工的束缚？在西方文化史上，我们可以发现一些极富有诗人气质的大哲学家，也可以发现一些极富有哲人气质的大诗人，他们的存在似乎显示了诗与哲学一体的源远流长的传统。在这里，我们把他们统称为"诗人哲学家"。这个称呼与他们用何种形式写作无关，有些人兼事哲学和文学，有些人仅执一端，但在精神气质上都是一身而二任的。一位严格意义上的"诗人哲学家"应该具备三个条件：第一，把本体诗化或把诗本体化；第二，通过诗的途径（直觉、体验、想象、启示）与本体沟通；第三，作品的个性色彩和诗意风格。当然，对于这些条件，他们相符的程度是很不一致的。

编写本书的目的仅在于从一个侧面显示哲学的魅力，我们无须赞同这些哲学家对人生问题的答案，但是，在哲学关心人生问题、具有个性特点、展现多样风格等方面，他们或可对我们有所启发。

1986年6月

哲学与随感录

我喜欢读哲学家写的随感录。回想起来，我喜欢上哲学，和随感录不无关系。小时候好奇心强，大部头的哲学书也拿来翻读，但读不懂，只觉得哲学高深莫测、玄妙晦涩。后来有一回，翻开一本北京大学哲学系编译的《古希腊罗马哲学》，却一下子被里面载录的古希腊哲人的"著作残篇"吸引住了。我尤其喜欢赫拉克利特，"博学并不能使人智慧"，"我寻找过我自己"，"最美丽的猴子与人类比起来也是丑陋的"，尽管刚读到这些格言时也似懂非懂，但朦胧地觉得它们意味不凡，仿佛一下子悟到哲学是什么了。我按照自己的理解把这些格言串在一起，相信哲学就是教人智慧，智慧就在于寻找自己，心中暗自把那些博学而从不寻找自己的人讥为"美丽的猴子"。这种早年的读书印象竟然影响了我一辈子，从此铸成了我对哲学的基本看法。

其实，所谓"著作残篇"的说法是很值得商榷的，仍是用后人著书立说的眼光去看古人的述而不作。朱光潜先生探溯随感录体裁的渊源，中国的溯到《论语》，西方的溯到希腊哲学家，我以为很有道理。我相信哲学与随感录早已结下不解之缘，最早的哲学思考都是直觉和顿悟式的，由之形成的作品必是格言和语录体。因为言简意赅，弟子们乐于也易于传诵，终于流传下来，刊印成文。它们就是本文，而不是"残篇"。

西方哲学朝体系巨构的方向发展，苏格拉底已开其端。苏格拉底本人擅长格言隽语，且述而不作，不过他重视逻辑的论证和辩驳，为体系哲学埋下了伏线。到他的再传弟子亚里士多德，终于建造起西方哲学史上第一个庞大体系，成为"古代世界的黑格尔"。

我无意小看古代和现代的"黑格尔"们的哲学成就，但是，就哲学关乎人生智慧而言，我始终偏爱用随感录形式写作的哲学家，例如法国的蒙田、帕斯卡尔、拉罗什福柯，英国的培根，德国的叔本华、尼采。人生问题上的一切真知灼见均直接发自作者的真情实感，又诉诸读者的真情实感，本身就具有打动人心的力量，无须种种繁复的分析、推论、解说和引证来助威。如果我喜欢一个思想，多半是因为这个思想在我的切身体验中得到了印证，而不是因为它的这些逻辑附着物。事实上，即使是创体系的哲学家，他自己真正心爱的独创的思想也往往如灵感闪现，具有随感性质，可是为了供奉他心爱的神灵，他不惜工本建造了体系的巍峨宫殿，也就是加上了一大堆逻辑和历史的证明，结果真不知是突出了还是掩盖了那一点真正独创的东西。

随感录的可贵在于真实，如其本然地写出自己的人生感受。在这一点上，我觉得蒙田要胜过培根。培根的随感集在他生前就已风靡一时，多次再版重印，他自己也对之怀着一种个人的偏爱，初版后二十多年间时时带在身边，不断增删修改、精雕细刻，真是字字珠玑、句句格言，聪明美妙的议论俯拾即是。然而，比起蒙田的无心于问世、只是为自己而写的随感录，读起来钦佩之心有余，却不那么真切感人。当然，求真实并非不讲究语言的技巧，愈是自己喜爱的思想，必定愈舍得花费心血寻找合适的形式，力求表达得凝练、单纯、达意、传神，所以好的随感录都具有质朴的美。写随感录不易，如今有些人爱写华而不实的人生格言，那样的东西只能哄幼稚的读者，却证明作者自己对人生毫无真实的感受。

每当我捧读一部哲学巨著，即使它极有价值，我也会觉得自己是在做功课、搞学问。读好的随感录，却好像在和作者谈心。随着学术和出版的进步，新的学术译著正如潮水般涌来，面对它们我有时不免惶然，颇有应接不暇、浅尝辄止之感。学问真是做不完，即使是哲学界的朋友，聚在一起摆学术的谱，彼此搞不同的课题，也有隔行之感。但是聊起世态人情来，朋友间时有妙语博人一笑又发人深省，便打破了学术的樊篱，沟通了心灵。于是我想，只要人生智慧相通，学海无边又何足悲叹？读随感录时，我获得的正是类似的慰藉。

我爱读随感录，也爱写随感录。有两样东西，我写时是绝没有考虑发表的，即使永无发表的可能也是一定要写的，这就是诗和随感。前者是我的感情日记，后者是我的思想日记。如果我去流浪，只许带走最少的东西，我就带这两样。因为它们是我最真实的东西，有它们，我的生命线索就不致中断。中国也许会出创体系的大哲学家，但我确信我非其人。平生无大志，只求活得真实，并随时记下自己真实的感受，借此留下生命的足迹，这就是我在哲学上的全部野心了。

1987年11月

哲学世界里的闲人

在哲学世界里，我是个闲人游客。我爱到野外眺望日落，爱在幽静的林间小路散步，也爱逛大街小巷看众生相。唯独见了挂着"闲人莫入""游客止步"招牌的严肃去处，我就知趣地规避。我知道那是办公重地，而我是没有什么公事要办的，窃以为那里面的空气对于我的健康和我的哲学也均为不利。

很早的时候，哲学世界里是没有这些个办公重地的。古代哲人们的活动场所就在蓝天之下：赫拉克利特在破庙旁，苏格拉底在街头，亚里士多德在森林中，伊壁鸠鲁在花园里。最奇的是第欧根尼，他的"办公室"是一只木桶。亚历山大皇帝恭问可以为他效什么劳，他答只有一件事，就是："请你走开，不要遮住我的阳光。"那是哲学家的黄金时代，哲学家个个穷得像乞丐，傲得赛帝王。他们实际上是富有的，拥有千金难买的悠闲和智慧。

不知从何时起，哲学家们也煞有介事地忙碌起来了。他们忙于编写讲义，构筑体系，读释经典，考订档案。在他们手里，以寻求人生智慧为唯

206

一使命的哲学逐渐演变为内容庞杂、分科琐细的学术。到了今天，哲学简直成了一幢迷宫式的办公大楼，里面有数不清的房间和名目繁多的科室，门上贴着形形色色的术语标签。可惜的是，你在这些房间里只能见到许多伏案办公的职员，却见不到一个真正的哲学家。

我对哲学怀有一种也许过时的信念。我始终认为，哲学不是公共事业，而是属于私人灵魂的事情。当一个人的灵魂对于人生产生某些根本性的疑问时，他就会求诸哲学。真正的哲学问题是古老而常新的。随着文明的进化，学术会愈来愈复杂，但哲学永远是单纯的。我们之所以步入哲学，正因为它是一块清静的园地，在这里我们可以摆脱琐碎的日常事务，从容倾听自己灵魂的独白，并和别的灵魂对话。如果我们反而陷入了琐碎的学术事务，岂非违背哲学的初衷，那是何苦来呢？

常常有年轻人向我表示，他们热爱人生问题的思考，渴望读哲学系，以哲学为终身职业。遇到这种情况，我每每加以劝阻。我对他们说，做哲学家和读哲学系完全是两回事。哲学本质上只能自学，哲学家必定是自学成才的。如果说有老师，也只是历史上的大哲人，他直接师事他们，没有任何中间环节。然而，哲学系的学生中，有此自学能力的不足什一。至于吃哲学饭与做哲学家就更加风马牛不相及了。吃哲学饭无关乎灵魂，不过是社会上说空话最多、挣钱最少的一个行当罢了。一个人完全不必进那幢哲学办公大楼去做一个小职员，而仍然可以是一个出色的人生思考者，也就是说，一个哲学家。

当然，这是极而言之。事实上，一个人只要有足够的悟性，是可以不被专业化哲学败坏的。我的意思是想表明，本真意义上的哲学不是一门学术，也不是一种职业，而是一个向一切探索人生真理的灵魂敞开的精神世界。不论你学问多少，缘何谋生，只要你思考人生，有所彻悟，你就已经在这个世界里悠闲漫游了。我自己也只想做这样一个闲人游客，并且恰如其分地把自己的作品看作一种心灵的闲谈和游记。

1991年12月

杞人是一位哲学家

　　河南有个杞县，两千多年前出了一个忧天者，以此而闻名中国。杞县人的这位祖先，不好好地过他的太平日子，偏要胡思乱想，竟然担忧天会塌下来，令他渺小的身躯无处寄存，为此而睡不着觉，吃不进饭。他的举止被当时某个秀才记录了下来，秀才熟读教科书，一眼便看出忧天违背常识，所以笔调不免带着嘲笑和优越感。靠了秀才的记录，这个杞人从此作为庸人自扰的典型贻笑千古。听说直到今天，杞县人仍为自己有过这样一个可笑的祖先而感到羞耻，仿佛那是一个笑柄，但凡有人提起，便觉几分尴尬。还听说曾有当权者锐意革新，把"杞人忧天"的成语改成了"杞人胜天"，号召县民们用与天奋斗的实际行动洗雪老祖宗留下的忧天之耻。

　　可是，在我看来，杞县人是不应该感到羞耻，反而应该感到光荣的。他们那位忧天的祖先哪里是什么庸人，恰恰相反，他是一位哲学家。试想，当所有的人都在心安理得地过日子的时候，他却把眼光超出了身边的日常生活，投向了天上，思考起了宇宙生灭的道理。诚然，按照常识，天是不会毁灭的。然而，常识就一定是真理吗？哲学岂不就是要突破常识的范围，去探究常人所不敢想、未尝想的宇宙和人生的根本道理吗？我们甚至可以说，哲学就是从忧天开始的。在古希腊，忧天的杞人倒是不乏知己。亚里士多德告诉我们，赫拉克利特和恩培多克勒都认为天是会毁灭的。古希腊另一个哲学家阿那克萨戈拉则根据陨石现象断言，天由石头构成，剧烈的旋转运动使这些石头聚在了一起，一旦运动停止，天就会塌下来。不管具体的解释多么牵强，关于天必将毁灭的推测却是得到了现代宇宙学理论的支持的。

也许有人会说，即使天真的必将毁灭，那日子离杞人以及迄今为止的人类还无限遥远，所以忧天仍然是可笑而愚蠢的。这话的意思是清楚的，就是人应当务实，更多地关心眼前的事情。人生不满百，亿万年后天塌不塌下来，人类毁不毁灭，与你何干？但是，用务实的眼光看，天下就没有不可笑、不愚蠢的哲学了，因为哲学本来就是务虚，而之所以要务虚，则是因为人有一个灵魂，使他在务实之外还要玄思，在关心眼前的事情之外还要追问所谓的终极的存在。当然，起码的务实还是要有的，即使哲学家也不能不食人间烟火，所以，杞人因为忧天而"废寝食"倒是大可不必的。

按照《列子》的记载，经过一位同情者的开导，杞人"舍然大喜"，不再忧天了。唉，咱们总是这样，哪里出了一个哲学家，就会有同情者去用常识开导他，把他拉扯回庸人的队伍里。中国之缺少哲学家，这也是原因之一吧。

1998年11月

哲学不只是慰藉

德波顿的《哲学的慰藉》一书选择西方哲学史上六位哲学家，从不同角度阐述了哲学对于人生的慰藉作用。人生中有种种不如意之处，其中有一些是可改变的，有一些是不可改变的。对于那些不可改变的缺陷，哲学提供了一种视角，帮助我们坦然面对和接受。在此意义上，可以说哲学是一种慰藉。但是，哲学不只是慰藉，更是智慧。二者的区别也许在于，慰藉类似于心理治疗，重在调整我们的心态，智慧调整的却是我们看世界和人生的总体眼光。因此，如果把哲学的作用归结为慰藉，就有可能缩小甚至歪曲哲学的内涵。

全书中，我读得最有兴味的是写塞内加的一章。部分的原因可能是，这一章比较切题，斯多葛派哲学家本身就重视哲学的慰藉作用，塞内加自己就有以《慰藉》为题的著作。作为罗马宫廷的重臣，此人以弄权和奢华著称，颇招时人及后世訾议。不过，他到底是一个智者，身在大富大贵之中，仍能清醒地视富贵为身外之物，用他的话来说便是："我从来没有信任过命运女神。我把她赐予我的一切——金钱、官位、权势——都搁置在一个地方，可以让她随时拿回去而不干扰我。我同它们之间保持很宽的距离，这样，她只是把它取走，而不是从我身上强行剥走。"不止于此，对于家庭、儿女、朋友乃至自己的身体都应作如是观。塞内加的看法是：人对有准备的、理解了的挫折承受力最强，反之受伤害最重。哲学的作用就在于，第一，使人认识到任何一种坏事都可能发生，从而随时做好准备；第二，帮助人理解已经发生的坏事，认识到它们未必那么坏。坏事为什么未必那么坏呢？请不要在这里转坏事变好事之类的通俗辩证法，塞内加的理由见于一句精辟之言："何必为部分生活而哭泣？君不见全部人生都催人泪下。"叔本华有一个类似说法：倘若一个人着眼于整体而非一己的命运，他的行为就会更像是一个智者而非一个受难者了。哲人之为哲人，就在于看到了整个人生的全景和限度，因而能够站在整体的高度与一切个别灾难拉开距离，达成和解。塞内加是说到做到的。他官场一度失意，被流放到荒凉的科西嘉，始终泰然自若。最后，暴君尼禄上台，命他自杀，同伴们一片哭声，他从容问道："你们的哲学哪里去了？"

蒙田是我的老朋友了，现在从本书中重温他的一些言论，倍感亲切。作者引用了蒙田谈论性事的片段，评论道，"他把人们私下都经历过而极少听到的事勇敢地说出来……他的勇气基于他的信念：凡是能发生在人身上的事就没有不人道的"。说得好，有蒙田自己的话做证："每一个人的形体都承载着全部人的状况。"然而，正因为此，这一章的标题"对缺陷的慰藉"就很不确切了。再看蒙田的警句："登上至高无上的御座，仍只能坐在屁股上。""国王与哲学家皆拉屎，贵妇人亦然。"很显然，在蒙田眼里，性事、屁股、拉屎等哪里是什么缺陷啊，恰好是最正常的人性现象，因此我们完全应该以最正常的心态去面对。一个人对于人性有了足够的理解，他看人包括看自己的眼光就会变得既深刻又宽容，在这样的眼光下，一切隐私都可以还原成普遍的人性现象，一切个人经历都可以转化成心灵的财富。想起最近我的自传所引起的所谓自曝隐私的非议，我倒真觉得蒙田是一个慰藉，但不是对我的缺陷的慰藉，而是对我的智慧的慰藉。

在当今这个崇拜财富的时代，关于伊壁鸠鲁的一章也颇值得一读。这位古希腊哲学家把快乐视为人生最高价值，他的哲学因此被冠以享乐主义的名称，他本人则俨然成了一切酒色之徒的祖师爷，这真是天大的误会。其实，他的哲学的核心思想恰恰是主张真正的快乐对于物质的依赖十分有限，无非是食、住、衣的基本条件。超出了一定限度，财富的增加便不再能带来快乐的增加了。奢侈对于快乐并无实质的贡献，往往还导致痛苦。事实上，无论是伊壁鸠鲁，还是继承了他的基本思想的后世哲学家，比如英国功利主义者，全都主张快乐更多地依赖于精神而非物质。这个道理一点也不深奥，任何一个品尝过两种快乐的人都可以凭自身的体验予以证明，沉湎于物质快乐而不知精神快乐为何物的人也可以凭自己的空虚予以证明。

本书还有三章分别论述苏格拉底、叔本华、尼采，我觉得相比之下较差，就这些哲学家的精华而言，基本上是捡了芝麻丢了西瓜。部分的原因也许在于，这三人的哲学是更不能以慰藉论之的。尤其尼采，他的哲学的基本精神恰恰是反对形形色色的慰藉，直面人生的悲剧性质，以此证明人的高贵和伟大。作者从尼采著作中择取登山的意象，来解说"困难中的慰藉"，不但显得勉强，而且多少有些把尼采的哲学平庸化了。

2004年8月

谁来上哲学课

哲学课可以是最令人生厌的，也可以是最引人入胜的，就看谁来上这门课了。谁来上是重要的。与别的课以传授知识为主不同，在哲学课上，传授知识只居于次要地位，首要目标是点燃对智慧的爱，引导学生思考世界和人生的重大问题。要达到这个目标，哲学教师自己就必须是一个有着活泼心智的爱智者。他能在课堂上产生一个磁场，把思想的乐趣传递给学生。他是一个证人，学生看见他便相信了哲学绝非一种枯燥的东西。这样一个教师当然不会拿着别人编的现成教材来给学生上课，他必须自己编教材，在其中贯穿着他的独特眼光和独立思考。

傅佩荣先生的《哲学与人生》就是这样的一本教材。他开设的这门课程在台湾大学受到热烈欢迎，被学生评为"最佳通识课程"，我读了以后觉得是名实相符的。傅先生对于哲学真有心得，而且善于做简洁清晰的表达。比如在讲解哲学是"爱智"时，他把"爱智"定义为"保持好奇的天性，探询一切事物的真相"的生活态度，把"智慧"概括为"完整"和"根本"两个特征，又将"爱智"的"爱"解释为温和而理性的"友爱"，而与狂热的"情爱"、浮泛的"博爱"相区别，令人感到既准确又颇具新意。我还欣赏傅先生眼界和心胸的开阔，没有门户之见，在他的课程中做到了两个打通。一是打通各个精神领域，讲哲学而不局限于哲学学科，分别列出专章论述神话、艺术、宗教、教育对于人生哲学的特殊贡献，把人生问题置于文化的大视野中来考察。二是打通中西哲学，西方的重点放在苏格拉底和存在主义，中国则着重阐述了儒道二家哲学的内在理路及其价值，博采众家之长，在建构现代人生哲学时对一切思想资源保持开放的心态。

人们是否赞同本书中的某些具体观点，这丝毫不重要。一个优秀哲学教师的本事不在于让学生接受他的见解，而在于让学生受到他的熏陶，思想始终处于活跃的状态。我对哲学课的最低和最高要求是把学生领进哲学之门，使他们约略领悟到哲学的爱智魅力，但这岂是一件容易的事！多少哲学教学的结果是南辕北辙，使学生听见"哲学"一词就头痛，看见贴着哲学标签的门就扭头，其实那些门哪里是通往哲学的呢。因此，在向读者推荐本书的同时，我期待我们通识课程的改革，从而出现一批真正能把学生领进哲学之门的哲学教师和哲学教材。

2004年10月

女人和哲学

"女人搞哲学，对于女人和哲学两方面都是损害。"

这是我的一则随感中的话，发表以后，招来好些抗议。有人责备我受了蔑视女人的叔本华、尼采的影响，这未免冤枉。这则随感写在我读叔本华、尼采之前，发明权当属我。况且我的出发点绝非蔑视女人，我在这则随感中接着写的那句确是真心话："老天知道，我这样说，是因为我多么爱女人，也多么爱哲学！"

我从来不认为女人与智慧无缘。据我所见，有的女人的智慧足以使多数男人黯然失色。从总体上看，女性的智慧也绝不在男性之下，只是特点不同罢了。连叔本华也不能不承认，女性在感性和直觉方面远胜男性。不过，他出于哲学偏见，视感性为低级阶段，因而讥笑女人是长不大的孩子，说她们的精神发育"介于男性成人和小孩之间"。我却相反，我是把直觉看得比逻辑更宝贵的，所以对女性的智慧反而有所偏爱。在男人身上，理性的成熟每每以感性的退化为代价。这种情形在女人身上较少发生，实在是值得庆幸的。

就关心的领域而言，女性智慧是一种尘世的智慧，实际生活的智慧。女人不像男人那样好做形而上学的沉思。弥尔顿说：男人直接和上帝相通，女人必须通过男人才能和上帝相通。依我看，对于女人，这并非是一个缺点。一个人离上帝太近，便不容易在人世间扎下根来。男人寻找上帝，到头来不免落空。女人寻找一个带着上帝的影子的男人，多少还有几分把握。当男人为死后的永生或虚无这类问题苦恼时，女人把温暖的乳汁送进孩子的身体，为人类生命的延续做着实在的贡献。林语堂说过一句很贴切的话："男子只懂得人生哲学，女子却懂得人生。"如果世上只有大而无当的男性智慧，没有体贴入微的女性智慧，世界不知会多么荒凉。高尔基揶揄说："上帝创造了一个这么坏的世界，因为他是一个独身者。"我想，好在这个独身者尚解风情，除男人外还创造了另一个性别，使得这个世界毕竟不算太坏。

事实上，多数女人出于天性就不喜欢哲学。喜欢哲学的女人，也许有一个聪明的头脑，想从哲学求得进一步的训练；也许有一个痛苦的灵魂，想从哲学找解脱的出路。可惜的是，在多数情形下，学了哲学，头脑变得复杂、抽象，也就是不聪明了；灵魂愈加深刻、绝望也就是更痛苦了。看到一个聪慧的女子陷入概念思辨的迷宫，说着费解的话，我不免心酸。看到一个可爱的女子登上形而上学的悬崖，对着深渊落泪，我不禁心疼。坏的哲学使人枯燥，好的哲学使人痛苦，两者都损害女性的美。我反对女人搞哲学，实出于一种怜香惜玉之心。

翻开历史，有女人而成为大诗人的，却找不到一例名垂史册的女哲人，这并非偶然。女人学哲学古已有之，毕达哥拉斯、柏拉图、伊壁鸠鲁都招收过女学生，成绩如何，则不可考。从现代的例子看，波伏瓦、苏珊·朗格、克里斯蒂娃等人的哲学建树表明，女人即使不能成为哲学的伟人，至少可以成为哲学的能者。那么，女人怎么损害哲学啦？这个问题真把我问住了。的确，若以伟人的标准衡量，除极个别如海德格尔者，一般男人也无资格问津哲学。若不是，则女人也不妨从事哲学研究。女人把自己的直觉、情感、务实精神带入哲学，或许会使哲学变得更好呢。只是这样一来，它还是否成其为哲学，我就不得而知了。

1992年5月

哲学与诗

我深信哲学家与艺术家是相通的。诗人的心灵，哲学家的头脑，这两样东西难道能够分开吗？一个人正是因为有了一颗热爱人生、富于感受的心，才会去对人生之谜做哲学的探讨。艺术家和哲学家是气质相似的人，他们都是不实际、不世故的，进入他们视野的是人生和宇宙的大问题，他们为同一个谜所吸引，寻找着同一个梦境。

哲学和诗都孕育于神话的怀抱。神话是永恒的化身，她死了，留下了一双儿女。直到今天，哲学一醒来就谈论死去的母亲，诗一睡着就梦见死去的母亲。

艺术与性，哲学与死，均有不解之缘。艺术用审美净化性的烦恼，哲学用智慧净化死的恐惧。但是，性的癫狂一方面给人以个体解体即死的体验，另一方面又是种族生命延续，即抗拒死的唯一手段。所以，性兼是死和死的拯救。那么，艺术是否也兼是哲学和哲学的拯救呢？

关于哲学究竟是科学还是诗的争论恐怕永远不会有一个结论，实在也不必强求一个结论，就像不必强求一切人气质相同一样。一个理智型的人治理哲学不能不如同治理科学，因为他原本就是一个科学家。一个情感型的人不能不把哲学当作诗，因为他原本就是一个诗人。

春天是诗人的季节，秋天是哲学家的季节。

哲学家生活在永恒中，诗人生活在瞬时中，他们都不会老。

诗借瞬时把握永恒。哲学想直接把握永恒，但做不到，最后只好向诗求援。

一般人追求可望也可即的东西，诗人追求可望不可即的东西，哲学家追求不可望也不可即的东西。

哲学是男性的，诗是女性的，二者不可分离。没有诗，哲学就只会结结巴巴发空论，成为蹩脚的清谈家。没有哲学，诗就只会絮絮叨叨拉家常，成为浅薄的碎嘴婆。

当一个敏感的心灵被根本性的疑问刺伤，因而寻求治疗的时候，它就会走向哲学。有一种不寻常的激情非人类脆弱的心灵所堪忍受，哲学是对这种激情的治疗。但是，治疗并非熄灭激情，使心灵归于冷漠麻痹。诗宣泄激情，哲学则把激情转向深沉的思考。

　　一个小女孩坐在洒满阳光的台阶上，眯缝着眼睛，一个朦胧的疑问在她的小脑瓜里盘旋："我怎么会到这世界上来的？"

　　我悄悄走过她的身旁，回到屋里，把所有的哲学书籍都藏了起来。

诗性哲学

在我的概念中，只有学术与非学术的区别，没有哲学与文学的区别。哲学是对人生的思考和体悟，文学则是对之的丰满而贴切的表达。

我剪除哲学的晦涩，为它嫁接上诗的含蓄。

有的人喜欢用哲学语汇表达日常的体验，我喜欢用日常语汇表达哲学的体验。

有的人惯于从一小点感受演绎出一大篇玄妙的哲理。可惜的是，在这座他自己营造的哲学迷宫里，他自己也常常迷路，找不到充当他的向导的那一小点感受了。

我从托尔斯泰、陀思妥耶夫斯基、歌德、卡夫卡的作品中学到的哲学，绝不比从专门的哲学书中学到的少。

人们厌恶了大而无当的体系、言之无物的长文。

新鲜的感受有活泼的生命，硬要把它钉在体系的框架上，只成了死去的标本。深刻的哲理有含蓄之美，硬要把它溶解和稀释在长篇大论中，只剩下了一杯白开水。

哲学家在大海边漫步、沉思，把珠贝拾回家珍藏起来，却把灰色的海滩留给读者。

我听见大海在呼喊：还我珠贝！

无论东方还是西方，最古老的哲学作品都是格言体或诗歌体的。从什么时候起，哲学板起了论文的刻板面孔？

古希腊有隐逸哲人，有逍遥学派、花园学派，哲学家们在户外、在大自然中思考宇宙和人生。我猜想，哲学完全学院化、体系化是中世纪神学兴起以后的事情，随着哲学所追问的那个"绝对"化身为上帝被关进教堂的四壁，哲学家们也就作为上帝的仆人被关进了学院的四壁，专事构造体系以论证上帝的权威。上帝死了，但仆人积习难改，总要论证点什么。

我偏爱那些用随笔、格言、手记等散文形式写作的哲学家，我喜欢徜徉在哲学的散文天地里。这里较少独断的论证和说教，有更多的质朴和自然，更多的直觉和洞见。这里没有普洛克路斯忒斯之床，用不着为了体系的需要而拉长或截短活的感觉和思想。

如果说体系巨构犹如巍峨的哥特式教堂或现代摩天大楼，那么，好的哲理散文就像一片清新的原野，当我从前者步入后者时，顿觉精神爽朗，新鲜空气扑鼻而来。

我工作了一整天。我的工作是研究哲学，也就是说，对别人的思想进行搜集、整理、分析、评论，写出合乎规范的"论文"。现在我累了，我决定把夜晚留给自己，轻松地休息一下。于是，我翻开了蒙田的随笔，读上几页，或者翻开我的小本子，写下自己的随感。这当然不算研究哲学，可是我觉得自己比白天研究哲学时更是个哲学家了……

非理性主义哲学的流行也许比理性主义更严重地败坏了人的非理性。

在理性主义时代，人的直觉、本能、情绪、体验不受重视，但也未受侵犯。这是一片原始森林，保持着非理性的自然面貌。自从非理性主义哲学兴起，哲学家们成群结队地闯入这个领域，没完没了地进行分析、解剖、砍伐，使非理性的感受丧失了其个人当下的独特性和生命的原始性，被符号化了，即理性化了。试问哪个时代像今天这样，有这么多哲学气十足的诗、小说、剧本、绘画、音乐？

第六辑

哲学与孩子

哲学与孩子与通俗化

最近，广东教育出版社出版了一套面向少儿读者的"画说哲学"小丛书，我也参与了写作，因为我确信这是一件很有意义的事情。

在一切学问中，哲学最不实用。在一切时代中，我们的时代最讲究实用。哲学在今天的命运就可想而知了。不过，我并不因此悲观，理由是：1.我从来不期望哲学成为热门，哲学成为热门未必是好事。2.在任何时代，总是有不讲究实用的一代人，那就是涉世未深的少年儿童。

童年和少年是哲学的黄金时期。无论东西方，最好的哲学都出在公元前五世纪前后，那是人类的童年和少年时期。对于个人也是这样，在这个年龄上，正在觉醒的好奇心直接面对世界和人生，其间还没有隔着种种遮蔽人的心智的利欲和俗见。孩子们多么善于提出既不实用又无答案的问题啊，这正是哲学问题的典型特点，可惜的是，它们往往被毫无哲学听觉的大人们扼杀了，同时也扼杀了许多未来的哲学家。当然，这对这些孩子自己未必是不幸，因为真的成了哲学家，他们就很难在社会上吃得开，更不用想当高官大款了。但是，我想，他们中间或许会有一些人，像我们一样，将来并不后悔做穷哲学家；而那些将来有希望当高官大款的人，他们也不会反对自己保留一点哲学眼光，以便在社会的沉浮中有以自持。所以，编写这套面向少年儿童的哲学读物，很可能是一件虽然无用却有益的事情。

据说有些哲学专业人员认为，写通俗的哲学作品必然会降低哲学的水准，丧失哲学的真髓。因此，他们站在专业立场上坚决反对把哲学通俗化。其实，所谓"通俗"是一个太笼统的说法。"通"本是与"隔"相对而言的，一个作者对自己所处理的题目融会贯通，因而能与相应的读者沟通，在这两方面均无阻隔，便是"通"。"俗"则是与"雅"相对而言的，指内容的浅显和形式的易于流行。所以，"通"和"俗"原不可相提并论。事实上，世上多的是"俗"而不"通"或"雅"而不"通"的制品，却少有真正"通"而不"俗"的作品。难的不是"雅"，而是"通"。而且我相信，只要真正"通"了，作品就必定不"俗"。柏拉图的许多对话，帕斯卡尔的思想录，蒙田的随笔，尼采的格言，圣埃克苏佩里的哲学童话《小王子》，看似通俗易懂，却都是哲学的精品。有时候，深刻的理论发现为了不使自己与已有的理论相混淆，不得不寻找与众不同的表达，或许难免显得艰涩。但是，表达得清晰生动而又不损害思想的独创性和深刻性，这无论如何属于一流的语言技巧，不是贬低了而是更加显示了一位大师的水准。相反，如果不"通"，不管写得怎样让人看不懂，也只是冒充高雅、故弄玄虚而已。

所以，我丝毫也不看轻给孩子们写哲学书这项工作。就我个人的爱好而言，我是更乐意和孩子们（包括童心未泯的大人）谈哲学的。与学者们讨论哲学，很多时候是在卖弄学问。在孩子们面前，卖弄学问就无济于事了。当事情涉及启迪智慧时，孩子是最不好骗的。如果我自己不"通"，我就绝不可能让他们对我的话装出感兴趣和理解的样子。我必须抛开在哲

227

学课堂上学来的一切半生不熟的知识，回到最原初的哲学问题上来，用最原初的方式来思考和讲述。对于我来说，这差不多是哲学上的一种返璞归真和正本清源。以后若还有机会，我有心继续这种尝试，而且把这看作是对自己的哲学能力的一种真正考验。

1996年5月

鼓励孩子的哲学兴趣

在一定的意义上，孩子都是自发的哲学家。他们当然并不知道什么是哲学，但是，活跃在他们小脑瓜里的许多问题是真正具有哲学性质的。我相信，就平均水平而言，孩子们对哲学问题的兴趣要远远超过大多数成人。这一方面是因为，从幼儿期到青春期，正是一个人的理性开始觉醒并逐渐走向成熟的时期，好奇心最强烈，求知欲最旺盛。另一方面，展现在他们眼前的是一个全新的世界，在这个阶段内，生命的生长本身就不断带来对人生的新的发现、看世界的新的角度，使他们迷乱和兴奋，也使他们困惑和思考。哲学原是对世界和人生的真相之探究，童年和青少年时期恰是发生这种探究的最佳机会。

然而，在多数人身上，随着年龄和阅历增长，曾经有过的那种自发的哲学兴趣似乎完全消失了，岁月把一个个小哲学家改造成了大俗人。之所以发生这种情况，孩子周围的大人——包括家长和老师——要负相当的责任。据我所见，对于孩子提出的哲学问题，大人们普遍以三种方式处理：一是无动于衷，认为不值得理睬；二是粗暴地顶回去，教训孩子不要瞎想；三是自以为是，用一个简单的答案打发孩子。在大人们心目中，对世界和人生的思考太玄虚、太无用，功课、考试、将来的好职业才是正经事。在这种急功近利的氛围中，孩子们的哲学兴趣不但得不到鼓励，而且往往过早地遭到了扼杀。

哲学到底有用还是无用，要回答这个问题，关键是如何看待所谓的用。如果你只认为应试、谋职、赚钱是有用，那么，哲学的确没有什么用。可是，如果你希望孩子成为一个真正优秀的人，那么，哲学恰恰是最有用的。人类历史上的一切优秀者，不管是哪一个领域的，必是对世界和人生有自己广阔的思考和独特的理解的人。一个人只有小聪明而没有大智慧，却做成了大事业，这样的例子古今中外都不曾有过呢。

所以，如果你真正爱孩子，关心他们的前途，就应该把你自己的眼光放得远一点。不要挫伤孩子自发的哲学兴趣，而要保护和鼓励，而最好的鼓励办法就是和他们一起思考和讨论。事实上，任何一个真正的哲学问题都不可能有所谓的标准答案，可贵的是发问和探究的过程本身，使我们对那些根本问题的思考始终处于活泼的状态。

在这方面，我们亟需有水平的启蒙读物。好的启蒙书其实不仅适合孩子阅读，也适合家长和孩子、老师和学生一同阅读。在相当程度上，大人也需要受启蒙，否则就当不好家长和老师。难道不是吗？

2005年5月

儿童与哲学

——接力出版社"儿童哲学智慧书"总序

经常有人问我：要不要让孩子学哲学？几岁开始学比较好？我总是反问：让孩子学哲学？有这个必要吗？孩子都是哲学家，应该是我们向他们学！这不只是戏言，凭借亲自观察，我深信儿童与哲学之间有着天然的亲和性，和大多数成人相比，孩子离哲学要近得多。在有些人眼中，孩子与哲学似乎不搭界，那是因为他们既不懂孩子，严重地低估了孩子的心智，也不懂哲学，以为哲学只是一门抽象的学问，对两方面都产生了误解。

有心的父母一定会注意到，儿童尤其幼儿特别爱提问，所提的相当一部分问题是大人回答不了的，原因不是缺乏相关知识，而是没有任何知识可以用作答案。这样的问题正是不折不扣的哲学问题。哲学开始于惊疑，孩子心智的发育进入旺盛期，就自然而然地会对世界感到惊奇，对人生产生疑惑，发出哲学性质的追问。清新活泼的儿童心智与陌生新鲜的大千世界相遇，这是人类精神的永恒的灿烂现象，但在每个人一生中却又是稍纵即逝的短暂时光。

所以，如果说"学"哲学，儿童期正是"学"哲学的机不可失的黄金时期。不过，所谓"学"完全不是从外面给孩子灌输一些书本上的知识，而是对孩子自发表现出来的兴趣予以关注、鼓励和引导。对于孩子的哲学性质的提问，聪明的大人只需要做两件事，第一是留意倾听他们的问题，第二是平等地和他们进行讨论。相反的态度是麻木不仁、充耳不闻，或者用一个简单的回答把孩子的提问打发掉，许多孩子的哲学悟性正是这样在萌芽阶段就遭扼杀了。

　　凡真正的哲学问题都没有终极答案，更没有标准答案。一定有人会问：既然如此，让孩子思考这种问题究竟有什么用？我只能这样回答：如果你只想让孩子现在做一架应试的机器，将来做一架就业的机器，当然就不必让他"学"哲学了。可是，倘若不是如此，你更想使孩子成长为一个优秀的人，哲学就是"必修课"。通过对世界和人生的那些既"无用"又"无解"的重大问题的思考，哲学给予人的是开阔的眼光、自由的头脑和富有智慧的生活态度，而这些品质必将造福整个人生。

　　当然，要做孩子够格的哲学"同伴"，大人必须提高自己。在这方面，一个有效途径是亲子共同阅读高水平的哲学童书。哲学童书而具高水平，殊不容易，常见的或者是太"哲学"（其实是太理论），不儿童，缺乏童趣，或者是太儿童，不哲学，缺乏哲思。接力出版社从法国引进"儿童哲学智慧书"，我看了很喜欢，觉得符合我心目中既儿童又哲学的定位。这套书也是简短的文字配以稚拙的图画，看似简单，其实很用了心思。一是选题精当，全套书共9册，每册都是对一个重要哲学主题的追问，包括"我""人生""幸福""情感""自由""与人相处""知识""好和坏""艺术和美"，这些主题同时又是在现实生活中容易引起困惑的难题，因而是和人人密切相关的。二是通晓儿童心理，在每个主题下有若干问题，在每个问题下有若干可能的回答，问题和回答的设计皆出自孩子的眼光，既天真可爱，又真实可信，每每令人会心一笑。三是真正用哲学的方式来启迪哲学的思考，对于每个回答不下对错的论断，而是从不同角度提出质疑，最后也不给出一个结论，而是点出思考这个问题的价值之所在。这三个优点使我相信，作者是既懂孩子又懂哲学的，因此我便可以放心地向孩子们以及家长、老师们推荐这套书了。

2010年12月

怎样教孩子处世做人

——接力出版社"哲学鸟飞罗"丛书序

孩子都爱发问。爱发问的孩子是聪明的孩子，这说明他的小脑瓜在思考，他看见了一些令他惊奇或困惑的现象，要寻求答案。这正是父母对孩子进行启发式教育的良机。如果你是聪明的父母，你一定会抓住这个机会，仔细倾听孩子的问题，和他进行平等的讨论，切磋相关的道理。有的家长不喜欢孩子发问，总是不耐烦地顶回去，或者给一个简单的答案了事。这样的家长是最笨的家长，而且可能会扼杀孩子的好奇心，使孩子变得和他一样笨。

千万不要小看孩子提的问题，你要给他解释清楚还真不容易呢。比较起来，最容易回答的是知识性的问题，当然，前提是你具备有关的知识，并且善于根据孩子的理解能力进行讲解。特别难回答的问题有两类，一类是哲学性的，另一类是社会性的。哲学性的问题，即对宇宙和人生的追根究底的发问，原本没有标准答案，因此最佳方式是仅仅给予鼓励，使孩子的思考保持在活泼的开放的状态。社会性的问题，源于孩子与人打交道时产生的困惑，随着年龄增长，与社会接触增多，这类问题会大量涌现。怎么应对这类问题，正是我们现在要着重探讨的。

孩子幼小时，一直生活在父母羽翼的庇护之下，自由自在，无忧无虑。上小学后，情况大变，一下子进入了某种带有强制性的秩序之中，以及某种相对陌生的人际关系之中。他会遭遇许多矛盾，他的极其有限的经验完全不足以对付，因而疑惑丛生。事实上，他已经开始面对如何处世做人这个大问题了。细究起来，最基本的矛盾是个人自由和社会规则之间的矛盾，而这正是贯穿人类社会经济、政治、法律、道德领域的核心问题。在这个问题上，最困难的是如何把握好二者的度，各个学派对此亦是众说纷纭。对于个人来说，个性与社会性的冲突也是贯穿终生的，而儿童时期是其肇始，打下一个正确解决的基础是特别重要的。怎样让孩子既能自由成长，又能适应社会，这同样是令父母们苦恼的问题。我想强调的是，父母在引导孩子思考这类问题时，也要把握好度，不可把孩子教育成小绵羊，盲目服从社会的成规。正确的目标是，让孩子既能明白公共生活的若干基本准则，培养自制、友爱、仁慈等美德，又能学会分析复杂的社会现象，坚持独立思考，培养自信、勇敢、正义等美德。

这套童书侧重的正是孩子的社会性发问，以期让孩子懂得处世做人的基本道理。主角菲卢是一个六岁半的男孩，恰好处在开始产生社会性困惑的年龄。作者设计了这个年龄段容易产生疑惑的若干问题，比如：我可以打架吗？我可以撒谎吗？要是我不遵守规则？要是我不去上学？为什么我不能当头儿？每册书针对其中一个问题，父母给菲卢讲道理。有趣的是，就像孩子在这种场合一般会表现的那样，菲卢对父母讲的道理常常不服气。可是，到了晚上，回到自己的房间，他的好朋友——一只名叫飞罗的鸟——就会来找他，而在与飞罗的交谈中，他就慢慢想通了。按照我的理解，这个飞罗其实就是菲卢，是他的那个理性的自我。因此，与飞罗的交谈实际上是菲卢的内心对话。这就告诉我们，父母讲道理讲得好，会起到一个最重要的作用，就是促进孩子那个内在的理性自我觉醒，自己进一步去思考，从而逐渐具备独立解决所遇到的社会性难题的能力。

2012年2月

让小柏拉图结识大柏拉图

——"小柏拉图"丛书总序

我喜欢这套丛书的名称——"小柏拉图"。柏拉图是西方哲学的奠基者，他的名字已成为哲学家的象征。小柏拉图就是小哲学家。

谁是小柏拉图？我的回答是：每一个孩子。老柏拉图说：哲学开始于惊疑。当一个人对世界感到惊奇，对人生感到疑惑，哲学的沉思就在他身上开始了。这个开始的时间，基本上是在童年。那是理性觉醒的时期，好奇心最强烈，心智最敏锐，每一个孩子头脑里都有无数个为什么，都会对世界和人生发出种种哲学性质的追问。

可是，小柏拉图们是孤独的，他们的追问往往无人理睬，被周围的大人们视为无用的问题。其实那些大人也曾经是小柏拉图，有过相同的遭遇。一代代小柏拉图就这样昙花一现了，长大了不再想无用的哲学问题，只想有用的实际问题。

好在有幸运的例外，包括一切优秀的科学家、艺术家、思想家，等等，而处于核心的便是历史上的大哲学家。他们身上的小柏拉图足够强大，茁壮生长，终成正果。王尔德说："我们都生活在阴沟里，但我们中有些人仰望星空。"这些大哲学家就是为人类仰望星空的人，他们的存在提升了人类生存的格调。

对于今天的小柏拉图们来说，大柏拉图们的存在也是幸事。让他们和这些大柏拉图交朋友，他们会发现自己并不孤独，历史上最伟大的头脑都是他们的同伴。当然，他们将来未必都成为大柏拉图，这不可能也不必要，但是若能在未来的人生中坚持仰望星空，他们就会活得有格调。

我相信，走进哲学殿堂的最佳途径是直接向大师学习，阅读经典原著。我还相信，孩子与大师都贴近事物的本质，他们的心是相通的。让孩子直接读原著诚然有困难，但是必能找到一种适合孩子的方式，让小柏拉图们结识大柏拉图们。

这正是这套丛书试图做的事情。全书共10册，选择10位有代表性的大哲学家，采用图文并茂讲故事的方式，叙述每位哲学家的独特生平和思想。这几位哲学家都足够伟大，在人类思想史上产生了巨大而深远的影响，同时也都相当有趣，各有其鲜明的个性。为了让读者对每位哲学家的思想有一个瞬间的印象，我各选一句名言列在下面，作为序的结尾，它们未必是丛书作者叙述的重点，但无不闪耀着智慧的光芒。

苏格拉底：未经思考的人生不值得一过。

第欧根尼：不要挡住我的阳光。

伊壁鸠鲁：幸福就是身体的无痛苦和灵魂的无烦恼。

笛卡儿：我思故我在。

莱布尼茨：世界上没有两片完全相同的树叶。

康德：最令人敬畏的是头上的星空和心中的道德律。

卢梭：出自造物主之手的东西都是好的，一到了人的手里就全变坏了。

马克思：真正的自由王国存在于物质生产领域的彼岸，这就是作为目的本身的人的能力的发展。

爱因斯坦：因为知识自身的价值而尊重知识是欧洲的伟大传统。

海德格尔：在千篇一律的技术化的世界文明时代中，人类是否和如何还能有家园？

2013年8月

幼儿的生死之问 [1]

从三岁半开始，啾啾谈论死亡的时候，就已经有了一种悲伤的意味。她逐渐明白了一个无情的事实：所有现在活着的人都会死，包括爸爸妈妈，包括她自己。

有一天，她问妈妈："什么人都会死吗？"妈妈说是的。她接着问："奶奶会死吗？"答："以后会的。"问："爸爸也会死吗？"答："也会的，那要到很久很久以后，爸爸特别老的时候了。"问："我也会老吗？"妈妈不回答，把话题岔开。

对于人会老、会死，啾啾想不通，她的小脑瓜始终在琢磨。她问妈妈："为什么小宝宝长大了，妈妈就会变老？"妈妈答："有的大人没有小宝宝，他们也一样会变老。"她坚持问："为什么？"妈妈一时语塞，想了一会儿，打比方说："你看花开得久了，就会谢，人也一样。"

---

[1] 摘自《宝贝，宝贝》，江苏人民出版社，2010 年 1 月。

每天夜晚，啾啾上床后，妈妈都陪她说一会儿话儿，给她抚摩背脊，她在妈妈的爱抚下入睡。这是一天夜晚母女俩的一段对话——

"妈妈，你很老了还会照顾我吗？"

"当然会的。"

"你很老了，我也长大了。"

"你长大了，还是妈妈的宝贝。"

"老了就会死，你死了，变成天使了，你在天上还会照顾我吗？"

"还会的。"

"我也会变成天使的吧？"

"到你很老很老的时候会的。"

"我也变成了天使，到天上去找你，你就能照顾我了。"

"对呀，到了天上，我们还是妈妈和宝贝，妈妈还照顾你。"

聊到这里，啾啾紧紧地搂住了妈妈的脖子。

啾啾四岁的时候，有一天，我们一家三口驱车外出，遭遇堵车。啾啾突然问：

"妈妈，我们都死了以后，天还是这样的吗？"

妈妈说："大概是吧。"

"到时候谁还在天下面呢？"

"那些还没有死的人呀，还有许多新出生的人。"

"世界上的人都死了，也没有新的小宝宝生下来，世界上没有一个人了，会是什么样子呢？"

"那样世界就空了吧。"

她沉默良久，说："不对，我们一家人还在，我们还活着，不会老，不会死。"

妈妈给她讲道理，说假如只有我们一家人活着，超市里就没有东西让我们买，餐馆里就没有饭让我们吃，幼儿园里就没有老师给宝贝上课，总之，必须还有别的人活着，否则我们也没法活。

啾啾承认妈妈说得对，她指着车窗外拥挤的车辆和行人解释说："我说的是外面这些人。我觉得世界上的人太多了，我不想有这么多人。"

隔了一会儿，她带着遗憾的口气说："其实我也不想他们死。为什么所有人都要死呢，能不死多好。"

不想长大已经成为啾啾的一个相当严重的心理症结。她是一个聪明的孩子，不愿意陷在痛苦的情绪之中，自己在思考，试图找到一种能够说服自己的道理。

她问我："你说，人会长大好，还是不会长大好？"

我答："各有好处，也各有坏处。"

她表示赞同，马上谈不长大的坏处："还是那么小，却满面皱纹……"

我说："不长大就总是小孩的样子，不会满面皱纹的。"

她问："也不会死？"

我点头。她动心了。我说："可是也没有亲人了，因为亲人都会死。"

她提出异议，说："亲人会有后代呀，所以仍有亲人。"

我承认她说得对，就换一个角度说："爸爸已经长大了，知道长大了能够经历许多有意思的事，比如会有自己的小宝宝。你不长大，就永远不能有自己的小宝宝了。"

这个理由很有力量，因为她一直觉得有小宝宝是一件有意思的事。愣了一会儿，她说："其实长大也可以，但不要老，我就是不想老。"

我说："我也不想老。"

她说："最好是又长大，又不会老。爸爸，你说有什么办法吗？"

我说："从古代开始，有许多人在找这个办法，好像都没有找到。"

她叹了一口气，不说话了。

啾啾六岁时，有一回，她问妈妈："我爱你多长时间才够？"妈妈答："一万年。"她说："那时候我们都已经死了，没法爱了。"妈妈说："到了天上还可以爱。"她说："到了天上，我们都不是原来的样子了，认不出了。"妈妈出主意："那就先做好记号吧。"她说："没有用，记号也会丢的。"还有一回，她问妈妈："下一世我会不会变成一个外国人？"妈妈答："有可能。"她说："我不想做外国人。"妈妈说："你可以选择做中国人。"她问："我还会不会做你的女儿？"妈妈答："你可以选我做你的妈妈呀。"她想了一会儿，淡淡地说："时间太长了，我怕到时候会忘记。"

韶光流逝，人生易老，人们往往以为只有成年人才会有这样的惆怅，其实不然。我们总是低估孩子的心灵。我自己的幼时记忆，我的女儿的幼时表现，都证明一个人在生命早期就可能为岁月匆匆而悲伤，为生死大限而哀痛。不要说因为我是哲学家，我小时候哪里知道将来会以哲学为业。不要说因为啾啾是哲学家的女儿，她的苦恼与哲学理论哪里有半点关系。我要再三强调：孩子的心灵比我们所认为的细腻得多，敏锐得多，我们千万不要低估。

那么，当孩子表露了这种大人也不堪承受的生命忧惧，提出了这种大人也不能解决的人生难题，我们怎么办？

首先，我们要留心，要倾听，让孩子感到，我们对他的苦恼是了解和关切的。如果家长听而不闻，置之不理，麻木不仁，孩子就会把苦恼埋在心底，深感孤独无助。

其次，要鼓励孩子，让他知道，他想的问题是重要的、有价值的，他能够想这样的问题证明他聪明、会动脑子。有一些愚蠢的家长，一听见孩子提关于死亡的问题就大惊小怪，慌忙制止，仿佛孩子做了错事。这种家长自己一定是恐惧死亡和逃避思考的，于是做出了本能的反应。他们这样反应，会把恐惧情绪传染给孩子，很可能从此就把孩子圈在如同他们一样的蒙昧境界中了。

最后，要以平等、谦虚的态度和孩子进行讨论，不知为不知，切忌用一个平庸的答案来把问题取消。你不妨提一些可供他参考的观点，但一定不要做结论。我经常听到，当孩子对死亡表示困惑时，大人就给他讲一些大道理，什么有生必有死呀，人不死地球就装不下了呀，我听了心中就愤怒，因为他们居然认为用这些生物学、物理学的简单道理就可以打发掉孩子灵魂中的困惑，尤其是他们居然认为孩子灵魂中如此有价值的困惑应该被打发掉！

其实，一切重大的哲学问题，比如生死问题，都是没有终极答案的，更不可能有所谓的标准答案。这样的问题要想一辈子，想本身就会有收获，本身就是觉悟和修炼的过程。孩子一旦开始想这类问题，你不要急于让孩子想通，事实上也不可能做到。宁可让他知道，你也还没有想通呢，想不通是正常的，咱们一起慢慢想吧。让孩子从小对人生最重大也最令人困惑的问题保持勇于面对的和开放的心态，这肯定有百利而无一弊，有助于在他的灵魂中生长起一种根本的诚实。孩子心灵中的忧伤，头脑中的困惑，只要大人能以自然的态度对待，善于引导，而不是去压抑和扭曲它们，都会是精神的种子，日后忧伤必将开出艺术的花朵，困惑必将结出智慧的果实，对此我深信不疑。

做一个有灵魂的人

——与中学生谈学习哲学

最近,《中国教育报》对中学生的课外阅读做调查,结果显示,哲学类书籍在其中占据相当比重。同时,也发现不少人对哲学有误解。该报记者汇集了一些问题,希望我有针对性地与中学生谈一谈哲学的学习。这正是我乐意做的事情,因为我相信,中学生里一定有许多哲学的潜在知音,对他们说话绝不会白费口舌。

1. 哲学是什么?教科书上说是关于世界观的学问,这个定义好像太笼统。调查中发现,很多学生以为哲学就是马克思主义或政治课本,觉得枯燥,但他们却喜欢读哲理散文,例如您的文章。您如何看待这种现象?

答:哲学一词的本义是爱智慧,通俗地说,就是不愿糊里糊涂地活着,要活得明白。苏格拉底有一句名言,"未经省察的人生没有价值",就是这个意思。而要活得明白,就必须用自己的头脑去想世界和人生的根本问题。在此意义上,可以说哲学就是世界观和人生观。我不太赞同哲学是学问的提法，因为说学问就容易凝固化。严格地说，哲学不是一门学问，而是一种思考的状态。请注意"观"这个词，世界观就是"观"世界，人生观就是"观"人生，第一要用自己的眼睛去"观"，第二所"观"的应是世界和人生的全局。我们平时往往沉湎在身边的琐事之中，但有时也会从中跳出来，想一想世界究竟是什么、人生究竟有什么意义这样的问题，这时候就是在进行哲学思考了。哲学是"观"全局的活动，其最重要的特征，一是独立思考，二是思考根本问题。

马克思是一位大哲学家，马克思主义是一种在现代具有重要影响的哲学，这是现代许多哲学家都承认的。但是，马克思主义哲学是在特定历史条件下产生的，脱离这个条件，就不可能正确理解。在我们的教科书中，它被孤立起来了，它的丰富内涵又被简单化为一些教条，这当然会使学生对哲学产生误解和厌倦。我本人认为，中学哲学教学的改革势在必行。

2. 如今书店里最多的哲理读物是励志类书籍，您认为它们会给中学生带来何种影响？

答：的确，现在书店里充斥着所谓的励志类书籍，其内容无非是教人如何在名利场上拼搏，出人头地，发财致富，如何精明地处理人际关系，讨老板欢心，在社会上吃得开，诸如此类。依我看，这类东西基本上是垃圾，与哲学完全不沾边。偏是这类东西似乎十分畅销，每次在书店看到它们堆放在最醒目的位置上，满眼是"经营自我""致富圣经""人生策略""能说会道才能赢"之类庸俗不堪的书名，我就为我们的民族感到悲哀，何以竟堕落到了这等地步。使我惊讶的是，对于这种东西，稍有灵性的人都会产生本能的厌恶，怎么还有人而且许多人把它们买回去读？事实上，它们大多是书商找写手胡乱编造出来的，目的是骗钱，写手自己绝非成功之人，读它们的人怎么就能成功？可见这个时代已经急功近利到了盲目的程度。这种书会不会对中学生带来不良影响？当然会。不过，我相信，就本性而言，青少年蓬勃向上的心灵是不会喜欢这种散发着腐朽气息的东西的，没有一个孩子愿意自己变得世故。如果他们中有人也读这种书，我敢断言，多半是庸俗的家长硬塞给他的。我希望广大中学生远离这种书，以读这种书为耻，因为这意味着年轻纯洁的心过早变老、变平庸了。

这里我想顺便谈一谈为什么要学哲学。人是应该有进取心的，问题是朝什么方向进取。哲学让人综观世界和人生的全局，实际上就为人的进取方向提供了一个坐标。一个人活在世上只是追求世俗的成功，名啊利啊什么的，他的成功只是表面的，仍然是在混日子而已，区别只在混得好不好。真正的成功是做人的成功，即做一个有灵魂的人，一个精神上优秀的大写的人。这样的人即使在世俗的意义上不很成功，他的人生仍是充满意义的。可是，事实上，人类历史上一切伟大的成功者恰恰出于这样的人之中。不管在哪一个领域，包括创造财富的领域，做成大事业的绝非只有一些小伎俩的精明之人，而必是对世界和人生有广阔思考和独特领悟的拥有大智慧的人。

3. 您曾说您最乐意与孩子谈哲学，您的《哲学：对世界的认识》《精神的故乡》两本书也是为孩子写的。您能不能谈一谈，一个人在什么年龄学哲学最合适？中学生应该怎样学哲学？你能否推荐一些适合中学生的哲学读物？

答：一个人在任何年龄都可以学哲学。在不同的年龄，学习的方式和感受是不同的。黑格尔说过，对于同一句格言，少年人和老年人会有很不同的理解。不过，就哲学是爱智慧而言，我觉得中学和大学低年级是开始学哲学的最佳年龄。有一本书的书名叫《孩子都是哲学家》，我很赞同这个说法。爱智慧开始于好奇心，而孩子的好奇心是最强烈的，面对一个全新的世界和人生，他们什么都要问，其中许多是真正具有哲学性质的。只是在小学时，年龄太小，好奇心虽然强烈，理性思维的能力毕竟还弱，应该鼓励孩子的自发兴趣，但不宜正式学习。到了中学阶段，可以开始正式学习了。所谓正式学习，也不是一本正经地读教科书。你看在古希腊时代，苏格拉底整天在街头与人聊天，最喜欢听他聊天的正是一些高中生、大学生年龄的人，他也最喜欢与这样年龄的人聊，认为他们的心灵是最适宜播下哲学种子的肥土。就在这样的聊天中，这些青少年学到了哲学，其中好几位成了大哲学家，比如柏拉图。

可是，今天的中学生到哪里去找这样一个苏格拉底啊，主要还得靠自己阅读。一开始当然只能读一些比较通俗的入门书，在选择这类读物的时候，我想强调两条标准，第一要有趣，第二起点要高。既有趣又起点高，谈何容易，其实好的通俗哲学书是非常难写的，必出于大家之手。这方面有两本书值得推荐，一是罗素的《西方的智慧》，另一是杜兰特的《哲学的故事》。到了高中和大学阶段，如果你想深入学哲学，我建议你读一本比较可靠的哲学史，比如梯利的《西方哲学史》，然后，选择其中谈到的你感兴趣的哲学家，去看他们的原著。我这里说的是学习西方哲学，学习中国古代哲学的道理与此相同。根据我的经验，要真正领悟哲学是什么，最好的办法就是读大哲学家的原著，看他们在想什么问题和怎样想这些问题。你一旦读了进去，就再也不想去碰那些粗浅的启蒙读物了。

2005年5月

第七辑

希腊的智慧

智慧的诞生

一

许多年里，我的藏书屡经更新，有一本很普通的书却一直保留了下来。这是一册古希腊哲学著作的选辑。从学生时代起，它就跟随着我，差不多被我翻破了。每次翻开它，无须阅读，我就会进入一种心境，仿佛回到了人类智慧的源头，沐浴着初生哲学的朝晖。

古希腊是哲学的失去了的童年。人在童年最具纯正的天性，哲学也是如此。使我明白何谓哲学的，不是教科书里的定义，而是希腊哲人的嘉言懿行。雪莱曾说，古希腊史是哲学家、诗人、立法者的历史，后来的历史则变成了国王、教士、政治家、金融家的历史。我相信他不只是在缅怀昔日精神的荣耀，而且是在叹息后世人性的改变。最早的哲学家是一些爱智慧而不爱王国、权力和金钱的人，自从人类进入成年，并且像成年人那样讲求实利，这样的灵魂是愈来愈难以产生和存在了。

一个研究者也许要详析希腊各个哲学家之间的差异和冲突，把他们划分为不同的营垒。然而，我只是一个欣赏者。当我用欣赏的眼光观看公元前五世纪前后希腊的哲学舞台时，首先感受到的是哲学家们一种共同的精神素质，那就是对智慧的热爱，从智慧本身获得快乐的能力，当然，还有承受智慧的痛苦和代价的勇气。

二

在世人眼里，哲学家是一种可笑的人物，每因其所想的事无用、有用的事不想而加以嘲笑。有趣的是，当历史上出现第一个哲学家时，这样的嘲笑即随之发生。柏拉图记载："据说泰利士仰起头来观看星象，却不慎跌落井内，一个美丽温顺的色雷斯侍女嘲笑说，他急于知道天上的东西，却忽视了身旁的一切。"

我很喜欢这个故事。由一个美丽温顺的女子来嘲笑哲学家的不切实际，倒是合情合理的。这个故事必定十分生动，以致被若干传记作家借去安在别的哲学家头上，成了一则关于哲学家形象的普遍性寓言。

不过，泰利士可不是一个对于世俗事务无能的人，请看亚里士多德记录的另一则故事："人们因为泰利士贫穷而讥笑哲学无用，他听后小露一手，通过观察星象预见橄榄将获丰收，便低价租入当地全部橄榄榨油作坊，到油坊紧张时再高价租出，结果发了大财。"他以此表明，哲学家要富起来是极为容易的，如果他们想富的话。然而这不是他们的兴趣所在。

哲学家经商肯定是凶多吉少的冒险，泰利士成功靠的是某种知识，而非哲学。但他总算替哲学家争了一口气，证明哲学家不爱财并非嫌葡萄酸。事实上，早期哲学家几乎个个出身望族，却蔑视权势财产。赫拉克利特、恩培多克勒拒绝王位，阿那克萨戈拉散尽遗产，此类事不胜枚举。德谟克利特的父亲是波斯王的密友，而他竟说，哪怕只找到一个原因作解释，也比做波斯王好。

据说"哲学"（philosophia）一词是毕达哥拉斯的创造，他嫌"智慧"（sophia）之称自负，便加上一个表示"爱"的词头（Philo），成了"爱智慧"。不管希腊哲人对于何为智慧有什么不同的看法，爱智慧胜于爱世上一切却是他们相同的精神取向。在此意义上，柏拉图把哲学家称作"一心一意思考事物本质的人"，亚里士多德指出哲学是一门以求知而非实用为目的的自由的学问。遥想当年泰利士因为在一个圆内画出直角三角形而宰牛欢庆，毕达哥拉斯因为发现勾股定理而举行百牛大祭，我们便可约略体会希腊人对于求知本身怀有多么天真的热忱了。这是人类理性带着新奇的喜悦庆祝它自己的觉醒。直到公元前三世纪，希腊人的爱智精神仍有辉煌的表现。当罗马军队攻入叙拉古城的时候，他们发现一个老人正蹲在沙地上潜心研究一个图形。他就是赫赫有名的阿基米德。军人要带他去见罗马统帅，他请求稍候片刻，等他解出答案，军人不耐烦，把他杀了。剑劈来时，他只来得及说出一句话："不要踩坏我的圆！"

三

凡是少年时代迷恋过解几何题的人，对阿基米德大约都会有一种同情的理解。刚刚觉醒的求知欲的自我享受实在是莫大的快乐，令人对其余一切视而无睹。当时的希腊，才告别天人浑然不分的童稚的神话时代，正如同一个少年人一样惊奇地发现了头上的星空和周遭的万物，试图凭借自己的头脑对世界做出解释。不过，思维力的运用至多是智慧的一义，且是较不重要的一义。神话的衰落不仅使宇宙成了一个陌生的需要重新解释的对象，还使人生成了一个未知的有待独立思考的难题。至少从苏格拉底开始，希腊哲人们更多地把智慧视作一种人生觉悟，并且相信这种觉悟乃是幸福的唯一源泉。

苏格拉底，这个被雅典美少年崇拜的偶像，自己长得像个丑陋的脚夫，秃顶、宽脸、扁阔的鼻子，整年光着脚，裹一条褴褛的长袍，在街头游说。走过市场，看了琳琅满目的货物，他吃惊地说："这里有多少东西是我用不着的！"

是的，他用不着，因为他有智慧，而智慧是自足的。若问何为智慧，我发现希腊哲人们往往反过来断定自足即智慧。在他们看来，人生的智慧就在于自觉限制对于外物的需要，过一种简朴的生活，以便不为物役，保持精神的自由。人已被神遗弃，全能和不朽均成梦想，唯在无待外物而获自由这一点上尚可与神比攀。苏格拉底说得简明扼要："一无所需最像神。"柏拉图理想中的哲学王既无恒产，又无妻室，全身心沉浸在哲理的探究中。亚里士多德则反复论证哲学思辨乃唯一的无所待之乐，因其自足性而成为人唯一可能过上的"神圣的生活"。

但万事不可过头，自足也不例外。犬儒派哲学家偏把自足推至极端，把不待外物变成了拒斥外物，简朴变成了苦行。最著名的是第欧根尼，他不要居室食具，学动物睡在街面，从地上拣取食物，乃至在众目睽睽下排泄和做爱。自足失去向神看齐的本意，沦为与兽认同，哲学的智慧被勾画成了一幅漫画。当第欧根尼声称从蔑视快乐中所得到的乐趣比从快乐本身中所得到的还要多时，再粗糙的耳朵也该听得出一种造作的意味。难怪苏格拉底忍不住要挖苦他那位创立了犬儒学派的学生安提斯泰尼说："我从你外衣的破洞可以看穿你的虚荣心。"

学者们把希腊伦理思想划分为两条线索，一是从赫拉克利特、苏格拉底、犬儒派到斯多葛派的苦行主义，另一是从德谟克利特、昔勒尼派到伊壁鸠鲁派的享乐主义。其实，两者的差距并不如想象的那么大。德谟克利特和伊壁鸠鲁都把灵魂看作幸福的居所，主张物质生活上的节制和淡泊，只是他们并不反对享受来之容易的自然的快乐罢了。至于号称享乐学派的昔勒尼派，其首领阿里斯底波同样承认智慧在大多数情况下能带来快乐，而财富本身并不值得追求。当一个富翁把他带到家里炫耀住宅的华丽时，他把唾沫吐在富翁脸上，轻蔑地说道，在铺满大理石的地板上实在找不到一个更适合吐痰的地方。垂暮之年，他告诉他的女儿兼学生阿莱特，他留下的最宝贵的遗产乃是"不要重视非必需的东西"。

对于希腊人来说，哲学不是一门学问，而是一种以寻求智慧为目的的生存方式，简言之，乃是一种精神生活。我相信这个道理千古不易。一个人倘若不能从心灵中获得大部分的快乐，他算什么哲学家呢？

四

当然，哲学给人带来的不只是快乐，更有痛苦。这是智慧与生俱来的痛苦，从一开始就纠缠着哲学，永远不会平息。

想一想普罗米修斯窃火的传说或者亚当偷食智慧果的故事吧，几乎在一切民族的神话中，智慧都是神的特权，人获得智慧都是要受惩罚的。在神话时代，神替人解释一切，安排一切。神话衰落，哲学兴起，人要自己来解释和安排一切了，他几乎在踌躇满志的同时就发现了自己力不从心。面对动物或动物般生活着的芸芸众生，觉醒的智慧感觉到一种神性的快乐。面对宇宙大全，它却意识到了自己的局限，不得不承受由神性不足造成的痛苦。人失去了神，自己却并不能成为一个神，或者，用爱默生的话说，只是一个破败中的神。

所谓智慧的痛苦，主要不是指智慧面对无知所感觉到的孤独或所遭受到的迫害。在此种情形下，智慧毋宁说更多地感到一种属于快乐性质的充实和骄傲。智慧的痛苦来自内在于它自身的矛盾。希腊哲人一再强调，智慧不是知识，不是博学。再博学的人，他所拥有的也只是对于有限和暂时事物的知识。智慧却是要把握无限和永恒，由于人本身的局限，这个目标永远不可能真正达到。

大多数早期哲学家对于人认识世界的能力都持不信任态度。例如，恩培多克勒说，人"当然无法越过人的感觉和精神"，而哲学所追问的那个"全体是很难看见、听见或者用精神掌握的"。德谟克利特说："实际上我们丝毫不知道什么，因为真理隐藏在深渊中。"请注意，这两位哲学家历来被说成是坚定的唯物论者和可知论者。

说到对人自己的认识，情形就更糟。有人问泰利士，世上什么事最难，他答："认识你自己。"苏格拉底把哲学的使命限定为"认识你自己"，而他认识的结果却是发现自己一无所知，于是得出结论："人的智慧微乎其微，没有价值。"而认识到自己的智慧没有价值，也就是人的最高智慧之所在了。

当苏格拉底承认自己"一无所知"时，他所承认无知的并非政治、文学、技术等专门领域，而恰恰是他的本行——哲学，即对世界和人生的底蕴的认识。其实,在这方面,人皆无知。但是,一般人无知而不自知其无知。对于他们,当然就不存在所谓的智慧的痛苦。一个人要在哲学方面自知其无知,前提是他已经有了寻求世界和人生之根底的热望。而他之所以有这寻根究底的热望,必定对于人生之缺乏根底已经感到了强烈的不安。仔细分析起来,他又必定是在意识到人生缺陷的同时即已意识到此缺陷乃是不可克服的根本性质的缺陷,否则他就不至于如此不安了。所以,智慧从觉醒之日起就包含着绝望。

以爱智慧为其本义的哲学,结果却是否定智慧的价值,这真是哲学的莫大悲哀。然而,这个结果命中注定,在劫难逃。哲学所追问的那个一和全、绝对、终极、永恒,原是神的同义语,只可从信仰中得到,不可凭人的思维能力求得。除了神学,形而上学如何可能?走在寻求本体之路上的哲学家,到头来不是陷入怀疑主义,就是倒向神秘主义。在精神史上,苏格拉底似乎只是荷马与基督之间的一个过渡人物。神话的直观式信仰崩溃以后,迟早要建立宗教的理智式信仰,以求给人类生存提供一个整体的背景。智慧曾经在襁褓中沉睡而不知痛苦,觉醒之后又不得不靠催眠来麻痹痛苦,重新沉入漫漫长夜。到了近代,基督教信仰崩溃,智慧再度觉醒并发出痛苦的呼叫,可是人类还能造出什么新式的信仰呢?

不过,尽管人的智慧有其局限,爱智慧并不因此就属于徒劳。其实,智慧正是人超越自身局限的努力,唯凭此努力,局限才显现了出来。一个人的灵魂不安于有生有灭的肉身生活的限制,寻求超越的途径,不管他的寻求有无结果,寻求本身已经使他和肉身生活保持了一个距离。这个距离便是他的自由,他的收获。智慧的果实似乎是否定性的:理论上——"我知道我一无所知";实践上——"我需要我一无所需"。然而,达到了这个境界，在谦虚和淡泊的哲人胸怀中，智慧的痛苦和快乐业已消融为一种和谐的宁静了。

<h2 style="text-align:center">五</h2>

人们常说：希腊人尊敬智慧，正如印度人尊敬神圣、意大利人尊敬艺术、美国人尊敬商业一样；希腊的英雄不是圣者、艺术家、商人，而是哲学家。这话仅在一定程度上是对的。例如，泰利士被尊为七贤之首，名望重于立法者梭伦，德谟克利特高龄寿终，城邦为他举行国葬。但是，我们还可找到更多相反的例子，证明希腊人迫害起哲学家来，其凶狠绝不在别的民族之下。雅典人不仅处死了本邦仅有的两位哲学家之一——伟大的苏格拉底，而且先后判处来自外邦的阿那克萨戈拉和亚里士多德死刑，迫使他们逃亡，又将普罗塔戈拉驱逐出境，焚毁其全部著作。毕达哥拉斯和他的四十余名弟子，除二人侥幸逃脱外，全部被克罗托内城的市民捕杀。赫拉克利特则差不多是饿死在爱非斯郊外的荒山中的。

希腊人真正崇拜的并非精神上的智者，而是肉体上的强者——运动员。四年一届的奥林匹克运动会上的优胜者不但可获许多奖金，而且名满全希腊，乃至当时希腊历史纪年也以他们的名字命名。克塞诺芬尼目睹此情此景，不禁提出抗议："这当然是一种毫无根据的习俗，重视体力过于重视可贵的智慧，乃是一件不公道的事情。"这位哲学家平生遭母邦放逐，身世对照，自然感慨系之。仅次于运动员，出尽风头的是戏剧演员，人们给竞赛获奖者戴上象牙冠冕，甚至为之建造纪念碑。希腊人实在是一个爱娱乐远胜于爱智慧的民族。然而，就人口大多数而言，哪个民族不是如此？古今中外，老百姓崇拜的都是球星、歌星、影星之类，哲学家则难免要坐冷板凳。对此不可评其对错，只能说人类天性如此，从生命本能的立场看，也许倒是正常的。

令人深思的是，希腊哲学家之受迫害，往往发生在民主派执政期间，通过投票做出判决，且罪名一律是不敬神。哲人之所以为哲人，就在于他们对形而上学问题有独立的思考，而他们思考的结果却要让从不思考这类问题的民众来表决，其命运就可想而知了。民主的原则是少数服从多数，哲学家却总是少数，确切地说，总是天地间独此一人，所需要的恰恰是不服从多数也无须多数来服从他的独立思考的权利，这是一种超越民主和专制之政治范畴的精神自由。对于哲学家来说，不存在最好的制度，只存在最好的机遇，即一种权力对他的哲学活动不加干预，至于这权力是王权还是民权好像并不重要。

在古希腊，至少有两位执政者是很尊重哲学家的。一位是雅典民主制的缔造者伯里克利，据说他对阿那克萨戈拉怀有"不寻常的崇敬和仰慕"，执弟子礼甚勤。另一位是威震欧亚的亚历山大大帝，他少年时师事亚里士多德，登基后仍尽力支持其学术研究，并写信表示："我宁愿在优美的学问方面胜过他人，而不愿在权力统治方面胜过他人。"当然，事实是他在权力方面空前地胜过了他人。不过，他的确是一个爱智慧的君主。更为脍炙人口的是他在科林斯与第欧根尼邂逅的故事。当时第欧根尼正躺着晒太阳，大帝说："朕即亚历山大。"哲人答："我是狗崽子第欧根尼。"问："我能为你效什么劳？"答："不要挡住我的太阳。"大帝当即叹道："如果我不是亚历山大，我便愿意我是第欧根尼。"

如果说阿那克萨戈拉和亚里士多德有幸成为王者师，那么，还有若干哲学家则颇得女人的青睐。首创女校和沙龙的阿斯帕西娅是西方自由女性的先驱，极有口才，据说她曾与苏格拉底同居并授以雄辩术，后来则成了伯里克利的伴侣。一代名妓拉依斯，各城邦如争荷马一样争为其出生地，身价极高，但她却甘愿无偿惠顾第欧根尼。另一位名妓弗里妮，平时隐居在家，出门遮上面纱，轻易不让人睹其非凡美貌，却因倾心于柏拉图派哲学家克塞诺克拉特之清名，竟主动到他家求宿。伊壁鸠鲁的情妇兼学生李昂馨，也是一位多才多艺的妓女。在当时的雅典，这些风尘女子是妇女中最有文化和情趣的佼佼者，见识远在一般市民之上，遂能慧眼识哲人。

如此看来，希腊哲学家的境遇倒是值得羡慕的了。试问今日有哪个亚历山大会师事亚里士多德，有哪个拉依斯会宠爱第欧根尼？当然，你一定会问：今日的亚里士多德和第欧根尼又在哪里？那么，应该说，与后世相比，希腊人的确称得上尊敬智慧，希腊不愧是哲学和哲学家的黄金时代。

1992年4月

泰勒斯：一则关于哲学家的寓言

一、哲学开始于抬头看天

说起泰勒斯（Thales），谁都知道他是西方历史上第一个哲学家。然而，他活着时，可没有人称他为哲学家，那时"Philosopher"这个词还没有产生呢。当年他是作为一个天文学奇才而名声大振的，他家乡的人最引以自豪的也是这一点，在为他立的雕像上镌刻了这样一句铭文："这里站立着最智慧的天文学家泰勒斯，他是米利都和爱奥尼亚的骄傲。"

希罗多德在《历史》中多次提到泰勒斯，其中一次是说他预言了某年会发生日全食，而后得到了应验。现在人们就是根据这次日全食的实际发生时间（公元前585年）来推断泰勒斯的活动年代的。此外，泰勒斯在天文学上的成就还包括：发现小熊星座，使航海者能够据以导航；确定一年为365天，一个月大致为30天，等等。拉尔修援引前人的说法，说他是第一个研究天文学的人。看来，泰勒斯作为天文学之父的地位，是在他在世时或去世不久就已确立了的。

这些成就很了不起，但是，凭这些还不能说泰勒斯是哲学家。后世公认他为最早的哲学家，根据的是亚里士多德在《形而上学》中提到的他的一个论断，即"水是万物的本原"。这个命题最早表达了"一切是一"的形而上学信念，是最早的哲学命题，泰勒斯因此也被尊为西方哲学之父。

哲学和天文学在历史上同时产生，有一个共同的始祖，应该不是巧合。哲学开始于抬头看天。无论人类还是个人，倘若只埋头于人间事务，就只是生活在局部之中。抬头看天，意味着跳出了局部，把世界整体当作思考的对象了，而这正是哲学的特征。泰勒斯抬头看天，看出了宇宙的若干可以计算的小奥秘，成了天文学家，更看出了宇宙的某种不可言传的大奥秘，成了哲学家。他用"水是万物的本原"命题来表达他看到的这个大奥秘，表达得多么笨拙。尼采惋惜地说："泰勒斯看到了存在物的统一，而当他想传达这一发现时却谈起了水！"然而，由于这个命题，人类用有限理性把握世界大全的努力拉开了序幕。这是伟大而又注定失败的努力，不管后世哲学家提出的命题多么高明，距离哲学所要达到的这个目标都同样遥远。从泰勒斯开始，哲学就试图超越人的限制而达于神的全知，在这努力中，人虽然永远不能成为神，却使自己达到了人的伟大的极限，从而最大限度地接近于神了。

二、因为抬头看天而坠井

柏拉图在《泰阿泰德》中讲了一个著名的故事：泰勒斯在抬头看天时不慎掉入井中，因此受到身边一个聪明伶俐的女仆的嘲笑，笑他急于知道天上的事情，以至于看不见脚边的东西了。柏拉图接着议论说：这样的嘲笑其实可以加在所有哲学家身上。按照他的描述，哲学家必定如此，也理应如此，因为习惯于也擅长于从总体上思考事物，不屑于关心世俗事务，尤其是人际关系，在后一方面就会显得笨拙，结果招来了俗人们的嘲笑。

这个故事一定流传很广，在流传中出现了不同的版本。在拉尔修的笔下，泰勒斯因为抬头看天而坠井之后，遭到了一个老太婆的斥责。老太婆气势汹汹地责问："既然你连脚边的东西都看不见，怎能指望知道天上的事情？"她的逻辑是，既然连小聪明也没有，怎么会有大智慧？这个老太婆才真是俗到家了，相比之下，柏拉图版本中的那个女仆多么可爱。

对于哲学家的拙于俗务，我们看到了三种评价：柏拉图认为是优点；女仆认为是可笑但可原谅的缺点；老太婆认为是不可原谅的缺点。这三种评价至今仍为不同的人们所主张。

蒙田认为，忽视脚边的事物是一切哲学家的通病，所以他对揭露了这个通病的女仆十分赞赏。在他看来，善待日常生活不是小聪明，而正是大智慧的体现。我也认为，一个人看脚边事物的眼光完全可以是智慧的，不过我相信，这种眼光一定是在抬头看天时形成的。那些从来不抬头看天的人，他们看脚边事物的眼光至多是精明的，不可能是智慧的。

在拉尔修的《名哲言行录》中，坠井的故事还有另一个版本。那里录载了阿那克西美尼给毕达哥拉斯的一封信，其中说，泰勒斯年老时，有一天晚上走出庭院，带着女仆去看星星，不慎跌下悬崖而死。照这说法，坠井不是一出喜剧，而是一个悲剧。可是，在这同一部著作里，关于泰勒斯的死因，拉尔修又说，老年泰勒斯是在观看一场体育比赛时死于中暑的。

也许泰勒斯根本就没有坠井，坠井的故事只是一则关于哲学家的寓言。

三、但哲学家绝不是呆子

亚里士多德在《政治学》中讲了泰勒斯的另一个故事：人们因为泰勒斯贫穷而讥笑哲学无用，他听后小露一手，通过观察天象预见明年橄榄丰收，便低价租入当地全部榨油作坊，到橄榄收获季节再高价租出，结果发了大财。"他以此证明，哲学家如果愿意，要富起来是很容易的，但这不是他们的志趣所在。"

这件事也未必属实，亚里士多德指出，因为泰勒斯以智慧闻名，这个故事就归到了他的名下。泰勒斯曾经经商是事实，但以取得生活必需为限度。古希腊好些伟人，包括泰勒斯、毕达哥拉斯、梭伦、柏拉图、德谟克利特，都曾去埃及旅行和学习，大多是靠经商自筹旅资的。按当时的风气，经商是一种光荣，可以借此周游各国，增长阅历和知识。希腊早期哲人是埃及祭司的学生，青出于蓝而胜于蓝，把秘教和实用知识提升成了哲学。

古希腊人是推崇实践的智慧的。泰勒斯入选七贤，成为全希腊最受尊敬的七人之一，凭的也是实践的智慧，而不是抽象的玄思。区别在于，其他六人仅以政治的智慧著称，他则使自己的思考超出了实用的范围，并且是一个全才，还擅长科学的发现和技术的发明。柏拉图在《国家篇》中罗列荷马的罪状，其中之一是不懂技艺，作为对照，他盛赞泰勒斯是一位有许多精巧发明的能工巧匠。这么看来，他为哲学家在世俗事务方面的笨拙辩护，是指哲学家不关心个人利益，同时却也主张哲学家的智慧应能增进公共利益。

事实上，希腊许多哲学家都很看重与君主的友谊。泰勒斯生活在孤独中，远离城邦事务，但同时与米利都的僭主塞拉绪布罗私交甚笃，常年居住在这位僭主的府上。阿那克萨戈拉是雅典政治领袖伯里克利的老师。柏拉图三次到西西里，试图通过叙拉古的僭主大、小狄奥尼修实现自己的理想国之梦。亚里士多德是亚历山大大帝的老师。如此看来，为帝王师并非只是中国儒家的理想。

即使泰勒斯真的曾经坠井，他也不是一个呆子。即使泰勒斯真的做过油坊生意，他也不是一个商人。而后世有一些以哲学为职业的人，即使不曾坠井，也未必经商，却很可能是呆子和商人的双料货，唯独不是哲学家。

四、不过哲学家可能比较怪

拉尔修记录了关于泰勒斯的三则逸闻。其一，他终身不娶，母亲催他结婚，起先他回答说太早了，后来他回答说太迟了。其二，他收养了一个男孩，有人问他为什么不自己生一个，他答："因为爱孩子。"其三，他说生与死没有区别，有人问："那你为什么不去死？"他答："因为没有区别。"

依我看，在结婚、生育、死亡这三件人生大事上，泰勒斯的回答都有诡辩之嫌。不过，这三则逸闻有可能是附会到泰勒斯头上的，人们给这位最早的哲学家编了这些故事，其实反映了一般人眼中哲学家的古怪行状。

关于第二则逸闻，普卢塔克在《梭伦传》中讲得颇详细，但声明只是传闻。据说，梭伦到米利都拜访泰勒斯，看见他完全不关心娶妻生子，表示惊讶。泰勒斯当时不予答复，几天后设了一个局，让一个客人装作刚从雅典旅行回来。梭伦问雅典有什么新闻，那人回答说，全城都在为一个青年送葬，因为青年的父亲是最受尊敬的公民，而他外出旅行去了。梭伦惊问其名，那人说记不起了，梭伦报出自己的名字，那人说正是。梭伦立刻悲痛欲绝，此时泰勒斯微笑着说出真相，然后说："你这样一个意志坚强的人也会被击倒，这就是我不娶妻生子的缘故。"

针对这个传闻，普卢塔克发了一通聪明的议论，大意是：我们绝不可用贫穷来防止失去财产，用离群索居来防止失去朋友，用不育子嗣来防止失去儿女，总之，绝不可因为害怕失去就不去获得有价值的东西；使人不能承受失去的不是爱，而是软弱，因此，只应该以理性来对付一切不幸。

普卢塔克不愧是通晓人性的大师，道理讲得透彻，入情入理，击中要害。哲学家立足宇宙，俯观人间，看到一切皆变，人生无常，因此产生一种超脱的心情，看破得失、祸福、生死，这诚然是智慧，但只是智慧的一半。看破的结果应该是坦然承受失去、灾祸、死亡，而不是否定人间的爱、幸福、平凡生活。好的哲学教人在用神的眼光看人生的同时，把人的生活过得更好，这才是完整的智慧。

如果普卢塔克讲的故事属实，我们就无法否认，这一次泰勒斯的确没有看清楚脚边的事情。在古希腊哲学家中，像他那样拒绝娶妻生子的好像并不太多。毕达哥拉斯不但不认为哲学与婚姻势不两立，而且把妻子、女儿、儿子都培养成了哲学家。苏格拉底娶了大小二房，生了三个儿子。后世的哲学家倒是有许多打光棍的，可以排出一个长长的名单。可能有两种情况，一是出于怪癖，自己不想结，二是女人觉得他怪，不肯和他结。在我看来，既然生而为人，即使做了哲学家，也应该过正常的人的生活。当然，任何人都有权选择独身，哲学家也不例外，只是请不要用哲学做理由。

2008年3月

玩骰子的儿童

一

公元前六世纪前后，在希腊殖民的爱奥尼亚地区有两个最著名的城邦，一是米利都，一是爱非斯。这两个城邦都地处繁荣的港口，盛产商人。然而，它们之所以青史留名，则是因为出产了一个比商人稀有得多的品种——哲人。米利都向人类贡献了最早的哲学家泰勒斯、阿那克西曼德和阿那克西美尼，史称米利都学派。比较起来，哲学家在爱非斯就显得孤单，史无爱非斯学派，只有一位爱非斯的赫拉克利特（公元前535—公元前475）。

这倒适合赫拉克利特的脾气，他生性孤傲，不屑与任何人为伍。希腊哲学家讲究师承，唯独他前无导师，后无传承，仿佛天地间偶然蹦出了这一个人。他自己说，他不是任何人的学生，从自己身上就学到了一切。他也的确不像别的哲学家那样招收门徒，延续谱系。他一定是一个独身者，文献中找不到他曾经结婚的蛛丝马迹。世俗的一切，包括家庭、财产、名声、权力，都不在他的眼里。当时爱非斯处在波斯帝国的统治下，国王大流士一世慕名邀他进宫，他回信谢绝道："我惧怕显赫，安于卑微，只要这卑微适宜于我的心灵。"其实他的出身一点儿也不卑微，在爱非斯首屈一指，是城邦的王位继承人，但他的灵魂更是无比高贵，足以使他藐视人世间一切权力，把王位让给了他的弟弟。

在赫拉克利特的人际关系中，我们只知道他有过一个好友，名叫赫谟多洛。赫谟多洛是一位政治家，在城邦积极推进恢复梭伦所立法律的事业，结果被爱非斯人驱逐。这件事给赫拉克利特的刺激必定极大，使他对公众的愚昧和多数的暴力产生了深深的厌恶。针对此事，他悲愤地说："应该把爱非斯的成年人都吊死，把城邦交给少年人管理，因为他们驱逐了他们中间那个最优秀的人。"也许在这之后，赫拉克利特与全爱非斯人决裂了，过起了离群索居的生活，成了一个隐士。

在爱非斯城郊有一座阿耳忒弥斯神庙，供奉月亮和狩猎女神。赫拉克利特在世时，神庙处在第二次重建之中，这项工程历时一百二十年，终于建成早期爱奥尼亚式最壮丽的建筑，到那时为止全希腊最大的神殿，被后人列为世界七大奇观之一。赫拉克利特的隐居所就在这座神庙附近。可以想象，当时由于正在施工，它实际上是一片工地，孩子们便常来这里玩耍。我们的哲学家也和孩子们一起玩耍，玩得最多的是掷用羊距骨做的骰子。在爱非斯人眼里，一个成年人不干正事，成天和孩子们一起扔动物骨头，不啻是疯子的行径。于是，全城的人都涌来瞧热闹，起哄，嘲笑。这时候，疯子向喧嚣的人群抛出了一句无比轻蔑的话："无赖，有什么可大惊小怪的！这岂不比和你们一起搞政治更正当吗？"阿耳忒弥斯神庙建成后六十余年即毁于火灾，不复存在，而这一句警语却越过岁月的废墟，至今仍在我的耳边回响。

后来，赫拉克利特越发愤世嫉俗，竟至于不愿再看见人类，干脆躲进了深山，与禽兽为伍，以草根树皮为食，患了水肿病，在六十岁时死了。

<h2 style="text-align:center">二</h2>

哲学家往往和世俗保持相当的距离，站在这距离之外看俗界世相，或者超然而淡漠，或者豁达而宽容。古希腊哲人大多如此，他们生活在自己的世界里，懒得与俗人较真。苏格拉底虽然在最后时刻不向俗人屈服，从容就义，但平时的态度也十分随和，最多只是说几句聪明的挖苦话罢了。而哲学家愤世嫉俗，似乎有失哲人风度。在古希腊，常有城邦驱逐哲学家的事发生，然而，像赫拉克利特这样自我放逐于城邦的情形却绝无仅有。纵观西方哲学史，也能找出少数以愤世嫉俗著称的哲学家，例如叔本华和尼采，但都远没有弄到去荒山穴居做野人的地步。在古今哲学家中，赫拉克利特实为愤世嫉俗之最。

赫拉克利特显然是一个有严重精神洁癖的人。他虽然鄙弃了贵族的地位和生活，骨子里却是一个贵族主义者。不过，他心目中的贵族完全是精神意义上的。在他看来，区分人的高贵和卑贱的唯一界限是精神，是精神上的优秀或平庸。他明确宣布，一个优秀的人抵得上一万人。他还明确宣布，多数人是坏的，只有极少数人是好的。他所说的优劣好坏仅指灵魂，与身份无关。"最美丽的猴子与人相比也是丑陋的。"我从这句话中听出的意思是：那些没有灵魂的家伙，不管在社会上多么风光，仍是一副丑相。

赫拉克利特生前有诸多绰号，其中之一是"辱骂群众的人"。他的确看不起芸芸众生，在保存下来的不多言论中，有好些是讥讽庸众的。他说："如果幸福在于肉体的快感，那么牛找到草料吃的时候便是幸福的"；"驴子宁要草料不要黄金"；"猪在污泥中取乐"。通常把这些话的含义归结为价值的相对性，未免肤浅。当他说着这些话的时候，他显然不只是在说牛、驴子和猪，而一定想到了那些除了物质享乐不知幸福为何物的人。庸众既不谙精神的幸福，亦没有真正的信仰。他们的所谓信仰，不过是世俗的欲望加上迷信，祭神时所祈求的全是非常实在的回报。即使真有神存在，也绝不会如俗人所想象的那样，能够听见和满足他们的世俗欲望。看到人们站在神殿里向假想的神祈祷，赫拉克利特觉得他们就像在向房子说话一样愚蠢可笑。他是最早把宗教归于个人内心生活的思想家之一，宣称唯有"内心完全净化的人"才有真信仰，这样的人摈弃物质的祭祀，仅在独处中与神交流。

最使赫拉克利特愤恨的是庸众的没有头脑。"多数人对自己所遇到的事情不做思考，即使受到教训后也不明白，虽然自以为明白。"人们基本上是人云亦云，"相信街头卖唱的人"，受意见的支配，而意见不过是"儿戏"。更可悲的是，在普遍的无知之中，人们不以无知为耻，反以为荣。常常可以看见这样的人，他们脑中只有一些流行的观念和浅薄的常识，偏喜欢在大庭广众之中当作创见宣布出来。仿佛是针对他们，赫拉克利特说："掩盖自己的无知要比公开表露好些。"理由不言而喻：无知而谦卑表明还知耻，无知而狂妄则是彻头彻尾的无耻了。

在赫拉克利特看来，多数人的灵魂是蒙昧的。不过，公平地说，他倒并不认为先天就是如此。他明确地说："理性能力是灵魂所固有的"，"人人都有认识自己和健全思考的能力"。然而，人们不去发展灵魂中这种最宝贵的能力，运用它认识世界的真理，反而任其荒废，甘愿生活在内部和外部的黑暗之中。灵魂蒙昧的人如同行尸走肉，用一句谚语来说，便是"人虽在场却不在场"，在场的只是躯体，不在场的是灵魂。没有灵魂的引导，眼睛和耳朵就成了坏的见证，只会对真理视而不见、听而不闻了。"他们既不懂得怎样听，也不懂得怎样说"，"即使听见了，也不理解，就像聋子一样"。上帝不给你头脑倒也罢了，可恨的是给了你头脑而你偏不用，仍像没有头脑一样地活着。赫拉克利特实在是恨铁不成钢。铁本来是可以成为钢的，所以才恨铁不成钢，没有人会恨废料不成钢。可是，看来许多铁已与废料无异，不可能成为钢了。赫拉克利特经常用醒和睡作譬。举目四望，他是唯一的醒者，众人皆昏睡，唤也唤不醒。最后，他终于绝望了，抛弃了这些昏睡者，也抛弃了人类。

三

赫拉克利特不仅蔑视群众，还蔑视在他之前和与他同时的所有哲学家。倘若他活到今天，我相信他还会蔑视在他之后的绝大多数哲学家。在他眼里，希腊自荷马以来几乎没有一个智慧的人。在说出"博学不能使人智慧"这句名言之后，他把赫西俄德、毕达哥拉斯、克塞诺芬尼举作了例子。听了许多同时代人的讲演，他断定其中没有一个人知道何为智慧。那么，究竟什么是智慧呢？他说就是"认识那驾驭并贯穿一切的思想"，简要地说，就是"认识一切是一"。这听起来好像一点儿也不新鲜。寻找多中之一，原是哲学的题中应有之义，自泰勒斯以来，包括被他举作不智慧典型的毕达哥拉斯、克塞诺芬尼在内，哲学家们都在做这件事。赫拉克利特的独特之处在哪里?

一切皆变,生命无常,这是人类生存所面临的一个基本事实。这个事实给人类生存的意义打上了问号,而人类之所以需要哲学,正是为了摆脱这个问号。绝大多数哲学家的办法是,在变易背后寻找一个不变的东西,名之为本原、本体、实体、本质,等等,并据此把变易贬为现象。正是在这一点上,赫拉克利特显示了他的与众不同。他对变易极其敏感,任何静止的假象都骗不了他,他眼中的世界是一条永不停息的河流,人不能踏进去两次,甚至不能踏进去一次,因为在踏进的瞬间它已发生变化。他不但只看见变易,而且相信感官的证据,也只承认变易。即使从整体上把握,世界也仍是一个无始无终的变化过程。变是唯一的不变之事,在变的背后并不存在一个不变之物。所谓"一切是一"中的"一",不是一个超越于变化的实体,而就是这个永恒的变化过程。当赫拉克利特用"永恒的活火"来称呼这个过程时,应该说是找到了一个确切的象征。火不是实体,而是燃烧和熄灭,作用和过程。"永恒的活火"就是永恒的变易,无始无终的创造和毁灭。总之,变易是世界的唯一真理,除了变易,别无所有。

可是,对于人类来说,这样一种世界观岂不太可怕了一些?如果变易就是一切,世界没有一个稳定的核心,一个我们可以寄予希望的彼岸,我们如何还有生活下去的信心?一个人持有这样的世界观,就不可避免地会厌世,看破了一切暂时之物的无价值。赫拉克利特也许就是这样。我听见他说出了一句冷酷的话:"时间是一个玩骰子的儿童,儿童掌握着王权!"如此看来,当他在阿耳忒弥斯神庙旁和孩子们一起玩骰子时,他哪里是在游戏,简直是在从事一种"行为哲学"。我仿佛看见他以鄙夷的目光望着围观的爱非斯人,又越过围观者望着人类,冷笑道:人类呵,你们吃着,喝着，繁殖着，倾轧着，还搞什么政治，自以为是世界的主人。殊不知你们的命运都掌握在一个任性的孩子手里，这孩子就是时间，它像玩骰子一样玩弄着你们的命运，使你们忽输忽赢、乍悲乍喜，玩厌了一代人，又去玩新的一代，世世代代的人都要被他玩弄，被他抛弃……

　　然而，对于这同一句话，有一个哲学家听出了另一种全然不同的意思。跨越两千多年的时空，尼采在赫拉克利特身上找到了他的唯一的哲学知己。他相信，当赫拉克利特和顽童们游戏时，心中所想的是宇宙大顽童宙斯的游戏。作为永恒变易过程的宇宙，它就是一个大顽童，创造着也破坏着，创造和破坏都是它的游戏，它在万古岁月中以这游戏自娱。我们如果感受到了它的游戏的快乐，就不会为生存的短暂而悲哀了。一切暂时之物都是有价值的，按照尼采的说法，即是审美的价值，因为孩子在游戏时就是艺术家，游戏的快乐就是审美的快乐。

　　有道理吗？也许有一点儿。永恒的活火对于我们的生存既是判决，又是辩护。它判决我们的生存注定是暂时的，断绝了通往永恒的一切路径。同时，正因为它废除了彼岸，也就宣告无须等到天国或来世，就在此时此刻，我们的生存已经属于永恒，是宇宙永恒变易过程的一个片段。然而，即便如此，做永恒活火的一朵瞬间熄灭的火苗，这算什么安慰呢？事实上，我在赫拉克利特身上并没有发现所谓的审美快乐，毋宁说他是冷漠的。他超出人类无限远，面对人类仿佛只是面对着幻象，以至于尼采也把他比喻为"一颗没有大气层的星辰"。对于我来说，赫拉克利特的世界观是可信而不可爱的，因为我不可能成为玩骰子的宇宙大顽童本人，又不甘心只在它某一次掷骰子的手势中旋生旋灭。

四

"那个在德尔斐庙里发布谶语的大神既不挑明，也不遮掩，而只是用隐喻暗示。"赫拉克利特如是说。其实他自己与阿波罗神有着相同的爱好。

赫拉克利特著述不多，据说只有一部，不像后来的希腊哲学家，几乎个个是写作狂，作品清单一开百八十部。流传下来的则更少，皆格言式，被称为残篇，但我相信那就是他本来的写作形式。大约因为料定无人能读懂，他把作品藏在阿耳忒弥斯神庙里，秘不示人。身后不久，这些作品流散开来，使他获得了晦涩哲人的名号。苏格拉底读到过，承认自己只读懂了一部分，但意识到了这是一个宝藏，对欧里庇得斯说，若要领会其中妙处，就必须"像一个潜水探宝者那样深入到它的底部去"。亚里士多德也读到过，他的严格的修辞学头脑却接受不了这些神谕式的文字，抱怨读不懂甚至无法断句。

从保存下来的文字看，其实不可一概而论。其中，有一些十分通俗明白，例如："不要对重要的事情过早下判断。""获得好名誉的捷径是做好人。""在变化中得到休息；服侍同一个主人是疲劳的。"有一些言简意赅，耐人寻味，例如："我寻找过我自己。""性格就是命运。"还有一些就很费猜测了，例如："灵魂在地狱里嗅着。""凡是在地上爬行的东西，都被神的鞭子赶到牧场上去。"其间明晦的差别，显然是因为话题的不同，本来简单的就不要故弄玄虚，本来深奥的就无法直白。不过，无论哪一种情况，我们都看到，共同的特点是简练。第欧根尼·拉尔修辑录的赫氏言行是后世了解这位哲学家的最主要来源之一，他虽也谈及了人们对其文风的非议，但仍赞扬道："他的表达的简洁有力是无与伦比的。"这是公正的评价，在相当程度上至今仍然适用。我们至少可以把赫拉克利特看作西方哲学中格言体的始祖，而把奥勒留、帕斯卡尔、尼采等人看作他的优秀的继承者。

就哲学写作而言，我认为简练是一个基本要求。简练所追求的正是不晦涩，即用最准确因而也就是最少而精的语言表达已经想清楚的道理。无能做到简练，往往是因为思想本来不清晰，或者缺乏捕捉准确语言的能力，于是不得不说许多废话。更坏的是故弄玄虚，用最复杂的语言说最贫乏的内容，云山雾罩之下其实空无一物，转弯抹角之后终于扑了一空。然而，在不动脑子的读者眼里，简练很容易被看作晦涩。这也正是赫拉克利特的命运。简练之所以必要，理由之一恰恰是要让这样的读者看不懂，防止他们把作者的深思熟虑翻译成他们的日常俗见。一个珍爱自己思想的哲学家应该这样写作：一方面，努力让那些精致的耳朵听懂每一句话；另一方面，绝不为了让那些粗糙的耳朵听懂——它们反正听不懂——而多说一句不必要的话。如此写出的作品，其风格必是简练的。

在涉及某些最深奥的真理时，晦涩也许是不可避免的。赫拉克利特说："自然喜欢躲藏起来。"这句话本身是隐喻，同时也阐释了隐喻的理由。我从中听出了两层含义：第一，自然是顽皮的，喜欢和寻找它的人捉迷藏；第二，自然是羞怯的，不喜欢暴露在光天化日之下。所以，在接近自然的奥秘时，一个好的哲人应当怀有两种心情，既像孩子一样天真好奇，又像恋人一样体贴小心。他知道真理是不易被捉到，更不可被说透的。真理躲藏在人类语言之外的地方，于是他只好说隐喻。

2005年2月

未经省察的人生没有价值

一

公元前399年春夏之交某一天，雅典城内，当政的民主派组成一个五百零一人的法庭，审理一个特别的案件。被告是哲学家苏格拉底（公元前469—公元前399），此时他年已七十，由于他常年活动在市场、体育场、手工作坊等公共场所，许多市民都熟悉他。审理在当天完成，结果是以不敬神和败坏青年的罪名判处死刑。这是人类历史上最怪诞的一页，一个人仅仅因为他劝说同胞过更好的生活，就被同胞杀害了。雅典是哲学的圣地，但看来不是哲学家的乐园，出身本邦的哲学家只有两个，苏格拉底被处死，年轻的柏拉图在老师死后逃到了国外。这又是人类历史上最光荣的一页，一个人宁死不放弃探究人生真理的权利，为哲学殉难，证明了人的精神所能达到的高度。正因为出了苏格拉底，雅典才不愧是哲学的圣地。

多亏柏拉图的生花妙笔，把当年从审判到执行的整个过程栩栩如生地记述了下来，使我们今天得以领略苏格拉底在生命最后时刻的哲人风采。

柏拉图师从苏格拉底十年，当时二十八岁，审判时在场，还上台试图为老师辩护，法官嫌他年轻把他轰了下来。评家都承认，柏拉图太有文学才华，记述中难免有虚构的成分。他大约早就开始记录老师的言论，据说有一次朗读给苏格拉底听，苏格拉底听罢说道："我的天，这个年轻人给我编了多少故事！"尽管如此，评家又都承认，由于他自己是大哲学家，能够理解老师，他的证词远比色诺芬所提供的可靠。色诺芬也是苏格拉底的学生，但毫无哲学天赋，审判时又不在场，老师死后，深为扣在老师头上的两个罪名苦恼，要替老师洗清，在回忆录中把苏格拉底描绘成一个虔敬守法的平庸之辈。英国学者伯奈特说："色诺芬为苏格拉底做的辩护实在太成功了，如果苏格拉底真是那个样子，就绝不会被判死刑。"英国哲学家罗素仿佛从中吸取了教训，表明态度："如果需要让人复述我的话，我宁愿选一个懂哲学的我的死敌，而不是一个不懂哲学的我的好友。"不过他倒不必有这个担忧，因为苏格拉底述而不作，他却惊人地多产，哪里还有别人复述的余地。

现在，我们主要依据柏拉图的记述，在若干细节上参考色诺芬的回忆，来查看这个案子的来龙去脉。原告有三人。跳在台前的是无名诗人美勒托，长一个鹰钩鼻，头发细长，胡须稀疏，一看就是个爱惹是生非的家伙。还有一个无名演说家，名叫莱康。实际主使者是皮匠安尼图斯，一个活跃的政客，最终当上了民主政权二首领之一。他的儿子是苏格拉底的热心听众，常常因此荒废皮革作业，使他十分恼火。在他政坛得势之后，苏格拉底曾挖苦他说："现在你用不着再让儿子做皮匠了吧。"这更使他怀恨在心，遂唆使美勒托提起诉讼。事情的起因看上去小得不能再小，似乎是别人泄私愤，何以竟能够掀起若大波澜，终于要了苏格拉底的命？

其实，安尼图斯之流恼恨苏格拉底，多少代表了一般市民的情绪。苏格拉底喜在公共场所谈论哲学，内容多为质疑传统的道德、宗教和生活方式，听众又多是像安尼图斯的儿子这样的青年。雅典的市民是很保守的，只希望自己的孩子恪守本分，继承父业，过安稳日子。像苏格拉底这样整天招一帮青年谈论哲学，不务正业，在他们眼里就已经是败坏青年了，因此，一旦有人告状，他们很容易附和。当然，把一个哲学家——不管是不是苏格拉底——交给几百个不知哲学为何物的民众去审判，结局反正凶多吉少。

苏格拉底之处于劣势，还有一层原因，便是在场的审判员们早在年少时就听惯流言，形成了对他的成见。他对此心中有数，所以在申辩一开始就说，那些散布流言的人是更可怕的原告，因为他们人数众多，无名无姓，把他置于无法对质却又不得不自辩的境地。他说他只知道其中有一个喜剧作家，他未点名，不过谁都明白是指阿里斯托芬。二十四年前，阿里斯托芬在喜剧《云》中把苏格拉底搬上舞台，刻画成一个满口胡诌天体理论的自然哲学家和一个教青年进行可笑诡辩的智者。在观众心目中，前者所为正是不敬神，后者所为正是败坏青年，二者合并成丑化了的苏格拉底形象。真实的苏格拉底恰与二者有别，他把哲学从天上引回了人间，从言辞引向了实质，但观众哪里顾得上分辨。苏格拉底是阿里斯托芬的朋友，当年喜剧上演时，他还去捧场，台上的苏格拉底出场，观众席上的他凑趣地站起来亮相，实在憨得可以。他和阿里斯托芬大约都没有料到，爱看戏不爱动脑子的老百姓会把戏说当真，以讹传讹，添油加醋，终于弄到使他有口莫辩的地步。

二

平心而论，在审判之初，无论三个原告，还是充当判官的民众，都未必想置苏格拉底于死地。他们更希望的结果毋宁是迫使苏格拉底屈服，向大家认错，今后不再聚众谈论哲学，城邦从此清静。可是，苏格拉底仿佛看穿了他们的意图，偏不示弱，以他一向的风格从容议论，平淡中带着讥刺，雄辩而又诙谐。这种人格上和智力上的高贵真正激怒了听众，他申辩时，审判席上一阵阵骚动，矛盾越来越激化。

苏格拉底大约一开始就下定了赴死的决心。美勒托准备起诉的消息传开，有同情者见他毫不在乎，行为无异于往常，便提醒他应该考虑一下如何辩护，他回答："难道你不认为我一生都在做这件事，都在思考什么是正义，什么是非正义，在实行正义和避免非正义，除此之外什么也没有做吗？"他的确用不着准备，只需在法庭上坚持他一贯的立场就行了。当然，他完全知道，这样做的后果是什么。他比原告和法官更清醒地预见到了结局，审判实质上是遵照他的意志进展的。他胸有成竹，一步步把审判推向高潮，这高潮就是死刑判决。

按照程序，审判分两段。第一段是原告提出讼词，被告提出辩护，审判员投票表决是否有罪。在这一段，苏格拉底回顾了自己从事街头哲学活动的起因和经历，断言这是神交给他的使命。人们的愤恨本来就集中在这件事上，倘若他想过关，至少该稍稍显示灵活的态度，他却一点余地不留，宣布道："神派我一生从事哲学活动，我却因怕死而擅离职守，这才荒谬。雅典人啊，我敬爱你们，可是我服从神过于服从你们。只要我一息尚存，就绝不放弃哲学。"他把自己比作一只牛虻，其职责是不停地叮咬人们，唤醒人们，使人们对专注于钱财和荣誉、不在意智慧和灵魂的生活感到羞愧。

原则不肯放弃，还有一个方法能够影响判决。按雅典的惯例，被告的妻儿可以到庭恳求轻判，这种做法往往有效。苏格拉底有妻子，有三个儿子，其中两个还年幼，但他不让他们到庭。他不屑于为此，讽刺说："我常见有声望的人受审时做出这种怪状，演这种可怜戏剧，他们是邦国之耻。"

投票的结果是以二百八十一票比二百二十票宣告他有罪。票数相当接近，说明在场不少人还是同情他的。审判进入第二段，由原告和被告提议各自认为适当的刑罚，审判员进行表决，在二者中择一。美勒托提议判处死刑。苏格拉底说："我提议用什么刑罚来代替呢？像我这样对城邦有贡献的人，就判我在专门招待功臣和贵宾的国宾馆用餐吧。"说这话是存心气人，接下来他有些无奈地说：我每日讨论道德问题，省察自己和别人，原是于人最有益的事情。可是，一天之内就判决死刑案件，时间太短，我已无法让你们相信一个真理了，这个真理就是"未经省察的人生没有价值"。

要逃避死刑，有一个通常的办法，就是自认充分的罚款。只要款额足够大，审判员往往宁愿选择罚款而不是死刑。说到这一层，苏格拉底表示，他没有钱，或许只付得起一个银币。这是事实，他荒废职业，整日与人谈话，又从不收费，怎能不穷。不过，他接着表示，既然在场的柏拉图、克里托等人愿为他担保，劝他认三十个银币，他就认这个数吧。这个数也很小，加上他的口气让人觉得是轻慢法庭，把审判员们有限的同情也消除了。人们终于发现，最省事的办法不是听他的劝反省自己，而是把这个不饶人的家伙处死。

判决之后，苏格拉底做最后的发言。他说："我缺的不是言辞，而是厚颜无耻，哭哭啼啼，说你们爱听的话。你们习惯看到别人这样，但这种事不配我做。""逃死不难，逃罪恶难，罪恶追人比死快。我又老又钝，所以被跑得慢的追上，你们敏捷，所以被跑得快的追上。我们各受各的惩罚，合当如此。"然后，又以他特有的反讽委托判官们一件事："我儿子长大后，如果关注钱财先于德行，没有出息而自以为有出息，请责备他们，一如我之责备你们。"这篇著名辩词用一句无比平静的话结束："分手的时候到了，我去死，你们去活，谁的去路好，唯有神知道。"

三

每年的德利阿节，雅典政府要派出朝圣团乘船渡海，去阿波罗诞生地提洛岛祭祀，法律规定朝圣团未返回就不得行刑。对苏格拉底的审判是在船出发的第二天进行的，因此他必须在监狱里等候一些日子。趁着船没有回来，让我们就近观察一下这位哲学家，回顾一下他的身世和行状。

首先引起我们注意的是他的奇特长相。虽然他生在雅典，却完全不像是一个希腊人。他有一张扁平脸，一个宽大的狮鼻，两片肥厚的嘴唇。这张脸丑得如此与众不同，以至于一个会看相的异邦人路过雅典，看见了他，当面说他是一个怪物。他有一个大肚子，但身体壮实，与人谈话时总是侧低着头，目光炯炯，像一头公牛。

他出身贫贱，父亲是雕刻匠，母亲是接生婆。子承父业，他自己年轻时也以雕刻为业，据说雅典卫城入口处的美惠女神群像就是他的作品。不过，他对这门行业颇有微词，嘲笑雕刻匠尽力把石块雕刻得像人，在自己身上却不下功夫，结果使自己看上去像是石块而不是人了。为了维持起码的生计，他大约仍不免要雕刻石块，但更多的时候干起了雕刻人的灵魂的行当。在相同的意义上，他还继承了母业，乐于做思想的接生婆。

不像当时和后来的许多哲学家抱定独身主义，他在婚姻问题上倒是随大流的，而且娶了两个老婆。第一个老婆克珊西帕为他生有一子，后来，据说是因为战争，雅典人口锐减，当局允许讨小老婆，他又娶法官的女儿密尔多，再得二子。克珊西帕是有名的泼妇，一个众所周知的故事是，一次苏格拉底在挨了一顿臭骂之后，克珊西帕又把一盆脏水扣在他的头上，而他只是轻描淡写地自嘲道："我不是说过，克珊西帕的雷声会在雨中结束？"他如此解释与悍妇相处的好处：一旦驯服了烈马，别的马就好对付了；与克珊西帕在一起，他学会了调整自己，从而可以适应任何人。其实他心里明白，和他这样一个不顾家计的人过日子，当妻子的并不容易，所以常常在挨骂后承认骂得有理。他是通情达理的，大儿子忍受不了母亲的坏脾气，向他抱怨，他总是站在母亲的立场上好言规劝。

苏格拉底的家境必定十分清贫。他在法庭上说："多少年来，我抛开自己的一切事务，只为你们忙，不取报酬，我的贫穷就是证据。"这一点无可怀疑。他自称"业余哲学研究者"，与人谈话只是出于爱好，任何人想听就听，自己不要老师的身份，所以也就不收费。当时一班智者靠哲学赚钱，他对此感到震惊，说自称教导德行的人怎么能索取金钱为报酬。他也绝不收礼，认为一个人从任何人那里收取金钱，就是给自己树立了一个主人，把自己变成了奴隶。对于来自显贵和国王的邀请及礼物，他一概拒绝。一个有钱有势的崇拜者要送他一大块地盖房，他问道："假如我需要一双鞋子，你为此送给我一整张兽皮，而我竟然接受，岂不可笑？"其实他连鞋子也不需要，无论冬夏都光着脚丫，穿一件破衣。这也许有穷的原因，但更多是为了锻炼吃苦耐劳的能力。

苏格拉底的学生安提斯泰尼创立犬儒哲学，主张把物质需要减到最低限度，以求获得最大限度的精神自由。这个思想实际上肇始于苏格拉底。他常说，别人是为了吃而活，他是为了活而吃。他偶尔也出席朋友们的宴会，而且酒量无敌，但平时节制饮食，讨厌大吃大喝。荷马史诗《奥德修记》中的女巫喀耳刻用巫术把奥德修斯的同伴们变成了猪，他提出歪解：喀耳刻是通过大摆宴席把人变成猪的。有一天，他逛雅典市场，看完后叹道："原来我不需要的东西有这么多啊！"智者安提丰问他："哲学家理应教人以幸福，你却吃最粗陋的食物，穿最褴褛的衣服，岂不是在教人以不幸吗？"他答道："正相反，一无所需最像神，所需越少越接近于神。"

不过，他虽然鄙视物质，却十分注意锻炼身体。其实二者都是为了做身体的主人，使它既不受物欲牵制，又能应付严酷的环境。每天早晨，他都去体育场锻炼，身体健壮超于常人。雅典流行过好几场瘟疫，他是唯一没有感染的人。他的后半生在长达二十七年的伯罗奔尼撒战争中度过，参加过三次战役，他的强壮体魄——当然，还有他的勇敢——在战争环境中显出了优势。据当时与他一起参战的青年阿尔基比亚德回忆，他的身体具有惊人的适应能力，食品匮乏时比谁都能忍饥，供应充足时又比谁都吃得多。酷寒中，别人皆以毛毡裹身，他却光脚走在冰上。一次战败，全军溃逃，只有他一人从容撤退。他是重装步兵，身上挂满辎重，"昂首阔步，斜目四顾"，一看就不是好惹的，敌人也就不敢惹他。他还单独杀进重围，救出受伤的阿尔基比亚德，事后颁奖，又把奖章让给了阿尔基比亚德。

作为一个哲学家，苏格拉底抱定宗旨，不参与政治。然而，一旦违心地被卷入，他必站在一个正直公民的立场上坚持正义。六十三岁时，他曾代表本族人进入元老院，且在某一天值班当主席。这是他一生中唯一的一次做"官"。当时，雅典海军打了一个胜仗，撤退时，因狂风突起，未能收回阵亡士兵的尸体，人民群情激愤，要求集体判处为首的十将军死刑。就在他当主席的那一天，这个提案交到法庭，他冒犯众怒予以否决。可惜第二天别人当主席，十将军仍不免于死。若干年后，僭主上台，命他和另外四人去捉一个富翁来处死，别人都去了，唯有他抗命。

由上面勾画的轮廓，我们可以看到，苏格拉底具有自制、厚道、勇敢、正直等种种一般人也都称道的美德，这样一个人应该是人缘很好的。最后竟至于遇难，看来只能归因于他喜谈哲学了，似乎全是那张嘴惹的祸。那么，我们且看那张嘴究竟说了些什么，会惹下杀身之祸。

四

按照西塞罗的说法，苏格拉底是第一个将哲学从天上召唤到地上来的人，他使哲学立足于城邦，进入家庭，研究人生和道德问题。这个评价得到了后世的公认。苏格拉底之前的哲学家，从泰勒斯到阿那克萨戈拉，关心的是宇宙，是一些自然哲学家和天文学家。据他自述，他年轻时也喜欢研究自然界，后来发现自己天生不是这块料。所谓不是这块料，大约不是指能力，应是指气质。他责问那些眼睛盯着天上的人，他们是对人类的事情已经知道得足够多了呢，还是完全忽略了。他主张，研究自然界应限于对人类事务有用的范围，超出这个范围既不值得，也不应该。之所以不应该，是因为人不可去探究神不愿显明的事，违背者必受惩罚，阿那克萨戈拉就因此丧失了神智。

苏格拉底的思想发生根本转折，大约是在四十岁的时候。他在申辩中谈到了转折的缘由。有一回，他少年时代的朋友凯勒丰去德尔斐神庙求神谕，问是否有人比苏格拉底更智慧，神谕答复说没有。他闻讯大惊，认为不可能，为了反驳神谕，访问了雅典城内以智慧著称的人，包括政客、诗人、手工艺人。结果发现，这些人都凭借自己的专长而自以为是，不知道自己实际上很无知。于是他明白了：同样是无知，他们以不知为知，我知道自己一无所知，在这一点上我的确比他们智慧。由此进一步悟到，神谕的意思其实是说：真正的智慧是属于神的，人的智慧微不足道，在人之中，唯有像苏格拉底那样知道这个道理的人才是智慧的。从此以后，他便出没于公共场所，到处察访自以为智的人，盘问他们，揭露其不智，以此为神派给他的"神圣的使命"。"为了这宗事业，我无暇顾及国事家事；因为神服务，我竟至于一贫如洗。"而一帮有闲青年和富家子弟也追随他，效仿他这样做，使他得了一个蛊惑青年的坏名声。

苏格拉底盘问人的方式是很气人的。他态度谦和，仿佛自己毫无成见，只是一步一步向你请教，结果你的无知自己暴露了出来。这往往使被问的人十分狼狈。欣赏者说，他装傻，其实一大肚子智慧。怨恨者说，他是虚假的谦卑。常常有人忍无可忍，把他揍一顿，甚至扯掉他的头发，而他从不还手，耐心承受。最气人的一点是，他总是在嘲笑、质问、反驳别人，否定每一个答案，但是，直到最后，他也没有拿出一个自己的答案来。确有许多人向他提出了这一疑问，并为此发火。他对此的辩解是："神迫使我做接生婆，但又禁止我生育。"这一句话可不是自谦之词，而是准确地表达了他对哲学的功能的看法。

上面说到，苏格拉底是从自知其无知开始他特有的哲学活动的。其实，在他看来，一切哲学思考都应从这里开始。知道自己一无所知，这是爱智慧的起点。对什么无知？对最重要的事情，即灵魂中的事情。人们平时总在为伺候肉体而活着，自以为拥有的那些知识，说到底也是为肉体的生存服务的。因此，必须向人们大喝一声，让他们知道自己对最重要的事情其实一无所知，内心产生不安，处于困境，从而开始关心自己的灵魂。"认识你自己"——这是铭刻在德尔斐神庙上的一句箴言，苏格拉底用它来解说哲学的使命。"认识你自己"就是认识你的灵魂，因为"你自己"并不是你的肉体，而是你灵魂，那才是你身上的神圣的东西，是使你成为你自己的东西。

灵魂之所以是神圣的，是因为它是善和一切美德的居住地。因此，认识自己也就是要认识自己的道德本性。唯有把自己的道德本性开掘和实现出来，过正当的生活，才是作为人在生活。美德本身就是幸福，无须另外的报偿。恶人不能真正伤害好人，因为唯一真正的伤害是精神上的伤害，这只能是由人自己做的坏事造成的。在斯多葛派那里，这个德行即幸福的论点发展成了全部哲学的基石。康德用道德法则的存在证明人能够为自己的行为立法，进而证明作为灵魂的人的自由和尊严，这个思路也可在苏格拉底那里找到渊源。

人人都有道德本性，但人们对此似乎懵懂不知。苏格拉底经常向人说：让一个人学习做鞋匠、木匠、铁匠，人们都知道该派他去哪里学，让一个人学习过正当的生活，人们却不知道该把他派往哪里了。这话他一定说过无数遍，以至于在三十僭主掌权时期，政府强令他不许和青年人谈论，理由便是"那些鞋匠、木匠、铁匠什么的早已经被你说烂了"。其实他是在讽刺人们不关心自己的灵魂，因为在他看来，该去哪里学习美德是清清楚楚的，无非仍是去自己的灵魂中。原来，灵魂中不但有道德，而且有理性能力，它能引领我们认识道德。人们之所以过着不道德的生活，是因为没有运用这个能力，听任自己处在无知之中。在此意义上，无知就是恶，而美德就是知识。

至于如何运用理性能力来认识道德，苏格拉底的典型方法是辩证法，即被亚里士多德视为他的主要贡献的归纳论证和普遍性定义。比如说，他问你什么是美德，你举出正义、节制、勇敢、豪爽，等等，他就追问你，你根据什么把这些不同的东西都称作美德，迫使你去思考它们的共性，寻求美德本身的定义。为了界定美德，你也许又必须谈到正义，他就嘲笑你仍在用美德的一种来定义整个美德。所有这类讨论几乎都不了了之，结果只是使被问者承认对原以为知道的东西其实并不知道，但苏格拉底也未能为所讨论的概念下一个满意的定义。从逻辑上说，这很好解释，因为任何一个概念都只能在关系中被界定，并不存在不涉及其他概念的纯粹概念。但是，苏格拉底似乎相信存在着这样的概念，至少存在着纯粹的至高的善，它是一切美德的终极根源和目标。

现在我们可以解释苏格拉底式辩证法的真正用意了。他实际上是想告诉人们，人心固有向善的倾向，应该把它唤醒，循此倾向去追寻它的源头。然而，一旦我们这样做，便会发现人的理性能力有限，不可能真正到达那个源头。只有神能够认识至高的善，人的理性只能朝那个方向追寻。因此，苏格拉底说：唯有神是智慧的，人只能说是爱智慧的。不过，能够追寻就已经是好事，表明灵魂中有一种向上的力量。爱智慧是潜藏在人的灵魂中的最宝贵特质，哲学的作用就是催生这种特质。这便是苏格拉底以接生婆自居的含义。但哲学家不具备神的智慧，不能提供最后的答案，所以他又说神禁止他生育。

苏格拉底所寻求的普遍性定义究竟是观念还是实存，他所说的神究竟是比喻还是实指，这是一个复杂的问题，我不想在这里讨论。在我看来，其间的界限是模糊的，他也无意分得太清。他真正要解决的不是理论问题，而是实践问题，即怎样正当地生活。宗教家断言神的绝对存在，哲学家则告诉我们，不管神是否存在，我们都要当作它是存在的那样生活，关心自己的灵魂，省察自己的人生，重视生活的意义远大于生活本身。

五

现在让我们回到被判了死刑的苏格拉底身边，他已经在狱中待了快一个月了。在此期间，他生活得平静而愉快，与平时没有一点不同。在生命的最后时日，他还突发了文艺的兴趣，把伊索寓言改写成韵文，写了一首阿波罗颂诗。许多富裕朋友想出资帮助他逃亡，均被拒绝，他问道："你们是否知道有什么死亡不会降临的地方？"一个崇拜者诉说："看到你被这样不公正地处死，我太受不了。"他反问："怎么，难道你希望看到我被公正地处死吗？"

监禁第二十八天，有人看见那艘催命船已经开过了附近一个城市，他的老朋友克里托得到消息，天不亮就来到监狱，看见他睡得很香。等他醒来，克里托做最后的努力，劝他逃亡。他举出了种种理由，诸如别人会怪自己不尽力，使自己名誉受污，你遗下孤儿，未尽为父的责任，等等，皆

289

被驳斥。苏格拉底强调，虽然判决是不公正的，但逃亡是毁坏法律，不能以错还错，以恶报恶。

第三十天，行刑的通知下达，若干最亲近的朋友到狱中诀别。克珊西帕抱着小儿子，正坐在苏格拉底身边，看见来人，哭喊起来："苏格拉底啊，这是你和朋友们的最后一次谈话了！"苏格拉底马上让克里托找人把她送走。然后，他对朋友们说："我就要到另一个世界去了，谈谈那边的事，现在正是时候，也是现在可做的最合适的事。"整篇谈话围绕着死亡主题，大意是——

哲学就是学习死，学习处于死的状态。真正的哲学家一直在练习死，训练自己在活着时就保持死的状态，所以最不怕死。为什么这么说呢？因为死无非是灵魂与肉体相脱离，而哲学所追求的正是使灵魂超脱肉体。灵魂不受肉体包括它的欲望和感觉的纠缠，在平静中生存，只用理性追求真理，它的这种状态就叫智慧。不过，活着时灵魂完全超脱肉体是不可能的，所以得不到纯粹的智慧，唯有死后才能得到。

转述到这里，我们不能不提出一个疑问：上述见解要成立，前提是灵魂不随肉体一同死亡，苏格拉底相信灵魂不死吗？似乎是相信的，他做了种种论证，包括：生死互相转化，灵魂若死灭就不能再转为生；认识即回忆，证明灵魂在出生之前已存在；灵魂占有了一个东西，这个东西才有生命，可知灵魂与死不相容。接着他大谈灵魂的修炼，轮回和业报，哲学家的灵魂已经修炼得十分纯洁，因此死后将与天神交往。很难相信这是苏格拉底本人的思想，恐怕多半是柏拉图从东方教义中听来而安在老师头上的。法庭申辩时的一句话透露了苏格拉底的真实想法："没有人知道死后的情形，大家却怕死，仿佛确知死是最坏境界。我本人绝不害怕和躲避好坏尚不知的境界过于明知是坏的境界。"我们至少可以相信，他是怀着快乐的心情迎接死亡的。人们常把天鹅的绝唱解释为悲歌，他却说，它们是预见到另一个世界的幸福就要来临，所以唱出了生平最欢乐的歌。他的临终谈话正是一曲天鹅的绝唱。

最后的时刻来临了。克里托问他："我们怎么葬你？"他答："如果你能抓住我，随你怎么葬。"然后对其余人说："他以为我只是一会儿就要变成尸体的人，还问怎么葬我。喝下了毒药，我就不在这里了。"说完便去洗澡，回来后，遵照狱吏的嘱咐喝下毒药。众人一齐哭了起来，他责备道："你们这些人真没道理。我把女人都打发走，就为了不让她们做出这等荒谬的事来。"在咽气前，他说了最后一句话："克里托，别忘了向医药神阿斯克勒庇俄斯献祭一只公鸡。"这个喜嘲讽的灵魂在脱离他所蔑视的肉体之际，还忍不住要与司肉体治疗的神灵开一个玩笑。

苏格拉底的悲剧就此落下帷幕，柏拉图在剧终致辞："在我们所认识的人中，他是最善良、最有智慧、最正直的人。"的确，不管人们对他的学说作何评价，都不能不承认他为后世树立了人生追求上和人格上的典范。据说在他死后，雅典人忏悔了，给他立了雕像，并且处死了美勒托，驱逐了安尼图斯。也有人指出，所谓惩处了控告者纯属捏造。不过，这些都已经不重要了。重要的是，让我们记住苏格拉底的遗训，关心自己的灵魂，度一个有价值的人生。

2005年4月

不要挡住我的阳光

一

公元前323年某一天，亚历山大大帝在巴比伦英年早逝，年仅三十三岁。同一天，第欧根尼（约公元前404—约公元前323）在科林斯寿终正寝，享年八十。这两人何其不同：一个是战功赫赫的世界征服者，行宫遍布欧亚，被万众呼为神；另一个是靠乞讨为生的穷哲学家，寄身在一只木桶里，被市民称作狗。相同的是，他们都名声远扬，是当年希腊最有名的两个人。

在两千多年后的今天，提起第欧根尼，人们仍会想到亚历山大，则是因为一个脍炙人口的故事。亚历山大巡游某地，遇见正躺着晒太阳的第欧根尼，这位世界之王上前自我介绍："我是大帝亚历山大。"哲学家依然躺着，也自报家门："我是狗儿第欧根尼。"大帝肃然起敬，问："我有什么可以为先生效劳的吗？"哲学家的回答是："有的，就是——不要挡住我的阳光。"据说亚历山大事后感叹道："如果我不是亚历山大，我就愿意做第欧根尼。"

这真是一个可爱的故事，大帝的威严和虚心，哲学家的淡泊和骄傲，皆跃然眼前。亚历山大二十岁登基，征服欧亚成为大帝更晚，推算起来，两人相遇时，第欧根尼已是垂暮老人了。这位哲学家年轻时的行状可并不光彩，与淡泊和骄傲才沾不上边呢。他是锡诺帕城邦一个银行家的儿子，在替父亲管理银行时铸造伪币，致使父亲入狱而死，自己则被逐出了城邦。这是一个把柄，在他成为哲学家后，人们仍不时提起来羞辱他。他倒也坦然承认，反唇相讥说："那时候的我正和现在的你们一样，但你们永远做不到和现在的我一样。"前半句强词夺理，后半句却是真话。他还说了一句真话："正是因为流放，我才成了一个哲学家。"紧接着又是一句强词夺理："他们判我流放，我判他们留在国内。"

　　离开锡诺帕后，第欧根尼是否还到过别的地方，我们不得而知，反正有一天他来到了雅典。正是在这里，他找到了一个老师，开始了他的哲学之旅。老师名叫安提斯泰尼，是苏格拉底的学生。如果说柏拉图从老师的谈话中学到了概念和推理的艺术，把它发展成了一种复杂的观念哲学，安提斯泰尼则从老师的行为中学到了简朴生活的原则，把它发展成了一种简单的人生哲学。对于后世来说，这两种哲学同样影响深远。安提斯泰尼身教重于言教，自己节衣缩食，免费招收贫穷学生，怕苦的学生一律被他的手杖打跑。第欧根尼来拜师时，他也举起了手杖，没想到这个犟脾气的青年把脑袋迎了上去，喊道："打吧，打吧，不会有什么木头坚硬到能让我离开你，只要我相信你有以教我。"拜师自然是成功了，老师更没想到的是，他创立的犬儒主义哲学在这个曾被拒收的学生手上才成了正果。

　　我们不知道第欧根尼在雅典活动了多久，只知道他的生活后来发生了一个转折。在一次航行中，他被海盗俘虏，海盗把他送到克里特的奴隶市场上拍卖。拍卖者问他能做什么，回答是："治理人。"看见一个穿着精美长袍的科林斯人，他指着那人说："把我卖给这个人吧，他需要一个主人。"又朝那人喊道："过来吧，你必须服从我。"这个名叫塞尼亚得的人当真把他买下，带回了科林斯。第欧根尼当起了家庭教师和管家，把家务管得井井有条，教出的孩子个个德才兼备，因此受到了全家人的尊敬。他安于这个角色，一些朋友想为他赎身，被他骂为蠢货。他的道理是，对于像他这样的人，身份无所谓，即使身为奴隶，心灵仍是自由的。他在这个家庭里安度晚年，死后由塞尼亚得的儿子安葬。

犬儒派哲学家主张人应该自己决定死亡的时间和地点，第欧根尼是第一个实践者。据说他是用斗篷裹紧自己，屏息而死的。他太老了，这家人待他太好了，时间和地点都合适。科林斯人在他的墓前竖一根立柱，柱顶是一只大理石的狗头。从前驱逐他的锡诺帕人也终于明白，与这位哲学家给母邦带来的荣耀相比，铸造伪币的前科实在是小事一桩，便在家乡为他建造了一座青铜雕像，铭文写得很慷慨也很准确："时间甚至可以摧毁青铜，但永远不能摧毁你的光荣，因为只有你向凡人指明了最简单的自足生活之道。"

二

在拉尔修的《名哲言行录》中，归在第欧根尼名下的有哲学著作十四种，悲剧七种，但拉尔修同时指出，第欧根尼也可能没有留下任何著作。从他那种露宿乞讨的生活方式看，后一种说法似乎更可信。事实上，犬儒派哲学家的确不在乎著书立说，更重视实践一种生活原则。

如同中国的老子，犬儒派哲学家是最早的文明批判者。他们认为，文明把人类引入了歧途，制造出了一种复杂的因而是错误的生活方式。人类应该抛弃文明，回归自然，遵循自然的启示，过简单的也就是正确的生活。第欧根尼尤其谴责对金钱的贪欲，视其为万恶之源。鉴于他曾经铸造伪币，我们可以把这看作一种忏悔。仿佛为了找补，他又强调，他最瞧不起那些声称蔑视金钱却又嫉妒富人的人——不知道他是否指当年驱逐他的人。不过，我们或许同意，嫉妒是一块试金石，最能试出蔑视金钱的真假，嫉妒者的心比谁都更为金钱痛苦。人应该训练自己达于一种境界，对于物质的快乐真正不动心，甚至从鄙视快乐中得到更大的快乐。苏格拉底的另一学生阿里斯提波创立享乐主义，他的理论可概括为："我役物，而不役于物。"一个人不妨享受物质，同时又做到不被物质支配。安提斯泰尼好像不这么自信，转而提倡禁欲主义，他的理论可概括为："我不役物，以免役于物。"一个人一旦习惯于享受物质，离被物质支配就不远了。两人好像都有道理，从世间的实例看，安提斯泰尼更有道理一些。无论如何，财富的获取、保存、使用都是伤神的事情，太容易破坏心境的宁静。我们对物质的需求愈少，精神上的自由就愈多。第欧根尼喜欢说："一无所需是神的特权，所需甚少是类神之人的特权。"

犬儒派哲学家是最早的背包客，从安提斯泰尼开始，他们的装束就有了定式，都是一件斗篷，一根手杖，一个背袋。安提斯泰尼的斗篷还很破烂，以至于苏格拉底忍不住说："我透过你斗篷上的破洞看穿了你的虚荣。"相当一些犬儒派哲学家是素食主义者，并且滴酒不沾，只喝冷水。第欧根尼曾经有居室和仆人，仆人逃跑了，他不去追赶，说："如果仆人离开第欧根尼可以活，而第欧根尼离开仆人却不能活，未免太荒谬了。"从此不用仆人。盗贼入室，发现他独自一人，问："你死了谁把你抬出去埋葬呢？"他回答："想要房子的人。"后来他连居室也不要了，住在一只洗澡用的木桶里，或者对折斗篷为被褥，席地而睡，四处为家。有一回，看见一个小孩用手捧水喝，他自惭在简朴上还不如孩子，把水杯从背袋里拿出来扔了。他在锻炼吃苦方面颇下功夫，夏天钻进木桶在烫沙上滚动，冬天光脚在雪地上行走，或者长久抱住积雪的雕像，行为很像苦修士，却又是一个无神论者。

对于这个一心退回自然界的哲学家来说，动物似乎成了简单生活的楷模。他当真模仿动物，随地捡取食物，一度还尝试吃生肉，因为不消化而作罢。他的模仿过了头，竟至于在光天化日之下交配，在众目睽睽之下自慰，还无所谓地说："这和用揉胃来解除饥饿是一回事。"他振振有词地为自己的伤风败俗之行辩护：凡大自然规定的事皆不荒谬，凡不荒谬的事在公共场所做也不荒谬。既然食欲可以公开满足，性欲有何不可？自然的权威大于习俗，他要以本性对抗习俗。他反对的习俗也包括婚姻，在他眼里，性是最自然的，婚姻却完全是多余的。问他何时结婚合适，回答是："年轻时太早，年老时太晚。"婚姻往往还是"战争之后的结盟"，其中有太多的利益计较。他主张通过自由恋爱和嫖妓来解决性的需要，并且身体力行。有人指责他出入肮脏之处，他答："太阳也光顾臭水沟，但从未被玷污。"如同柏拉图和斯多葛派的芝诺一样，共妻是他赞成的唯一婚姻形式，在这种形式下，财产和子女也必然共有，就断绝了贪婪的根源。

倘若今天我们遇见第欧根尼，一定会把他当作一个乞丐。他一身乞丐打扮，事实上也经常行乞，一开始是因为贫穷，后来是因为他的哲学。他乞讨的口气也像一个哲学家，基本的台词是："如果你给过别人施舍，那也给我吧；如果还没有，那就从我开始吧。"不过，看来乞讨并非总是成功的，至少比不上残疾人，为此他尖刻地评论道：人们在施舍时之所以厚此薄彼，是"因为他们想到自己有一天可能变成跛子或瞎子，但从未想到会变成哲学家"。

安提斯泰尼经常在一个以犬命名的运动场与人交谈，据说犬儒派得名于此。但是，第欧根尼获得狗的绰号，大约与此无关，毋宁说是因为他自己的举止。他从地上捡东西吃，当众解决性欲，太像一条狗了，以至于像柏拉图这么文雅的人也称他是狗。他有时也欣然自称是狗，但更多的时候却愤愤不平。一群男童围着他，互相叮嘱："当心，别让他咬着我们。"他尚能克制地说："不用怕，狗是不吃甜菜根的。"在集市上吃东西，围观者喊："狗！"他就忍不住回骂了："你们盯着我的食物，你们才是狗！"在一次宴席上，有些人真把他当作狗，不断把骨头扔给他，他怒而报复，把一盆汤浇在了他们头上。对于狗的绰号之来由，他自己给出的最堂皇的解释是：因为他"对施舍者献媚，对拒绝者狂吠，对无赖狠咬"。其实他的献媚常藏着讥讽，而遭他吠和咬的人倒真是不少。

三

犬儒派哲学家不但放浪形骸，而且口无遮拦，对看不惯的人和事极尽挖苦之能事。这成了他们的鲜明特色，以至于在西语中，"犬儒主义者"（cynic）一词成了普通名词，亦用来指愤世嫉俗者、玩世不恭者、好挖苦人的人。

安提斯泰尼即已十分蔑视一般人，听说有许多人在赞扬他，他叫了起来："老天啊，我到底做了什么错事？"第欧根尼更是目中无"人"。他常常大白天点着灯笼，在街上边走边吆喝："我在找人。"有人问他在希腊何处见过好人，他回答："没有，只在个别地方见过好的儿童。"在奥林匹克运动会上，民众群情激奋，他有时也会坐在那里，但似乎只是为了不错过骂人的好机会。传令官宣布冠军的名字，说这个人战胜了所有人，他大声反驳："不，他战胜的只是奴隶，我战胜的才是人。"回家的路上，好奇者打听参加运动会的人是否很多，他回答："很多，但没有一个可以称作人。"剧院散场，观众涌出来，他往里挤，人问为什么，他说："这是我一生都在练习的事情。"他的确一生都在练习逆遵循习俗的大众而行，不把他们看作人，如入无人之境。

第欧根尼有一张损人的利嘴，一肚子捉弄人的坏心思。一个好面子的人表示想跟他学哲学，他让那人手提一条金枪鱼，跟在他屁股后面穿越大街小巷，羞得那人终于弃鱼而逃。一个狗仗人势的管家带他参观主人的豪宅，警告他不得吐痰，他立刻把一口痰吐在那个管家脸上，说："我实在找不到更合适的痰盂了。"看见一个懒人让仆人给自己穿鞋，他说："依我看，什么时候你失去了双手，还让仆人替你擦鼻涕，才算达到了完满的幸福。"看见一个轻薄青年衣着考究，他说："如果为了取悦男人，你是傻瓜，如果为了取悦女人，你是骗子。"看见一个妓女的孩子朝人堆里扔石头，他说："小心，别打着了你父亲。"这个促狭鬼太爱惹人，有一个青年必定是被他惹怒了，砸坏了他的大桶。不过，更多的雅典人好像还护着他，替他做了一个新桶，把那个青年鞭打了一顿。这也许是因为，在多数场合，他的刻薄是指向大家都讨厌的虚荣自负之辈的。他并不乱咬人，他咬得准确而光明正大。有人问他最厌恶被什么动物咬，他的回答是：谗言者和谄媚者。

第欧根尼的刀子嘴不但伸向普通人,连柏拉图也不能幸免。柏拉图是他的老师的同学,比他大二十多岁,可他挖苦起这位师辈来毫不留情,倒是柏拉图往往让他几分。他到柏拉图家做客,踩着地毯说:"我踩在了柏拉图的虚荣心上。"有人指出他乞讨,柏拉图不乞讨,他借用《奥德修》中的句子说:柏拉图讨东西时"深深地埋下头,以致无人能够听见"。他经常用一种看上去粗俗的方式与柏拉图辩论。柏拉图把人定义为双足无毛动物,他就把一只鸡的羽毛拔光,拎到讲座上说:"这就是柏拉图所说的人。"针对柏拉图的理念论,他说:"我看得见桌子和杯子,可是柏拉图呀,我一点儿也看不见你说的桌子的理念和杯子的理念。"为了反驳爱利亚学派否定运动的观点,他站起来夸张地到处走动。也许他是故意不按规则出牌,以此解构正在兴起的形而上学游戏。柏拉图对这个刺头一定颇感无奈,有人请他对第欧根尼其人下一断语,他回答:"一个发疯的苏格拉底。"

几乎所有希腊哲学家都看不上大众宗教,犬儒派哲学家也如此。一个奥菲斯教派祭司告诉安提斯泰尼,教徒死后可获许多好处,他反问:"你为什么不赶快死呢?"与此相似,有人也以死后可享特权为由劝第欧根尼入教,他回答道:如果俗人只因入教就享幸福,智者只因不入教就倒霉,死后的世界未免太荒唐了。一次海难的幸存者向神庙献了许多祭品,第欧根尼对此评论道:"如果是遇难者来献祭的话,祭品就更多了。"看见一个女子跪在神像前祈祷,他对她说:"善良的女人,神是无处不在的,难道你不怕有一个神就站在你背后,看见你的不雅姿势吗?"看见一些夫妻在向神献祭求子,他问道:"可是你们不想求神保佑他成为怎样的人吗?"他常说:"看到医生、哲学家、领航员,我就觉得人是最聪明的动物,看到释梦师、占卜家和他们的信徒，以及那些夸耀财富的人，我就觉得人是最愚蠢的动物。"在他看来，在宗教之中，除了美德的实践，其余都是迷信。人们往往不知道自己应该要什么，向神所求的都不是真正的好东西。说到底，德行本身就足以保证幸福，我们为善只应该为了善本身的价值，不应该为了邀神的奖赏或怕神的审判。

四

让我们回到第欧根尼与亚历山大相遇的时刻，他对大帝说出了那句著名的话："不要挡住我的阳光。"现在我们可以对这句话做一点也许不算牵强的诠释了。人在世上真正需要的是什么？无非是阳光——阳光是一个象征，代表自然给予人的基本赠礼，自然规定的人的基本需要，合乎自然的简朴生活。谁挡住了阳光？亚历山大——亚历山大也是一个象征，代表权力、名声、财富等一切世人所看重而其实并非必需的东西。不要挡住我的阳光——不要让功利挡住生命，不要让习俗挡住本性，不要让非必需挡住必需，这就是犬儒派留给我们的主要的哲学遗训。

除了简朴生活原理，第欧根尼还有两个伟大发明。一是"世界公民"。有人问他来自何处，他答："我是世界公民。""世界公民"（Cosmopolite）应该读作"宇宙公民"，"世界"并不限于人类居住的范围。在他之前，阿那克萨戈拉已把宇宙称作自己的祖国，第欧根尼也说"唯一的、真正的国家是宇宙"，因此"万物都是智慧之人的财产"。另一发明是"言论自由"。有人问世界上最好的东西是什么，他的回答便是"言论自由"。在这两个发明之间也许还有某种联系，世界公民当然不会囿于群体利益，而群体利益常是禁止言论自由的主要理由。所以，"不要挡住我的阳光"还可增加一个含义：不要让政治挡住哲学，不要让群体利益挡住思想自由。

对于那些想受教育却不想学哲学的人，安提斯泰尼有一妙比，说他们就好像一个人看上了女主人，为了图省事却只向女仆求爱。第欧根尼则直截了当地向他们责问道："既然你不在意活得好不好，为什么还要活着呢？"哲学何以能使人活得好呢？依据第欧根尼之例，也许可以这样来理解——哲学能够使我们安心地躺在土地上晒太阳，享受身体和心灵的自由，而对一切妨碍我们这样做的东西说："不要挡住我的阳光！"

2005年3月

爱智之旅

一、做自己的朋友

有人问斯多葛派创始人芝诺："谁是你的朋友？"他回答："另一个自我。"

人生在世，不能没有朋友。在所有朋友中，不能缺了最重要的一个，那就是自己。缺了这个朋友，一个人即使朋友遍天下，也只是表面的热闹而已，实际上他是很空虚的。

一个人是不是自己的朋友，有一个可靠的测试标准，就是看他能否独处，独处是否感到充实。如果他害怕独处，一心逃避自己，他当然不是自己的朋友。

能否和自己做朋友，关键在于有没有芝诺所说的"另一个自我"。它实际上是一个人的更高的自我，这个自我以理性的态度关爱着那个在世上奋斗的自我。理性的关爱，这正是友谊的特征。有的人不爱自己，一味自怨，仿佛自己的仇人。有的人爱自己而没有理性，一味自恋，俨然自己的情人。在这两种场合，更高的自我都是缺席的。

成为自己的朋友，这是人生很高的成就。塞涅卡说，这样的人一定是全人类的朋友。蒙田说，这比攻城治国更了不起。我只想补充一句：如此伟大的成就却是每一个无缘攻城治国的普通人都有希望达到的。

二、与自己谈话的能力

有人问犬儒派创始人安提斯泰尼，哲学给他带来了什么好处，回答是："与自己谈话的能力。"

我们经常与别人谈话，内容大抵是事务的处理、利益的分配、是非的争执、恩怨的倾诉、公关、交际、新闻，等等。独处的时候，我们有时也在心中说话，细察其内容，仍不外乎上述这些，因此实际上也是在对别人说话，是对别人说话的预演或延续。我们真正与自己谈话的时候是十分稀少的。

要能够与自己谈话，必须把心从世俗事务和人际关系中摆脱出来，回到自己。这是发生在灵魂中的谈话，是一种内在生活。哲学教人立足于根本审视世界、反省人生，带给人的就是过内在生活的能力。

与自己谈话的确是一种能力，而且是一种罕见的能力。有许多人，你不让他说凡事俗务，他就不知道说什么好了。他只关心外界的事情，结果也就只拥有仅仅适合于与别人交谈的语言了。这样的人面对自己当然无话可说。可是，一个与自己无话可说的人，难道会对别人说出什么有意思的话吗？哪怕他谈论的是天下大事，你仍感到是在听市井琐闻，因为在里面找不到那个把一切联结为整体的核心，那个照亮一切的精神。

三、认识你自己

"认识你自己！"——这是铭刻在希腊圣城德尔斐神殿上的著名箴言，希腊和后来的哲学家喜欢引用来规劝世人。对这句箴言可做三种理解。

第一是人要有自知之明。这大约是箴言本来的意思，它传达了神对人的要求，就是人应该知道自己的限度。希腊人大抵也是这样理解的。有人问泰勒斯，什么是最困难之事，回答是："认识你自己。"接着的问题：什么是最容易之事？回答是："给别人提建议。"这位最早的哲人显然是在讽刺世人，世上有自知之明者寥寥无几，好为人师者比比皆是。看来苏格拉底领会了箴言的真谛，他认识自己的结果是知道自己一无所知，为此受到了德尔斐神谕的最高赞扬，被称作全希腊最智慧的人。

第二种理解是，每个人身上都藏着世界的秘密，因此，都可以通过认识自己来认识世界。在希腊哲学家中，好像只有晦涩哲人赫拉克利特接近了这个意思。他说："我探寻我自己。"还说，他的哲学仅是"向自己学习"的产物。不说认识世界，至少就认识人性而言，每个人在自己身上的确都有着丰富的素材，可惜大多被浪费掉了。事实上，自古至今，一切伟大的人性认识者都是真诚的反省者，他们无情地把自己当作标本，借之反而对人性有了深刻而同情的理解。

第三种理解是，每个人都是一个独一无二的个体，都应该认识自己独特的禀赋和价值，从而自我实现，真正成为自己。这种理解最流行，我以前也常采用，但未必符合作为城邦动物的希腊人的实情，恐怕是文艺复兴以来的引申和发挥了。

四、性格就是命运

古希腊哲人赫拉克利特说："一个人的性格就是他的命运。"这句话包含两层意思：第一，对于每一个人来说，性格是与生俱来、伴随终身的，永远不可摆脱，如同不可摆脱命运一样；第二，性格决定了一个人在此生此世的命运。

那么，能否由此得出结论，说一个人命运的好坏是由天赋性格的好坏决定的呢？我认为不能，因为天性无所谓好坏，因此由之决定的命运也无所谓好坏。明确了这一点，可知赫拉克利特的名言的真正含义是：一个人应该认清自己的天性，过最适合他的天性的生活，而对他而言这就是最好的生活。

一个灵魂在天外游荡，有一天通过某一对男女的交合而投进一个凡胎。他从懵懂无知开始，似乎完全忘记了自己的本来面目。但是，随着年岁和经历的增加，那天赋的性质渐渐显露，使他不自觉地对生活有了一种基本的态度。在一定意义上，"认识你自己"就是要认识附着在凡胎上的这个灵魂，一旦认识了，过去的一切都有了解释，未来的一切都有了方向。

赫拉克利特的名言也常被翻译成："一个人的性格就是他的守护神。"的确，一个人一旦认清了自己的天性，知道自己究竟是什么人，他也就知道自己究竟要什么了，如同有神守护一样，不会在喧闹的人世间迷失方向。

五、多听少说

希腊哲人大多讨厌饶舌之徒。泰勒斯说："多言不表明有才智。"喀隆

（Chilon）说："不要让你的舌头超出你的思想。"斯多葛派的芝诺说："我们之所以有两只耳朵而只有一张嘴，是为了让我们多听少说。"一个青年向他滔滔不绝，他打断说："你的耳朵掉下来变成舌头了。"

每当遇到一个夸夸其谈的人，我就不禁想起芝诺的讽刺。世上的确有一种人，嘴是身上最发达的器官，无论走到哪里，几乎就只带着这一种器官，全部生活由说话和吃饭两件事构成。当今学界多此类人，忙于赶各种场子，在数不清的会上发言，他们虽然仍顶着学者之名，其实是名利场上的说客和食客。

多听当然不是什么都听，还须善听。对于思想者来说，听只是思的一种方式。他的耳朵绝不向饶舌开放，哪怕是有学问的饶舌。他宁愿听朴素的村语、无忌的童言。他自己多听少说，也爱听那些同样多听少说者的话语。他听书中的先哲之言，听自己的灵魂，听天籁，听无字的神谕。当他说的时候，他仍然在听，用问题引发听者的思考，听思想冲决无知的声音，如同苏格拉底所擅长的那样。

我把少言视为思想者的道德。道理很简单，唯有少言才能多思，思想者没有工夫说废话。而如果你珍惜自己的思想，在表达的时候也必定会慎用语言，以求准确有力。舌头超出思想，那超出的部分只能是废话，必定会冲淡甚至歪曲思想。作为珍爱思想的人，从古希腊开始，哲学家们就异常重视语言表达的技巧，爱利亚的芝诺创立了逻辑学，恩培多克勒创立了修辞学，用意就是要把话说得准确有力，也就是让最少的话包含最多的思想。

六、宇宙公民

阿那克萨戈拉出身高贵而富有，但他放弃了门第和财产，隐居起来，不问政治，潜心研究自然。人问他生到这个世界上来为了什么，他答："为了研究太阳、月亮和天空。"人又问："难道你不关心你的祖国吗？"他指着天空答："我非常关心我的祖国啊。"

据说"世界公民"这个词是第欧根尼发明的。以他为代表的犬儒派哲学家是最早的背包客，全都是一根手杖，一个背包，四处为家，走遍世界。人问第欧根尼来自哪个国家，他答："我是世界公民。"

"世界公民"又可译作"宇宙公民"。诚如阿那克萨戈拉所说，哲学家的祖国是宇宙。哲学开始于天文学，最早的哲学家几乎都是天文学家。当人类从世间的事务中抬起头来，关心头顶的星空时，哲学诞生了。哲学是人类的乡愁，是对人类永恒故乡的怀念和追寻。在哲学家心中，这种乡愁格外浓郁，他们知道，地图上的国家和城邦旋生旋灭，都不是真正的祖国。于是，作为人类的使者，他们走上了探寻真正的祖国的旅途。对于他们来说，胸怀宇宙不是一个比喻，而是一个事实。他们决心探明整个世界的全貌和本质，在那里找到人类生存的真实意义和可靠基础。

所以，一切鼓吹狭隘国家利益和民族仇恨的哲学家都是可疑的。哲学家用宇宙的真理衡量人类，又用人类的真理衡量民族和国家，在这样的人心中，狭隘民族主义怎会有容身之地呢？

七、谁是真正的爱国者

常常有人举着爱国的尺子评判人，但这把尺子自身也需要受到评判。首先，爱国只是尺子之一，而且是一把较小的尺子。还有比它大的尺子，例如真理、文明、人道。其次，大的尺子管小的尺子，大道理管小道理，唯有从人类真理和世界文明的全局出发，知道本民族的长远和根本利益之所在，方可论爱国。因此，伟大的爱国者往往是本民族历史和现状的深刻批评者。那些手中只有爱国这一把尺子的人，所爱的基本上是某种狭隘的既得利益，这把尺子是专用来打一切可能威胁其私利的人的。

爱智慧的人也爱国，但必定是以一种爱智慧的方式来爱。公元前六世纪初，有一个小国叫司奇提亚，国王阿那卡西尔热爱希腊文化，便到爱奥尼亚地区游学。他给当时统治该地区的吕底亚王克里萨斯写信谈自己的目的："我不是为了金子而来，只要能还给司奇提亚一个更好的人，我就满足了。"在雅典时，一个雅典人因为他是蛮邦人而辱骂他，他平静地回答："假如我的国家对于我是一种耻辱，那么，你对于你的国家是一种耻辱。"回到司奇提亚时，他确实成了一个更好的人，却被他的兄弟们以卖国者的罪名杀了。

现在要问：为了使自己和自己的国家变得更好而学习希腊文化的阿那卡西尔，他的拒绝接受外来先进文化的兄弟们，那个盲目自大的雅典人，这三者之中，谁是真正的爱国者？答案应该是不言自明的。

然而，在阿那卡西尔之后，胸怀世界的真爱国者在异乡遭狭隘的假爱国者辱骂，在本土遭狭隘的假爱国者杀害，这样的故事不断在重演。

八、做一个能够承受不幸的人

古希腊哲人彼亚斯说："一个不能承受不幸的人是真正不幸的。"古希腊诗人彼翁也说了相同意思的话："不能承受不幸本身就是一种巨大的不幸。"

为什么这样说呢?

首先是因为,不幸对一个人的杀伤力取决于两个因素,一是不幸的程度,二是对不幸的承受力。其中,后者更关键。一个能够承受不幸的人,实际上是减小了不幸对自己的杀伤力,尤其是不让它伤及自己的生命核心。相反,一个不能承受的人,同样的不幸就可能使他元气大伤,一蹶不振,甚至因此毁灭。因此,看似遭遇了同样的不幸,结果是完全不一样的。

其次,一个不能承受的人,即使暂时没有遭遇不幸,因为他的内在的脆弱,他身上也好像已经埋着不幸的种子一样。在现实生活中,大大小小的不幸总是难免的,因此,他被不幸击倒只是迟早的事情而已。

做一个能够承受不幸的人,这是人生观的重要内容。承受不幸不仅是一种能力,来自坚强的意志,更是一种觉悟,来自做人的尊严、与身外遭遇保持距离的智慧和超越尘世遭遇的信仰。

九、一无所需最像神

某日,苏格拉底在雅典街头闲逛,走过市场,看了琳琅满目的货物,吃惊道:"这里有多少我用不着的东西啊!"

苏格拉底逛的是两千多年前的雅典市场,其实那时商品的种类还很有限。假如让他来逛一逛今天的豪华商场，真不知他会发表什么感想呢。

我相信，像苏格拉底这样一个专注于精神生活和哲学思考的人，物质上的需求自然是十分简单的。因为他有重要得多的事情要做，没有工夫关心物质方面的区区小事；他沉醉于精神王国的伟大享受，物质享受不再成为诱惑。

苏格拉底有一句名言："一无所需最像神。"所谓神，就是纯粹的精神，完全摆脱了身体之需，因而是绝对自由的。人毕竟有一个身体，当然不可能如此。所以，第欧根尼有一个修正的说法："一无所需是神的特权，所需甚少是类神之人的特权。"人至少可以把身体之需限制在真正必要的范围内，尽量少为伺候身体花费精力。在一个人的生活中，精神需求相对于物质需求所占比例越大，他就离神越近。

十、哲学家与钱财

在哲学史上，多数哲学家安贫乐道，不追求也不积聚钱财。有一些哲学家出身富贵，为了精神的自由而主动放弃财产，比如古代的阿那克萨戈拉和现代的维特根斯坦。

哲学家之所以对钱财所需甚少，是因为他们认为，钱财所能带来的快乐是十分有限的。如同伊壁鸠鲁所说：更多的钱财不会使快乐超过有限的钱财已经达到的水平。他们之所以有此认识，是因为他们品尝过了另一种快乐，心中有了一个比较。正是与精神的快乐相比较，物质所能带来的快乐显出了它的有限，而唯有精神的快乐才可能是无限的。因此，智者的共同特点是：一方面，因为看清了物质的快乐的有限，最少的物质就能使他们满足；另一方面，因为渴望无限的精神的快乐，再多的物质也不能使他们满足。

古罗马哲学家塞内卡是另一种情况，身为宫廷重臣，他不但不拒绝而且享尽荣华富贵。不过，在享受的同时，他内心十分清醒，用他的话来说便是："我把命运女神赐予我的一切——金钱，官位，权势——都搁置在一个地方，我同它们保持很宽的距离，使她可以随时把它们取走，而不必从我身上强行剥走。"他说到做到，后来官场失意，权财尽失，乃至性命不保，始终泰然自若。

十一、自己身上的快乐源泉

古希腊哲学家都主张，快乐主要不是来自外物，而是来自人自身。苏格拉底说：享受不是从市场上买来的，而是从自己的心灵中获得的。德谟克利特说：一个人必须习惯于反身自求快乐的源泉。亚里士多德说：沉思的快乐不依赖于外部条件，是最高的快乐。连号称享乐主义祖师爷的伊壁鸠鲁也说：身体的健康和灵魂的平静是幸福的极致。

人应该在自己身上拥有快乐的源泉，它本来就存在于每个人身上，就看你是否去开掘和充实它。这就是你的心灵。当然，如同伊壁鸠鲁所说，身体的健康也是重要的快乐源泉。但是，第一，如果没有心灵的参与，健康带来的就只是动物性的快乐；第二，人对健康的自主权是有限的，潜伏的病魔防不胜防，所以这是一个不太可靠的快乐源泉。

相比之下，心灵的快乐是自足的。如果你的心灵足够丰富，即使身处最单调的环境，你仍能自得其乐。如果你的心灵足够高贵，即使遭遇最悲惨的灾难，你仍能自强不息。这是一笔任何外力都夺不走的财富，是孟子所说的"人之安宅"，你可以借之安身立命。

由此可见，人们为了得到快乐，热衷于追求金钱、地位、名声等身外之物，无暇为丰富和提升自己的心灵做一些事，是怎样地南辕北辙啊！

十二、从容面对生死

古希腊有一个名叫克里安忒的哲学家，他不算很出名，但流传下来的他的一则故事很有意思。

在克里安忒很老的时候，有人嘲笑他老不死，他回答："我已经准备好离开这个世界了，不过，现在身体还行，仍能读书写作，我就打算再等一等。"后来，他患牙龈炎，遵照医嘱禁食了两天，很有效。炎症减轻后，医生让他恢复饮食，他拒绝了，说道："我在这条路上已经走得太远，犯不着走回头路。"结果禁食而死。

面对生死，这位老人心情何等平静，态度何等从容。他凭借哲学的智慧，想明白了生死的道理，因此有多么健康的心理。我相信，健康的心理来自智慧的头脑。现代人易患心理疾病，病根多半在想不明白人生的根本道理，于是就看不开生活中的小事。倘若想明白了，哪有看不开之理？

克里安忒是斯多葛派的哲学家，这一派把生和死都看作自然的事情，就好像果实成熟了要掉落、演员演完了要谢幕一样。的确，在人生的大树上，做一颗饱满结果而后平静掉落的果实，在人生的舞台上，做一个认真演戏而后从容谢幕的演员，这是人生的大智慧。

2005年2月—2006年4月

哲学：对世界的认识

哲学开始于仰望天穹

哲学是从仰望天穹开始的。

每个人在童年时期必定会有一个时刻，也许是在某个夏夜，抬头仰望，突然发现了广阔无际的星空。这时候，他的心中会油然生出一种神秘的敬畏感，一个巨大而朦胧的问题开始叩击他的头脑：世界是什么？

这是哲学的悟性在心中觉醒的时刻。每个人心中都有这样的悟性，可是并非每个人都能够把它保持住的。随着年龄增长，我们日益忙碌于世间的事务，上学啦，做功课啦，考试啦，毕业后更不得了，要养家糊口，发财致富，扬名天下，哪里还有闲工夫去看天空，去想那些"无用"的问题？所以，生活越来越繁忙，世界越来越喧闹，而哲学家越来越稀少了。

当然，对于大多数人来说，这是不得已的，也是无可指责的。不过，如果你真的对哲学感兴趣，那你就最好把闲暇时看电视和玩游戏机的时间省出一些来，多到野外或至少是户外去，静静地看一会儿天，看一会儿云，看一会儿繁星闪烁的夜空。有一点我敢断言：对大自然的神秘无动于衷的人，是不可能真正领悟哲学的。

关于古希腊最早的哲学家泰勒斯，有一则广泛流传的故事。有一回，他走在路上，抬头仰望天上的星象，如此入迷，竟然不小心掉进了路旁的一口井里。这情景被一个姑娘看见了，便嘲笑他只顾看天而忘了地上的事情。姑娘的嘲笑也许不无道理，不过，泰勒斯一定会回答她说，在无限的宇宙中，人类的活动范围是如此狭小，忙于地上的琐事而忘了看天是一种更可笑的无知。

包括泰勒斯在内的好几位古希腊哲学家同时都是天文学家，这大概不是偶然的。德国哲学家康德说，世上最使人惊奇和敬畏的两样东西就是头上的星空和心中的道德律。中国最早的哲学家孔子、墨子、老子、孟子也都曾默想和探究"天"的道理。地上沧桑变迁，人类世代更替，苍天却千古如斯，始终默默无言地覆盖着人类的生存空间，衬托出了人类存在的有限和生命的短促。它的默默无言是否蕴含着某种高深莫测的意味？它是神的居所还是物质的大自然？仰望天穹，人不由自主地震撼于时间的永恒和空间的无限，于是发出了哲学的追问：这无始无终、无边无际的世界究竟是什么？

世界究竟是什么？

希腊哲人赫拉克利特说："我们不能两次踏进同一条河。"中国哲人孔子站在河岸上叹道："世界就像这条河一样昼夜不息地流逝着啊。"他们不约而同地都把世界譬作永远奔流的江河。不过，这个譬喻只能说明世界是永恒变化的，没有解答世界究竟是什么的问题。要说清楚世界究竟是什么，这是一件难事。

世间万物，生生不息，变易无常。在这变化不居的万物背后，究竟有没有一种持续不变的东西呢？世间万象，林林总总，形态各异。在这五花八门的现象背后，究竟有没有一个统一的东西呢？追问世界究竟是什么，实际上就是要寻找这变中之不变，这杂多中之统一。哲学家们把这种不变的统一的东西叫作"实体""本体""本根""本质"，等等。

如果说一切皆变，究竟是什么东西在变？变好像总是应该有一个承担者的。没有承担者，就像一台戏没有演员，令人感到不可思议。

譬如说，我从一个婴儿变成儿童、少年、青年、中年人，最后还要变成老年人。你若问是谁在变，我可以告诉你是我在变，无论我变成什么年龄的人，这个我仍然是我，在变中始终保持为一个有连续性的独立的生命体。同样道理，世界无论怎样变化，似乎也应该有一个不变的内核，使它仍然成其为世界。

最早的时候，哲学家们往往从一种或几种常见的物质形态身上去寻找世界的这种"本体"，被当作"本体"的物质形态有水、火、气、土，等等。他们认为，世间万物都是由它们单独变来或混合而成。后来，古希腊哲学家留基伯和德谟克利特提出了一种影响深远的看法：万物的统一不在于它们的形态，而在于它们的结构，它们都是由一种相同的不可分的物质基本粒子组成的，这种基本粒子叫作原子。物理学在相当长的时期内曾经支持这个看法，但是现代物理学的发展已经对基本粒子的存在及其作用提出了一系列质疑。

另一些哲学家认为，既然一切物质的东西都是变化无常的，那么，使世界保持连续性和统一性的"本体"就不可能是物质的东西，而只能是某种精神的东西。他们把这种东西称作"理念""绝对精神"，等等。不过，它的最确切的名称是"神"。他们仿佛已经看明白了世界这幕戏，无论它的剧情如何变化，都是由神按照一个不变的剧本导演的。这种观点得到了宗教的支持。

在很长时期里，哲学被这两种观点的争论纠缠着。可是，事实上，这两种观点的根本出发点不同，谁也说服不了谁，是永远争论不出一个结果来的。值得注意的是，他们的没有结果的争论引起了另一些哲学家的思考，对他们争论的问题本身产生了怀疑。

能问"世界究竟是什么"这个问题吗?

　　问一个东西究竟是什么,这是什么意思呢? 在多数情况下,这是一种归类。譬如说,问"桌子究竟是什么",回答是"它是一种家具",问"地球究竟是什么",回答是"它是一颗行星"。在这里,"家具"是比"桌子"更高的类,"行星"是比"地球"更高的类。可是,"世界"包括了一切,在"世界"之外不存在任何东西了,既然如此,问"世界究竟是什么",我们能把"世界"归到什么更高的类中呢? 这是不该问"世界究竟是什么"这种问题的理由之一。

　　变化一定是有一个东西在变化吗? 运动就一定是有一个东西在运动吗? 不一定。譬如说,能量转化,我们只能得到热能、动能、势能等具体形态的能量,并非有一个不属于任何形态的抽象能量在那里变化。"天打雷了",真有一个"天"在打雷吗? 并没有,实际存在的只是打雷的现象本身罢了。由此可见,我们应该按照世界所呈现的样子来认识它,不该到万物流变的背后去寻找什么"本体",这种寻找不但徒劳,而且多此一举。这是反对问"世界究竟是什么"这种问题的又一个理由。

在今天的时代，这种反对追问"本体"的主张已经发展成为一股强大的潮流，主要活动在英语国家的一大批哲学家甚至宣布，对"本体"的追问只是由语言的逻辑毛病产生的虚假问题，可以通过治疗语病而将它消除。譬如说，语言有主语和谓语的结构，这种结构使人误以为有谓语就必有主语，而主语一定是存在着的实体。但实际情形并非如此。上面所说的为变寻找一个不变的承担者的思想方法就是这样产生的。

然而，不论怎样消除语言的逻辑毛病，对世界的隐秘"本体"的追问似乎仍是人类精神的"不治之症"。不过，那些患有这种"病症"的现代哲学家（例如海德格尔）已经不再言之凿凿地给"世界是什么"的问题以一个武断的回答，他们倾向于认为，认识"本体"不能靠逻辑思维，而要靠心灵体验，并且是难以用语言来表达的。如果勉为其难，或许可以用诗的语言加以暗示。其实，他们心目中的"本体"非常接近于中国古代哲学家老子所说的恍兮惚兮不可名状的"道"，也非常接近于古希腊哲学家赫拉克利特用晦涩的语言所暗示的"逻各斯"。一种不可言说的东西当然是无法成为研究对象的，所以，在这些哲学家看来，哲学不是一门学问，而是一种仅仅属于每个思考者个人的内在的精神生活。

世界有没有一个开端？

　　这里所说的"世界"是指宇宙。现代天文学和宇宙学已经很雄辩地证明，我们的地球、地球所属的太阳系、太阳系所属的银河系都是有一个开端的，并且必将有一个终结。但是，银河系只是宇宙的一个极小的部分，整个宇宙有没有一个开端呢？

　　没有开端似乎是一件不可思议的事。我们每个人的生命、整个人类、世上万事万物都有一个开端，世界本身怎么会没有一个开端呢？没有开端意味着世界在到达今天的状态之前，已经走过了无限的路程，而无限的路程也就是走不完的路程，世界怎么能把这走不完的路程走完呢？

　　所以，出于常理，早期哲学家们往往喜欢给世界寻找一个开端。例如，赫拉克利特认为世界的开端是火，这火在冷却过程中形成了世间万物。可是，我们马上可以问：这火是从哪里来的呢？对此只有两种可能的回答。一种回答是，这火原来不存在，有一天突然无中生有地产生并且燃烧了起来，于是便有了世界。无中生有显然是荒唐的，为了避免这荒唐，必须设定一个创造者，后来基督教正是这么做的。赫拉克利特采用的是另一种回答：这火是永恒存在着的，并且按照一定周期熄灭和燃烧，由此形成了万物又使万物复归于火。很明显，这个答案实际上意味着世界并没有一个开端，它是一个永恒循环的过程。

最坚决地主张世界有一个开端的是基督教。基督教认为，世界以及世间万物都是上帝用了六天工夫创造出来的。有人问：上帝在创造世界之前在做什么呢？公元5世纪的神学家奥古斯丁答道：时间是上帝所创造的世界的一个性质，在世界被创造之前并不存在。这个回答只是巧妙地回避了问题，却没有回答问题。他的意思是说，在上帝创造世界之前不存在时间，因而也不存在只有在时间中才能发生的一切，所以，你根本不能问在上帝创造世界之前发生了什么。然而，所谓"世界"应是无所不包的，包括一切存在，如果真有上帝，则上帝也包括在内。因此，既然在创世之前就存在着上帝，创世就不能算是世界的开端，我们不得不问：上帝从何而来，祂有没有一个开端？其实，上帝创世说的真正含义是，我们可以理解的这个世界是必须有一个开端的，在此开端之前的是我们所不能理解的永恒，我们不该再去追问，"上帝"便是标志这个神秘的永恒的一个名称。

一般来说，科学家以及具有科学精神的哲学家都倾向于认为世界没有一个开端。可是，这种情况最近好像有了变化。当代宇宙学家提出了一个关于宇宙开端的令人震惊的假说，按照这个假说，发生在大约150亿年前的一次"大爆炸"是宇宙的开端。不过，对这一假说感兴趣的读者不妨去读一读当代最权威的宇宙学家霍金写的《时间简史》，他在这本书里清楚地告诉我们，之所以把"大爆炸"看作宇宙的开端，仅仅是因为"大爆炸"彻底消灭了在它之前可能发生过的一切事件的痕迹，使它们对我们而言永远失去了任何可观测的效果。所以，严格地说，即使发生过"大爆炸"，它也不是宇宙的开端，而只是我们可能观测到的这一段宇宙历史的开端。

先有鸡还是先有蛋?

先有鸡,还是先有蛋?这一个看上去很简单的问题好像难倒了所有人。宇宙有没有一个开端的问题其实与这个问题非常相似。

让我们来讨论一下这个问题。

你当然知道,如果你说先有鸡,我会问你这只鸡从哪里来,如果你说先有蛋,我同样会问你这只蛋从哪里来,所以这两个答案都是不可取的。你很可能会用进化论来解释,当某种动物进化成鸡的时候,这种动物的蛋也就变成了鸡的蛋,所以鸡和蛋几乎是同时产生的,不能分出先后。事实上,许多人都是这么回答的。可是,这种回答只是把问题往前推了,因为对于在鸡之前的那种动物(比方说某种鸟)来说,问题仍然存在:先有这种鸟,还是先有这种鸟的蛋?即使一直推到植物,我仍然可以问:先有这种植物,还是先有这种植物的种子?推到靠细胞分裂来繁殖的单细胞生物,我仍然可以问:先有这种单细胞生物,还是先有它的分裂?在所有这些场合,问题仍是那同一个问题,问题的性质丝毫没有变。那么,我们还是回到鸡和蛋的例子上来吧。

这个问题的难点在于，我们既不能追溯到第一只鸡，它不是蛋孵出来的，也不能追溯到第一只蛋，它不是鸡生出来的。在鸡与蛋的循环中，我们不能找到一个开端。然而，没有开端又似乎是荒谬的，我们无法想象在既没有第一只鸡也没有第一只蛋的情况下，怎么会有现在的鸡和蛋。

世界有没有一个开端的问题只是在无限大的规模上重复了这个难题。难题的实质也许在于，我们不能接受某个结果没有原因。如果你为世界确定了一个开端，就必定要面对这个问题：造成这个开端的原因是什么？你把原因归结为无论世界在这开端之前的某种状态还是上帝，你实际上都已经为这个开端本身指出了一个更早的开端，因而它也就不成其为开端了。如果你否认世界有一个开端，也就是否认世上发生的一切事件有一个初始的原因，那么，没有这个初始的原因，后来的这一切事件又如何能作为结果发生呢？我们的思想在这里陷入了两难的困境。康德认为这个困境是人类思想无法摆脱的，他称之为"二律背反"。但是，也有哲学家反对他的看法，认为这个困境是由我们思想方法的错误造成的，譬如说，用因果关系的模式去套宇宙过程就是一种错误的思想方法。

这两种看法究竟哪种对，哪种错？我建议你不妨再仔细想想鸡与蛋的问题，然后再加以评论。

宇宙在空间上有没有边界？

宇宙在空间上有没有边界？让我们就这个问题进行一场对话。我问，你答，当然是由我琢磨和写出你的可能的回答。

问：首先让我们假定宇宙是无限的，它没有边界。请你想象一下这个没有边界的无限的宇宙是什么样子的，然后告诉我。

答：它四面八方都没有界限。

问：你这话只是重复了我的问题，我要问的正是这个"没有界限"是什么样子。

答：我先想到我们的地球、太阳系、银河系，接着想到在银河系外还有别的星系，别的星系外还有别的星系，这样一直推到无限远。

问：对了，我们是不可能直接想象没有边界的东西的，为了想象没有边界的东西，我们先想象它的一个部分，这个部分是有边界的，然后再想象与它相邻的一个部分，这样逐步扩展和综合。但是，不管你想象了多少部分并且把它们综合起来，你得到的结果仍然是一个有边界的有限的东西。你所说的"这样一直推到无限远"只是一句空话，你在想象中不可能真正做到。

答：我承认我做不到。当我的想象力试图向无限远推进时，它就停了下来，我只好用语言来帮助它，对自己说，就这样一直推进吧……

问：正是这样，这说明我们无法想象一个没有边界的宇宙。现在让我们假定宇宙是有边界的，请你想象一下，在它的边界之外有什么东西？

答：应该是没有任何东西，否则就不成其为边界了。

问：你说得对。如果仍有东西，我们就必须把它的边界定位在那些东西的外侧，直到没有任何东西为止。这就是说，在它的边界之外只有空无。现在你遇到和刚才相似的麻烦了——你必须想象宇宙边界之外的空无，这空无没有边界。

答：我想象不了。

问：由此可见，不管宇宙有没有边界，都是不可思议的。

在上面的对话中，我们基本上重复了康德的一段议论。其实，他在论证宇宙既不可能没有边界，又不可能有边界时，所依据的是同一个理由：我们无法想象无限的空间，不管这空间是空的还是充满着物体的。如果要我选择，我宁可相信宇宙是没有边界的，因为想象有内容的无限毕竟还可以从它的有限部分开始，想象空无的无限连这样的起点也找不到。

现代宇宙学家在爱因斯坦的广义相对论的基础上提出了一个假说：我们这个宇宙在空间上是有限而没有边界的。有限怎么会没有边界呢？因为它的空间是弯曲而封闭的引力场，这空间既不和虚空也不和别的物体接界。至于在我们的宇宙之外还有没有别的宇宙，我们永远不会知道，因此不必去考虑。可惜的是，哲学往往不听科学的规劝，偏要考虑那些不可知的事。我们无法压抑自己的好奇：如果在我们的有限宇宙之外的既非虚空，又非别的宇宙，那会是什么东西呢？

时间之谜

在世上一切东西中，时间是最难解的谜之一。

时间是什么？你也许会说，时间就是秒钟、分钟、小时、日、月、年，等等。不错，我们是用这些尺度来衡量时间的，可是那被衡量的东西是什么？

人们曾经相信，时间是由无数瞬间组成的，瞬间与瞬间之间彼此连接，不可分割，并且以均匀的速度前后相续，就这样从过去向未来延伸。如果画在纸上，就是一条箭头指向前方的直线。这便是从古希腊一直延续到牛顿的"绝对时间"的观念。爱因斯坦用他所创立的相对论打破了这个观念，他发现，对于处在不同空间和运动速度中的人来说，时间的量度是不同的。假如有一对双胞胎，老大是宇宙飞行员，以接近于光速的速度在宇宙中航行，老二在地球上生活，当老大回到地面时，他会比老二年轻许多。这便是所谓的"相对时间"的观念。不过，相对论只是说明了时间量度与空间和运动速度的相对关系，并未告诉我们时间本身是什么。

不管我们把时间描绘成一条直线还是一条曲线，我们只能生活在当下这个瞬间。你说你今年十五岁了，你已经活了十五个年头，可是这过去的十五个年头在哪里？假定你还能活八十年，这未来的八十年又在哪里？至于当下这个瞬间，它也是转瞬即逝的，你还来不及喊出"现在"这个词，"现在"就已经成了过去。那么，究竟有没有时间这回事呢？

由于在外部世界中似乎找不到时间的客观根据，有些哲学家就试图在人的主观世界中发现时间的秘密。例如，康德认为，时间是人的感觉的先天形式，人把它投射到了外部世界中。法国哲学家柏格森认为，在外部物理世界中只有空间，没有时间，因为我们在那里看不到物体在时间中的延续，只能看见物体在空间中的伸展；相反，在我们的内在心理世界中只有时间，没有空间，时间就是我们的意识状态的前后相续和彼此渗透。在每一个瞬间，我们都能够体验到记忆和想象、过去和未来的交织，从而体验到时间的真正延续。不过，这种时间是不能用人工规定的尺度来衡量的，譬如说，无论你怎样用心，你都不能通过内心体验来获知自己的年龄。

很显然，柏格森所说的时间与牛顿所说的时间完全是两码事。那么，究竟是存在着两种时间呢，还是其中一种为真，另一种为假，或者它们都只是虚构的？迄今为止，关于时间已经有过许多不同的定义，例如：1.时间是物质存在的客观形式。2.时间是运动着的物体的一种动力量。3.时间是人类所制定的测量事物运动变化的尺度。4.时间是人类特有的生存方式。5.时间是人类固有的感觉形式。6.时间是一种内心体验。在这些定义中，你赞成哪一个？

因果之间有必然联系吗?

世上发生的每一件事必定是有原因的,如果没有原因,就不会有任何事情发生。这个道理好像是十分清楚的。可是,让我们来看看,从这个似乎清楚的道理会推出怎样荒谬的结论。

譬如说,有一个人出门,当他经过一幢房屋时,屋顶上掉下一块石头,把他砸死了。按照上面的道理,我就要问你:他为什么被砸死?你一定会分析说:因为当时刮起一阵大风,把石头吹下来了,而他刚好经过。当你这么分析时,你实际上提到了两件事作为他被砸死的原因,一是当时刮风吹落石头,二是他刚好经过。所以我要继续问你:第一,为什么当时会刮风,并且把石头吹落?第二,为什么他会在这个时候经过那里?对前一个问题,你就会分析气流变化如何导致刮风,年久失修如何导致屋顶石头松动,等等,对后一个问题,你就会解释这个人为了什么事出门,为何走这条路线,等等。你的每一次回答都涉及更多的事件,因而我可以不断地问下去,以至于无穷。

照这样分析,这个人被砸死是必然的吗?有些哲学家就是这样认为

330

的。在他们看来，世上每件事情作为结果都必有其原因，当然往往不止一个原因，是这些原因共同作用的结果，而这些原因中的每一个又是更早的一些原因的结果，如此组成了一张延伸到无穷远的因果关系的大网，在这张大网上，每一件事的发生都是必然的。

你也许会反驳说：不对，尽管这个人被砸死是有原因的，但有原因不等于必然。譬如说，他在刚出门时也许遇见了一个熟人，他和熟人聊了一会儿天，这才导致当石头落下时他刚好到达现场，所以被砸死了。如果他不遇见那个熟人，石头落下时他就已经越过现场，也就不会被砸死了。可见他被砸死是偶然的。

但是，按照上面的道理，我会说：那个熟人之所以在那个时候经过他家的门口也是有原因的，这些原因加上他这方面的原因决定了他在出门时必定会遇见那个熟人，必定被耽搁了一会儿，必定被砸死。

难道这个可怜的家伙非被砸死不可吗？这好像太荒谬了。可是，在上述那些哲学家看来，这并无荒谬之处，我们之所以觉得荒谬是因为我们未看到事情的前因后果。如果我们能够像上帝一样居高临下地看清楚世上从过去到未来的一切事情之间的全部因果关系，就会知道每一件事情都是必然的了。但这是不可能的，而正因为不能弄清导致某些事情发生的全部原因，我们才误认为它们是偶然的。

在哲学史上，这种观点被称作机械决定论。为了反驳这种观点，有些哲学家就试图划清因果性和必然性的界限。他们承认，有果必有因，有因必有果，但他们强调，原因和结果之间并没有必然的联系。确定的原因 a 未必导致确定的结果 e，而只是规定了一组可能的结果 e、f、g、h，其中 e 的实现也许具有较大的可能性，但究竟哪个结果会实现终归是带有偶然性的。这个解释好像也不太能自圆其说。如果问他们：在这一组可能的结果中，为什么恰好是 e 这个结果而不是别的结果实现了呢？他们或者只能回答说没有原因，而这就等于承认有果未必有因，从而放弃了因果性原则，或者必须为此另找原因 b，而这就等于说原因 a+b 必然导致结果 e，从而仍把因果性和必然性等同起来了。

是否存在因果关系？

冬天的夜晚，大雪纷飞。白天，太阳出来了，晒在积雪上，雪融化了。问你：雪融化的原因是什么？

你一定回答：是因为太阳晒。

可是，你只能看到太阳晒和雪融化这样两个不同的事实，没有看见它们之间的因果关系，凭什么推断前一个事实是后一个事实的原因呢？

你也许会说：我们可以通过温度计测量出太阳晒导致了雪的温度升高，又测量出雪的温度升高到一定的度数会融化，这就证明了两者之间有因果关系。

可是，你这样做只是插进了更多的无法感知的因果关系，你能看到太阳晒和温度计的水银柱升高，水银柱升高和雪融化，但你仍然不能看到其间的因果关系。哪怕你搬出显微镜，通过显微镜看到水分子在太阳照射下运动加剧，水分子之间的距离增加，以此来证明太阳晒与雪融化之间有因果关系，我也仍然可以反问你：你只是看到了太阳晒、水分子的运动、雪融化这三个事实，可是你看到它们之间的因果关系没有呢？无论你运用多么精密的仪器进行观察和实验，你看到的都只能是一个个事实以及它们之间同时或相继出现的关系，从这种关系永远不能推断出因果关系。

我在这里所说的正是十八世纪英国哲学家休谟的看法。他不但否认因果之间有必然联系，而且否认任何因果关系的存在。他的观点可以归结为两点：第一，我们的感官只能感知个别的事实，并不能感知事实之间有没有因果关系。仅仅由于某些事实经常集合在一起先后或同时被我们感知，我们便推断它们之间有因果关系。所以，所谓因果关系只不过是我们的习惯性联想，至于实际上是否存在，我们永远也无法知道。第二，所谓因果关系是一事实必然导致另一事实的关系，可是，观察和实验总是有限的，不管我们多少次看到两个事实同时或相继出现，我们也不能据此断定它们永远如此。即使你天天早晨看到太阳升起，你也不能据此断定明天早晨太阳也一定升起。经验只能说明过去，不能说明未来，从经验中不能得出永远有效的必然判断。

不管休谟的看法是对是错，总有几分道理，终究对后来的哲学家产生了重大影响。他之后的哲学家对于因果关系往往持比较慎重的态度，他们或者只把它看作或然关系，即一事实很可能（不是必然）导致另一事实，或者只把它看作我们用来整理经验材料的一种必要的思想方式。那么，在客观事物之间是否存在着必然的因果关系呢？很可能存在，不过，如果你不满足于仅仅抱有这个信念，而是想从理论上证明它，你就会发现这不是一件容易的事。迄今为止，还没有一个哲学家能够令人信服地做到这一点呢。也许你能，那就不妨试一试。

自然有没有一个目的？

我先问你一个小问题：人的鼻孔为什么是朝下的？你大约会说：当然得朝下，如果朝上，下雨时雨水不就要灌进去了吗？好了，你的这个回答表达了一种哲学观点，它在哲学史上被称作目的论。

世界真奇妙，令人不由自主地惊叹大自然独具匠心，冥冥中是否有一种目的性的安排。你看，太阳给地球以适度的光和热，使百草茂盛，万物生长。植物有根吸收水分和养料，有叶接受阳光，有花繁殖后代。动物的器官各有各的用处。最奇妙的是人类的存在，造物主赋予我们智慧的头脑和情感的心灵，仿佛就是为了让我们来思考和欣赏它所创造的这个美丽的世界。

然而，对于同样的现象，完全可以做出不同的解释。例如，你既可以说鼻孔朝下是为了不让雨水灌进去，这是目的论的解释；也可以说这是自然选择的结果，也许曾经有过一些鼻孔朝上的生物，由于不适于生存而被淘汰了，这是因果论的解释。这两种解释都有不能自圆其说的地方。一方面，如果自然的变化没有一个目的，它为什么要把不适于生存的物种淘汰，只留下适于生存的物种呢？可见它至少有一个目的，那就是促进生存。另一方面，如果自然真有一个目的，它为什么要创造出许多不适于生存的物种然后又把它们消灭，为什么要用洪水、地震、瘟疫等无情地毁灭掉它好不容易创造出的生命？可见所谓目的只是一种断章取义的解释。

其实，这两种解释之间的差异并不像看上去的那么大。因果论的解释是从现状出发向过去追溯，把过去的事件当作原因来解释现状。目的论的解释是从过去出发向现状推演，把现状当作目的来解释过去的事件。这两种解释推至极端，便会殊途同归，同样导致宿命论。说世上一切事情都是由因果关系的铁的必然性所决定的，或者说它们是由上帝按照一定的目的安排好的，我很难看出这两种说法有什么实质的区别。

那么，还有没有别种解释呢？有的，那就是偶然论的解释。这种理论认为，整个宇宙是一种完全没有秩序的混乱，在这片混乱中，在一个相对而言极狭小的区域里，之所以会形成一个比较有秩序的世界，诞生了我们的星系、地球、地球上的生命以及人类，纯粹是偶然的。这就好比一则英国故事所形容的：有一群猴子围着一台打字机敲打键盘，打出了许多毫无意义的字母。可是有一回，他们打出的字母居然连缀成了一首莎士比亚的短诗。你能说它们是有意要打这首诗的吗？当然不能。你能找出它们打出这首诗的必然原因吗？肯定也不能。所以，除了用纯粹的偶然性来解释，你别无选择。如果把自然理解为整个宇宙，情形正是如此。当然，这不排斥在一个狭小的范围内，即在我们所生活的这个比较有秩序的宇宙区域内，事物的发展呈现出某种因果性或目的性的表征。但是，你不要忘记，这种因果性和目的性的表征只有非常相对的意义，它们是从宇宙的大混沌中纯粹偶然地产生的，并且终将消失在这个大混沌之中。

人能否自由地支配自己的行为？

请你想一想，你成为你今天这个样子，究竟是因为你的先天素质的作用呢，或者是因为你的家庭出身和生长的社会环境的作用呢，或者是因为你自己是否努力即你的意志的作用呢，还是所有这些因素共同作用的结果？

你很可能会说：当然是这些因素共同作用的结果。

但是，那些主张一切事情都由因果律决定的哲学家会告诉你，在这些因素中，你的意志这个因素不起任何作用。人的行为同样受因果律支配，没有自由可言。支配人的行为的因素有两个，一是人自身的欲望，二是外部的环境。欲望的变化，外部环境的变化，以及外部环境刺激人的欲望从而使人做出反应的过程，这些都严格遵循着因果律。如果能够查明所有这些复杂的因果关系，我们便可以推算出每个人过去、现在、将来的一切行为。人是绝对不能支配自己的行为的，更不用说支配自己的命运了。你之所以成为今天的你，你已做和将做的一切，都早被你的机体构造和你降生于其中的环境规定好了，是这两种你无法选择的因素相互作用的产物。

也许你会举例反驳他们说：我是一个农家孩子，靠自己的努力上了大学，成了一个知识分子，而与我同村的孩子们尽管和我有着相似的生长环境，现在却在务农或经商，走上了与我完全不同的道路。这就证明个人的选择和努力是有重要作用的。

但是，那些哲学家会问你：你当初为什么想要上大学，并且为此做出了努力呢？这一定有原因，因为世上绝不会发生没有原因的事情。只要仔细分析，便可以发现，与你的同村孩子相比，或者在你的机体构造中，或者在你的生长环境中，必有某些因素与他们不同。

事实上，确实没有两个人的先天素质或生长环境是完全一样的，因此你很难驳倒这些哲学家。和这些哲学家实在很难做认真的争论，他们的逻辑倒是十分简单的：凡你已经做的一切，都是必然的，因而是别无选择的。晚饭后，你想读一本小说，又想听音乐，犹豫了一下，选择了听音乐。他们就分析说：你听音乐是必然的。你争辩说：不对，我刚才明明也想读小说的，听音乐是我的自由选择。他们会说：可是你最终选择了听音乐而不是读小说，其中必有原因，因为天下绝无没有原因就发生的事，只是你自己不知道这原因，才产生了自由选择的错觉。你火了，不耐烦地说：好吧，我告诉你是什么原因，这原因就是我做出了选择！他们当然不会承认你的选择也是你的行为的原因，因为这就等于承认了意志自由，于是他们换一种方式来引导你：年轻人，别发火，让我们来做一个试验，看看有没有意志自由这种怪事。你试试看，你能不能纯粹依靠你的自由意志举起你的右臂？听了这话，如果你不举，就证明了你没有意志自由。如果你举了，他们会告诉你：你之所以举起右臂是因为我们正在争论意志自由问题，你受了我的话的刺激，想用举右臂来证明你有意志自由，所以才举起了右臂。如果没有这些前因后果，你就不会在现在这个时刻举起右臂。所以，这恰恰证明了你的意志是不自由的。

什么是自由意志？

　　照上面这种方式争论下去显然是没有意义的。为了使讨论取得有益的进展，有必要明确意志自由的概念，限制讨论的范围。事实上，那些主张有意志自由的哲学家都乐于承认，人的肉体生活在相当程度上是受自然律支配的，在这个领域内即使有意志自由也很微小，而且并不重要。意志自由问题真正具有头等重要的意义，是在人的精神生活领域，尤其是在道德生活领域。

　　如果没有意志自由，人不能自由地选择和支配自己的行为，道德就失去了根据。假如杀人、放火、偷盗等都是出于机体或环境的必然的原因，个人的意志对此完全无能为力，你当然就没有理由要求罪犯对他们的罪行承担道德责任。

　　为了说明人有意志自由，一些哲学家就强调理性是人的本质，人凭理性而能分辨善恶，并据此进行选择；另一些哲学家则宣布人没有任何一成不变的本质，所以在任何时候都无所凭借，但也因此可以自由决定自己的行为。不论怎样，他们都认为人是有选择的自由的。情势再紧迫，你总还有说"不"的自由。刀子架在脖子上，你也不是非投降不可，因为你可以选择死，而这便证明你是自由的。当然，那些不承认有意志自由的人一定会说：你之所以选择死也是有原因的，可以从你过去的全部经历中分析出这一选择的必然性，可见并非自由的选择。看来终归是谁也说服不了谁，而且这两派人谈论的很可能不是同一件事。

感觉可靠吗？

蜜蜂的视力很微弱，但它能看见我们人类所看不见的紫外线。乌贼的视力也很微弱，但它能看见我们人类所看不见的红外线。蝙蝠几乎什么也看不见，但它能接收它自己发出的超声波在物体上反射回来的信号，并以此来寻找食物和躲避障碍。在这些动物的心目中，世界是什么样子的呢？

你再想象一下，在一个生下来就双目失明的盲人的心目中，世界又是什么样的？这个世界当然没有光和色，肯定也不存在有形状的物体。对于他来说，所谓形状只能是手上留下的若干微妙的触觉。他凭听到的声音和触到的障碍来判断方位，因而他心目中的空间也只是由一些听觉印象和触觉印象组成的。我们这些有眼睛的人即使把眼睛紧闭起来，竭力想象盲人心目中的世界，也极难完全排除视觉印象。我们实在难以想象一个没有形象的世界。

也许你会说，动物的感官太低级，盲人的感官有缺陷，所以都不能感知世界的本来面目。可是，我们这些感官齐全的正常人是可以做到这一点的。真的这样吗？你凭什么说我们的感官是齐全的呢？譬如说，如果我们的眼睛能分辨红外线和紫外线，我们就会看见更多的颜色。以此衡量，我们现在都是某种程度的色盲。如果我们在耳、鼻、口、舌、身之外还有第六种感官，我们就会发现世界有更多的性质。以此衡量，我们现在都是某种程度的先天残疾。何况科学已经证实，世界上并没有颜色这种东西，只有不同波长和频率的光波，颜色是光波作用于视觉器官而产生的感觉。世界上并没有声音这种东西，只有空气的振动，声音是空气振动作用于听觉器官而产生的感觉。世界上并没有温度这种东西，只有分子的运动，温度是分子运动作用于触觉器官而产生的感觉。世界上并没有气味和味道这种东西，只有不同种类的分子，气味是某些种类的分子作用于嗅觉和味觉器官而产生的感觉。总之，那个有颜色、声音、温度、气味的世界并不是世界的本来面目，它的存在是依赖于我们的感觉器官的，如果人类感觉器官有另一种构造，我们感知到的世界就会是另一种样子。

也许你又会说，就算这样，我们通过科学仪器观察到的世界总应该是世界的本来面目了吧。可是，不要忘记，仪器也只是人类感觉器官的延长，我们通过仪器测出的光波、分子结构等仍然是要用眼睛来看的，我们凭什么相信它们不会被我们的视觉印象改变呢？其实，对它们的命名已经证明了这一点，所谓"波"和"粒子"不正是以视觉印象为基础的一种描述吗？

事实上，差不多从哲学诞生开始，就不断有哲学家对感觉的可靠性表示怀疑。不过，在他们之间，怀疑的程度是有差别的。其中大部分人承认，感觉总是由外部原因引起的，但是我们无法知道这外部原因是什么样子的，我们的感觉是否与它们相符，因为我们感觉不到两者之间的关系，不能进行比较。第二种人走得最远，他们说：既然你感觉不到你的感觉与外部原因之间的关系，又怎么知道这外部原因存在呢？所以这外部原因不存在，存在的只有你的感觉。这就是18世纪英国哲学家贝克莱的主张。第三种人发现这样推论是有毛病的，从不知道外部原因是否存在不能推论出它不存在，因而又退回来一步，主张不去讨论在感觉之外是否有一个外部世界的问题，因为我们除了感觉别无所有，永远没有对此下判断的依据。这就是休谟的主张。这种看法在逻辑上最能自圆其说，不过，休谟承认，在实际生活中，我们还必须假定外部世界的存在，否则会寸步难行。

存在就是被感知吗？

"存在就是被感知"——这是贝克莱提出的一个很有名的命题。为了弄清这个命题的意思，现在且假定这位哲学家还活着，让他来和我们进行一场对话。

贝克莱：此刻你面前有一只苹果，你看得见它，摸得着它。这只苹果存在吗？

答：存在。

贝克莱：你凭什么说它存在呢？

答：因为我明明看见了它，摸到了它。

贝克莱：这就是说，它被你感知到了。好，现在你闭上眼睛，把手插进衣服口袋里，看不见也摸不到这只苹果了。我再问你，它现在存在吗？

答：存在。

贝克莱：现在你并没有看见它、摸到它，凭什么还说它存在呢？

答：因为我刚才看见过它，摸到过它，我相信只要我现在睁开眼睛，伸出手，仍然能看见它，摸到它。

贝克莱：这就是说，你之所以相信它仍然存在，是因为它刚才曾经被你感知到，这使你相信，只要你愿意，现在它仍然可以被你感知到。现在假定在离你很远的一个地方有一只苹果，你永远不会看见它、摸到它，它存在吗？

答：存在，因为那个地方的人能看见它，摸到它。

贝克莱：如果那是一片没有人烟的原始森林，那只苹果是一只野生苹果，在它腐烂之前不会有任何人见到它呢？

答：但是，我们可以想象如果那里有人，就一定能见到它。

贝克莱：好了，现在我们可以总结一下了。我们说某个东西存在，无非是说它被我们感知到。即使当我们设想存在着某个我们从未感知到的东西时，我们事实上也是在设想它以某种方式被我们感知到。我们无法把存在与被感知分离开来，离开被感知去设想存在。由此可见，存在和被感知是一回事，存在就是被感知。

谈话进行到这里，缺乏经验的读者也许被绕糊涂了，而有经验的读者很可能会提出一个反驳：尽管我们无法离开被感知设想存在，但这不能证明存在与被感知是一回事。一个东西首先必须存在着，然后才能被感知。例如，一只苹果的存在是因，它的被感知是果，两者不可混为一谈。不过，针对这个反驳，贝克莱会追问你所说的"存在"究竟是什么意思，当你谈论这只苹果的"存在"时，你的心灵中岂不出现了这只苹果的形状、颜色、香味，等等，所谓它的"存在"无非是指它的这些可被感知的性质在你的心灵中的呈现，因而也就是指它的被感知？那么，它的"存在"和它的被感知岂不是一回事，哪里有原因和结果的分别？

贝克莱的是与非

现在我们触及"存在就是被感知"这个命题的真正含义了。贝克莱的思路是这样的：对于我来说，一只苹果的存在无非是指我看到了它的颜色，闻到了它的香味，摸到了它的形状、冷暖、软硬，尝到了它的甜味，等等，去掉这些性质就不复有苹果的存在，而颜色、形状、香味、甜味、软硬等又无非都是我的感觉，离开我的感觉就不复有这些性质。所以，这只苹果的存在与它被我感知是一回事，它仅仅是存在于我的心灵中的一些感觉。当然，我可以设想一只我未曾看到的苹果的存在，但我也只能把它设想为我的这些感觉。在这些感觉之外断定还存在着某种不可被感知的苹果的"实体"，这是徒劳的，也是没有意义的。这个道理适用于我所面对的一切对象，包括我所看见的其他人。所以，譬如说，我的父亲和母亲也只是我的心灵中的一些感觉而已，在我的心灵之外并无他们独立的存在……

说到这里，你一定会喊起来：太荒谬了，难道你是你的感觉生出来的吗？是的，连贝克莱自己也觉得太荒谬了。为了避免如此荒谬的结论，他不得不假定，除了"我"的心灵，还存在着别的心灵，甚至还存在着上帝的心灵，一切存在物因为被无所不在的上帝的心灵感知而保证了它们的存在。这种假定显然是非常勉强的，我们可以不去理会。值得思考的是贝克莱的前提：我们只能通过感觉感知事物的存在，因此，对于我们来说，事物的存在是与它们被我们感知分不开的。从这个前提能否推出"存在就是被感知"的结论呢？这里实际上包含两个问题：第一，事物的存在是否等同于它的可被感知的性质的存在？在这些性质背后有没有一个不可被感知的"实体"，用更加哲学化的语言说，在现象背后有没有一个"自在之物"？第二，事物的可被感知的性质是否等同于"我"（主体）的感觉？在"我"的感觉之外有没有使"我"产生这些感觉的外界现象，用更加哲学化的语言说，在"主体"之外有没有"客体"，在"意识"之外有没有客观存在的"对象"？这是两个不同的问题。贝克莱主张第一个等同，否认现象背后有"自在之物"，这是今天大多数哲学家都可赞成的，但他进而主张第二个等同，否认现象在"我"之外的存在，这是今天大多数哲学家都不能赞成的了。

庄周梦蝶的故事

睡着了会做梦，这是一种很平常的现象。正常人都能分清梦和真实，不会把它们混淆起来。如果有谁梦见自己变成了一只蝴蝶，醒来后继续把自己当作蝴蝶，张开双臂整天在花丛草间作飞舞状，大家一定会认为他疯了。然而，两千多年前有一个名叫庄周的中国哲学家，有一回他梦见自己变成了一只蝴蝶，醒来后提出了一个著名的问题：

"究竟是刚才庄周梦见自己变成了蝴蝶呢，还是现在蝴蝶梦见自己变成了庄周？"

好像没有人因为庄周提出这个问题而把他看成一个疯子，相反，大家都承认他是一个大哲学家。哲学家和疯子大约都不同于正常人，但他们是以不同的特点区别于正常人的。疯子不能弄懂某些最基本的常识，例如不能像正常人那样分清梦与真实，所以在日常生活中会遇到严重的障碍。哲学家完全明白常识的含义，但他们不像一般的正常人那样满足于此，而是要对人人都视为当然的常识追根究底，追问它们是否真有道理。

按照常识，不管我梦见了什么，梦只是梦，梦醒后我就回到了真实的生活中，这个真实的生活绝不是梦。可是，哲学家偏要问：你怎么知道前者是梦，后者不是梦呢？你究竟凭什么来区别梦和真实？

可不要小看了这个问题，回答起来还真不容易呢。你也许会说，你凭感觉就能分清哪是梦，哪是真实。譬如说，梦中的感觉是模糊的，醒后的感觉是清晰的；梦里的事情往往变幻不定，缺乏逻辑，现实中的事情则比较稳定，条理清楚；人做梦迟早会醒，而醒了却不能再醒，如此等等。然而，哲学家会追问你，你的感觉真的那么可靠吗？你有时候会做那样的梦，感觉相当清晰，梦境栩栩如生，以至于不知道是在做梦，还以为梦中的一切是真事。那么，你怎么知道你醒着时所经历的整个生活不会也是这样性质的一个梦，只不过时间长久得多而已呢？事实上，在大多数梦里，你的确并不知道自己是在做梦的，要到醒来时才发现原来是一个梦。那么，你之所以不知道你醒时的生活也是梦，是否仅仅因为你还没有从这个大梦中醒来呢？梦和醒之间真的有原则的区别吗？

这么看来，庄周提出的问题貌似荒唐，其实是一个非常重要的哲学问题。这个问题便是：我们凭感官感知到的这个现象世界究竟是否真的存在着？庄周对此显然是怀疑的。在他看来，既然我们在梦中会把不存在的东西感觉为存在的，这就证明我们的感觉很不可靠，那么，我们在醒时所感觉到的我们自己以及我们周围世界的存在也很可能是一个错觉，一种像梦一样的假象。

感觉能否证明对象的存在？

在中国和外国，有相当一些哲学家与庄周抱着相似的看法。他们都认为，我们只能通过感官来感知世界的存在，而感官是不可靠的，所以我们所感觉到的世界只是一种假象。至于在假象背后是否存在着一个与假象不同的真实的世界，他们的意见就有分歧了。有的说有，有的说没有，有的说没法知道有没有。也有许多哲学家反对他们的看法，认为我们的感觉基本上是可靠的，能够证明我们自己以及周围世界的真实存在。就拿庄周梦蝶的例子来说，他们会这样解释：庄周之所以会梦见自己变成一只蝴蝶，正是因为他在醒时看见过蝴蝶，如果他从来没有看见过蝴蝶，他就不可能做这样的梦了。所以，庄周和蝴蝶的真实存在以及这个真实的庄周看见过真实的蝴蝶是前提，而这便证明了醒和梦是有原则区别的，醒时的感觉是基本可靠的。当然，这种解释肯定说服不了庄周，他一定会认为它不是解答了而是回避了问题，因为在他看来，问题恰恰在于，当你看见蝴蝶时，你怎么知道你不是在做梦呢？凭什么说看见蝴蝶是梦见蝴蝶的原因，其间的关系难道不会是较清晰的梦与较模糊的梦的关系吗？

在日常生活中，人们都怀着一个朴素的信念，相信我们凭感官所感知的事物是真实存在的。没有这个信念，我们就不能正常地生活，哲学家也不例外。上述解释实际上是把这个朴素的信念当成了出发点，由之出发认定醒时看见蝴蝶的经验是可靠的，然后再用它来解释梦见蝴蝶的现象。在哲学史上，这样一种从朴素信念出发的观点被称作"朴素实在论"或"朴素唯物主义"。可是，在庄周这样的哲学家看来，这种观点只停留在常识的水平上，不配叫作哲学，因为哲学正是要追问常识和朴素信念的根据。所以，如果你真的对哲学感兴趣，你就必须面对庄周提的问题。你很可能不同意他的观点，但你必须说出理由。你得说明：我们如何知道我们凭感官所感知的现象是真实存在的，而不是一个幻象？感觉本身能否提供这个证据？如果不能，还有没有别的证据？只要你认真思考这些问题，不管能否找到最后的答案（很可能找不到），你都已经是在进行一种哲学思考了。

思维能否把握世界的本质？

不信任感觉，认为在感官所感知的现象世界背后有一个本来的世界，这实际上是以往多数哲学家的立场。区别在于，有的哲学家断言我们永远无法认识这个本来世界，有的哲学家却相信，我们可以依靠理性思维的能力破除感觉的蒙蔽，透过现象看本质，把握这个本来世界的面目。可是，最近一百多年来，这种长期占统治地位的立场发生了根本的动摇。

理性思维真的能够把握世界的本来面目吗？为了解答这个问题，我们首先要弄清什么是理性思维。所谓理性思维，就是我们运用具有普遍性的概念进行判断、推理的过程。让我们举最简单的加法的例子来说明这个过程。譬如说，桌子上放着一个苹果，椅子上也放着一个苹果，问你一共有几个苹果，你不需要把这两个苹果挪到一起就可以回答说："两个。"事实上，当你做出这个回答时，你已经飞快地进行了一个运算："1＋1=2。"这就已经是一种理性思维了。仔细分析起来，这个过程是这样的：你首先把"一个苹果"这样的具体现象变换为抽象的数字概念"1"，然后运用了一个数学公式（判断）"1＋1=2"，最后又从这个公式推导出"一个苹果加一个苹果等于两个苹果"的具体结论。

现在的问题是，我们凭感官并不能感知到像"1""2"这样的抽象概念和"1＋1=2"这样的抽象命题。那么，它们是从哪里来的呢？对于这个问题，有三种可能的回答：

1. 我们凭感官可以感知到一个一个的具体东西，也可以感知到它们的集合，抽象的数字概念和算术命题就是从我们的感觉材料中归纳出来的。假定这个答案是对的，那么，以不可靠的感觉为基础的理性思维同样也是不可靠的，并不比感觉更接近那个本来世界。

可是，这第一种回答本身还有着极大的漏洞。我们的感官只能感知个别的具体的现象，从中怎么能得到抽象概念呢？感官所感知的现象总是有限的，从中又怎么能得到适用于一切现象的普遍真理呢？譬如说，我们只能看到一个苹果、一个茶杯、一个人，等等，永远看不到抽象的"1"，思维凭什么把它们抽象为"1"？我们只能看到一个苹果和一个苹果的集合，等等，思维凭什么断定"1＋1"永远等于"2"？由于感性经验不能令人信服地解释抽象概念和命题的来源，有些哲学家就另找出路，于是有以下第二、第三种回答。

2. 抽象观念和普遍命题是人类理性所固有的，它们如同大理石的纹理一样潜藏在人类理性之中，在认识过程中便会显现出来。像"1＋1=2"这样的真理，人类理性凭直觉就能断定它们是绝对正确的。正是凭借这些先天形式，理性才能够对感觉材料进行加工整理，使之条理化。这个答案仅是一种永远无法证实的假说，我们姑且假定它是对的，那也只能得出这个结论：思维形式仅仅属于人类理性所有，与那个本来世界毫不相干。

3. 那个本来世界本身具有一种理性的结构，人类理性是与这个结构相对应的。可是，这一点正是需要证明的，而主张这个观点的哲学家们没有向我们提供任何有说服力的证据。

总之，无论在上述哪种情况下，凡我们不信任感觉的理由，对于思维也都成立。所以，看来我们只好承认，只要我们进行认识，不论是运用感觉还是运用思维，所把握的都是现象，它们至多只有层次深浅的不同。世界一旦进入我们的认识之中，就必定被我们的感觉折射，被我们的思维整理，因而就必定不再是所谓的本来世界，而成为现象世界了。

世界有没有一个"本来面目"？

好吧，让我们承认，我们人类所能认识的世界只是形形色色的现象世界。那么，在这个或者这许多个现象世界背后，究竟有没有一个不是现象世界的本来世界呢？康德说有的，但我们永远无法认识，所以他称之为"自在之物"。我们暂且假定他说得对，让我们来设想它会是什么样子的。

可是怎么设想呢？根本无法设想！只要我们试图设想，我们就必须把自己当作一个认识者，把这个所谓的本来世界置于和我们的关系之中，从而它就不再是本来世界，而是现象世界了。也许我们可以想象自己是上帝，因而能够用一种全智全能的方式把它一览无遗？可是，所谓全智全能无非是有最完善的感官和最完善的思维，从而能够从一切角度、用一切方法来认识它，而这样做的结果又无非是得到了无数个现象世界。我们除非把这无数个现象世界的总和叫作本来世界，否则就根本不能设想有什么本来世界。

事实正是如此：无论人、上帝还是任何可能的生灵，只要想去认识这个世界，就必须有一个角度。你可以变换角度，但没有任何角度是不可能

356

进行认识的。从不同角度出发，看到的只能是不同的现象世界。除去这一切可能的现象世界，就根本不存在世界了，当然也就不存在所谓的本来世界了。我们面前放着一只苹果，一个小男孩见了说：我要吃。他看到的是作为食品现象的苹果。一个植物学家见了说：这是某种植物的果实。他看到的是作为植物现象的苹果。一个生物学家见了说：这只苹果是由细胞组成的。他看到的是作为生物现象的苹果。一个物理学家见了说：不对，它的最基本结构是分子、原子、电子，等等。他看到的是作为物理现象的苹果。一个基督徒见了也许会谈论起伊甸园里的苹果和亚当、夏娃的原罪，他看到的是作为宗教文化现象的苹果。还会有不同的人对这只苹果下不同的判断，把它看作不同的现象。如果你说所有这些都只是这只苹果的现象，而不是这只苹果本身，那么，请你告诉我，这只苹果本身是什么东西，它在哪里？

由于在现象世界背后不存在一个本来世界，有的哲学家就认为一切都是假象，都是梦。在这方面，佛教最彻底，认为万物皆幻象，世界整个就是一个空。可是，我们不妨转换一下思路。所谓真和假，实和幻，都是相对而言的。如果存在着一个本来世界，那么，与它相比，现象世界就是假象。现在，既然并不存在这样一个本来世界，我们岂不可以说，一切现象世界都是真实的，都有存在的权利？一位诗人吟唱道："平坦的大地，太阳从东方升起，落入西边的丛林里。"这时候，你即使是哥白尼，也不能反驳他说："你说得不对，地球不是平坦的，而是圆的，太阳并没有升起落下，而是地球在自转。"

你的"自我"在哪里?

一个孩子摔了一跤,觉得痛,便说:"我痛了。"接着又说:"我不怕痛。"这个觉得痛的"我"和这个不怕痛的"我"是不是同一个"我"呢?

一个男孩爱上了一个女孩,可是女孩不爱他。他对自己说:"我太爱她了。"接着说:"可是我知道她不爱我。"然后发誓道:"我一定要让她爱上我!"在这里,爱上女孩的"我"、知道女孩不爱自己的"我"以及发誓要让女孩爱上自己的"我"又是不是同一个"我"呢?

一位著名的作家叹息说:"我获得了巨大的名声,可是我仍然很孤独。"这个获得名声的"我"和这个孤独的"我"是不是同一个"我"?

我在照镜子,从镜子里审视着自己。那个审视着我自己的"我"是谁,那个被我自己审视的"我"又是谁,它们是不是同一个"我"?

你拉开抽屉,发现一张你小时候的照片,便说:"这是小时候的我。"你怎么知道这是小时候的"我"呢?小时候的"我"和现在的"我"是凭什么东西成为同一个"我"的呢?

夜深人静之时,你一人独处,心中是否浮现过这样的问题:"我是谁?

我从哪里来？我将到哪里去？"

古希腊哲学家苏格拉底把"认识你自己"看作哲学的最高要求。可是，认识"自我"真是一件比认识世界更难的事。上面的例子说明，它至少包括以下三个难题：

第一，我有一个肉体，又有一个灵魂，其间的关系是怎样的？有人说，灵魂只是肉体的一种功能。如果真是这样，为什么灵魂有时候会反叛肉体，譬如说，会为了一种理想而忍受酷刑甚至牺牲生命？如果不是这样，灵魂是不同于肉体并且高于肉体的，那么，它也必有高于肉体的来源，那来源又是什么？如此不同的两样东西是怎么能够结合在一起的？既然它不来源于肉体，为什么还会与肉体一同死亡？或者相反，在肉体死亡之后，灵魂仍能继续存在？

第二，灵魂究竟是什么？如果说它是指我的全部心理活动和内心生活，那么，它就是一个非常复杂的东西。一方面，它包括理性的思维、观念、知识、信仰，等等；另一方面，它包括非理性的情绪、情感、欲望、冲动，等等。其中，究竟哪一个方面代表真正的"自我"呢？有的哲学家主张前者，认为理性是人区别于动物的本质特征，因而不同个人之间的真正区别也在于理性的优劣强弱。有的哲学家主张后者，认为理性只是人的社会性一面，个人真正的独特性和个人一切行为的真实动机深藏在无意识的非理性冲动之中。他们究竟谁对谁错，或者都有道理？

第三，我从小到大经历了许多变化，凭什么说我仍是那同一个"我"呢？是凭我对往事的记忆吗？那么，如果我因为某种疾病暂时或长久地丧失了记忆，我还是不是"我"呢？是凭我对我自己仍然活着的一种意识，即所谓的"自我意识"吗？可是，问题恰好在于，我凭什么意识到这仍然活着的正是"我"，使我在变化中保持连续性的这个"自我意识"究竟是什么？

现在我把这些难题交给你自己去思考。

语言能否传达感觉？

我感到我的肚子有一种很不愉快的感觉。我常常听别人说到肚子"痛"，便相信我的这种感觉也就是"痛"。于是我告诉你："我肚子痛。"你明白我的意思了吗？你一定认为你明白了。你不是我，不能感觉到我的肚子所感到的那种不适，那么你是怎么明白的呢？你可能说，你也曾经肚子"痛"，你是根据你曾经有的这种感觉理解"痛"这个词的含义，从而明白我的意思的。可是，尽管我们用"痛"这同一个词来表达各自的感觉，但我们的感觉很可能是不同的。关键在于，我们是两个不同的个体，我的感觉永远不可能在你的意识中出现，你永远不可能在你的意识中将我的感觉与你的感觉进行比较，因此永远不可能确知我们用"痛"这个词表达的是否为相同的感觉。

你也许会说：尽管如此，我们仍然可以通过脸部表情、手捂肚子的动作等肚子痛时通常会出现的可见标志，甚至通过医学手段查出胃溃疡、肠胃炎等致痛原因，来推断我所说的肚子"痛"的含义。

不错，外部标志或医学检查可以增强你的信心，使你更加相信你理解了我所说的肚子"痛"的含义，但是并不能证明你的理解是对的，因为这一切完全没有改变这个事实：你对"痛"这个词的含义的理解仅仅是依赖于你的感觉的，你无法感觉到我的感觉。

你也许又会说：我们不需要弄清不同人说"痛"这个词时所指的感觉是否完全相同，就算各人都是根据自己的感觉推测别人说这词的意思的，只要这样做在实际生活中有效，譬如说能够提醒医生做某些必要的检查，这就可以了。

好吧，我对此完全同意。不过，这样一来，你所谈的已经不是语言能否传达感觉的问题，而是语言有无实践效用的问题了。

再举一例：有一个色盲，他分不清红色和绿色，把它们都称作"红色"。现在我问你，他所说的"红色"究竟是指你所看到的红色，还是你所看到的绿色，或者是你从来不曾看见的一种颜色？对此你显然是无法回答的，因为你无法感觉到他对颜色的感觉。同样道理，他也完全不能知道你所说的"红色"和"绿色"是怎样的，为什么你用不同的名称来称呼他所看到的同一种颜色。

"你不是我，所以你不可能真正知道我的感觉。"对于这个看上去几乎不可反驳的论点，中国哲学家庄子倒有过一个很机智的反驳。有一回，他和惠施站在一座桥上观鱼，叹道："看这些鱼游来游去，多么快乐！"惠施问："你不是鱼，怎么知道鱼快乐？"他反问："你不是我，怎么知道我不知道鱼快乐？"庄子的反驳看起来像是玩文字游戏，其实指出了上述论点在逻辑上的自相矛盾。既然不同个体之间的意识不能相通，我不可能知道你的感觉，那么，我是否知道你的感觉这一点也是在我的意识中发生的事，你又怎么能知道呢？

语言能否传达思想？

事实上，上面关于感觉所说的话，在较弱的程度上对于思想也同样适用。思想就是对某个对象或事件的认识，可是，由于每个人对于这个对象或事件都处在不同的关系之中，因此，他们的认识也是不同的，但他们却往往用同样的语词说着不同的意思。

譬如说，许多人都在说这句话："曹雪芹是中国最伟大的作家。"可是，不同人用这句话所表达的意思很不相同。对于曹雪芹的亲戚朋友来说，"曹雪芹"这个名字指示着他们所接触到的那一个活生生的人。对于后世读到《红楼梦》并为之感动的无数读者来说，"曹雪芹"这个词意味着这部令他们感动的小说的作者，而他们感动的原因和程度是千差万别的，他们口中说出的上面那句话的意味和分量也因此而千差万别。对于从未读过《红楼梦》的人来说，如果他们说这句话，那意思无非是说："我曾经听人说过'曹雪芹是中国最伟大的作家'这样一句话，不过我不知道曹雪芹是谁，他为什么是中国最伟大的作家。"

也许你会说：这只是表明不同人对这句话的理解不同，但这句话本身是应该有确定的含义的，这个含义并不因人们理解的不同而有所变化。事实上，有些哲学家正是这样主张的。然而，另一些哲学家会问：究竟什么是这句话的原义呢？是第一个说这话的那个人所想表达的意思吗？可是，他的意图只存在于他的意识之中，我们完全不可能确切地知道。而且，即使能够知道，也没有理由把它当作确定这句话的含义的尺度。是这句话所指示的那个事实吗？可是，并不存在不需要经过解释的事实，而经过解释，事实便会呈现不同的面貌。

自古至今，对于语言一直存在着两种对立的看法，可以分别用古希腊哲学家巴门尼德和高尔吉亚来代表。巴门尼德认为，在语言与思想之间、思想与对象之间有着严格的对应关系，语言表达确定的思想，思想指向确定的思想对象。高尔吉亚则认为，恰恰相反，在这三者之间存在着不可逾越的障碍。他提出了著名的三原则：1. 无物存在。2. 即使有某物存在，也无法认识。3. 即使可以认识，也无法向别人传达。语言所传达的只是语言而已，不是思想，更不是对象。直到今天，还有人分别坚持这两种极端的看法。不过，更多的哲学家似乎宁愿选择一种比较温和的看法，既不相信语言有绝对确定的含义，也不认为语言完全不能表达思想，而是主张我们可以在实际的使用中大致确定语言的含义和互相交流思想。

1995年4月